성서의 사로잡음

성서의 쓰라린 신음
ⓒ 차정식 2013

1판 1쇄 인쇄 2013년 4월 15일
1판 1쇄 펴냄 2013년 4월 20일

지은이_ 차정식
펴낸이_ 한종호
편집_ 박명철
디자인_ 박지영
인쇄_ 예원프린팅

펴낸곳_ 꽃자리
출판등록_ 2012년 12월 13일
주소_ 서울시 종로구 돈의동 돈화문로 9길 14
전화_ 02-744-7464
전자우편_ amabi@daum.net

ISBN 978-89-969898-2-0 03230
값 15,000원

* 이 책은 저작권법에 따라 보호받는 저작물이므로 무단 전재와 복제를 금합니다.
* 저자와의 협의에 따라 인지를 생략합니다.
* 잘못된 책은 바꾸어 드립니다.

성서의  어루만짐

차정식 지음

꽃자리

차례

서문   성서에 잠입한 에로스의 그림자 • 06

1장 | 한 몸의 '존재'를 넘어 한 몸 '되기' • 11
　　　아담과 하와의 원초적 욕망

2장 | 번식과 금기, 그 위반의 경계에서 • 33
　　　롯과 두 딸의 막다른 골목

3장 | '수줍은 매임'과 변신의 에로티시즘 • 53
　　　유다와 다말의 곡진기정

4장 | 미인은 어떻게 건강할 수 있는가 • 71
　　　사사기 여성전사들의 영웅적 헌신

5장 | 이국적인 것을 향한 동경의 비극 • 91
　　　삼손과 들릴라의 수수께끼 인연

6장 | 매력의 교육, 구애의 학습 • 111
　　　룻과 나오미의 연대, 보아스와 룻의 연민

7장 | 벌거벗은 육체와 시선의 에로티시즘 • 129
　　　다윗과 밧세바의 어긋난 시선

8장 | 침묵의 섬김과 신학적 존재론 • 149
       아비삭의 부재하는 현존

9장 | 발견과 예찬으로서의 사랑 • 167
       아가의 담대한 에로티시즘

10장 | 화대를 지불하는 창부의 틈새 진실 • 191
       에스겔의 굴절된 에로티시즘

11장 | 공동체의 전위로 나선 아름다운 몸 • 211
       에스더의 미인계와 정치 투쟁

12장 | 관능의 춤과 좌절된 에로스 • 229
       살로메의 춤에 대한 발칙한 상상

13장 | 향유(香油)와 향유(享有)의 신학적 미학 • 249
       예수와 한 여인의 거룩한 사치

14장 | 음녀의 계보, 성녀의 족적 • 269
       에로틱 여성 이미지의 두 갈래 길

15장 | 처녀 남장과 단발, 또는 그리움의 승화 • 295
       바울과 테클라의 인력과 척력

서문

성서에 잠입한 에로스의 그림자

'에로스'란 말의 선입감이 싱싱하고 상큼하게 다가오는 사람들은 드물다. 대체로 칙칙하고 찜찜하다. 특히 현대 기독교인들에게 이 말은 수상한 부담 덩어리로 직감된다. '에로티시즘'이란 말 역시 신앙과 경건의 이름으로 자랑스레 내세우기 면구스러운 심리적 켕김을 동반한다. 여기에는 피상적으로 알거나 전혀 잘못 알아온 서글픈 오해의 역사가 깔려 있다.

첫째 오해는 에로스가 희랍의 신 이름이고 그래서 이방신화와 종교 전통에 뿌리박혀 있기 때문에 어쩐지 가까이하기에 께름칙하고 흉측하다는 것이다. 그러니 에로티즘 또는 에로티시즘이란 개념도 멀리할수록 좋은, 속되고 더러운 세계처럼 인식되기 십상이다. 그러나 에로스의 신화가 비록 희랍적 뿌리를 가지고 있다 할지라도 그 사상적 얼개와 내용은 인간의 하나 됨과 육체적 생명력을 희구한 선사시대로까지 소급된다. 그 신화적 토대 위에 전개된 에로티시즘의 구성분자들이 히브리 종교 및 사상 전통에도 면면히 그 그늘을 드리워왔음은 물론이다.

둘째 오해는 에로스의 사랑이 남녀 인간의 육체적 관능과 감각적 쾌락을 추구하는 것에 한정되어 있는 데 비해 성서가 가르치는 아가페의 사랑은 절대자 하나님의 무조건적 사랑으로 상극의 관계를 이루고 있다는 것이다. 이 전설 같은 속설은 안더스 니그렌의 책 『아가페와 에로스』 이후 사랑의 구분에 대한 가장 유명한 고전적인 철칙으로 굳어져버렸다. 그러나 간단히 말해 그것은 전혀 사실이 아니다. 성서에서 아가페는 신의 사랑뿐 아니라 인간의 사랑, 그것도 미화되기 어려운 사랑, 가령 인간의 욕정과 영광을 사랑하는 행동까지 아울러 표현한다. 반대로 플라톤의 저작들을 읽어보면 에로스라는 것이 그렇게 협소하게 남녀의 성적인 사랑 일변도로 정의되지 않는다. 오히려 인간의 영혼이 갈구하는 불멸의 이데아를 향한 정념의 원형적 표상처럼 인식되는 것이 바로 에로스다.

셋째 오해는 첫째와 둘째 오해의 그늘에서 서식해왔다. 그것은 에로스나 에로티시즘이 타락한 세속의 음란과 방종을 부추기면서 마치 천박한 포르노그래피의 사상적 저변이라도 되는 양 매도하는 풍토를 조장해왔다. 그렇게 오염된 이 말들은 입에 담기 민망해졌고, 그 순전한 기원은 그만큼 인간의 삶으로부터 소외되어갔다. 그러나 현대문명의 타락상이 에로스와 에로티시즘의 심오한 의미마저 소거할 수는 없는 노릇이다. 그것은 인간의 현 존재를 가능케 하는 생명의 거푸집이자 그것의 재생산 구조이며, 나아가 모래알처럼 분립되고 흩어진 인간의 하나 됨을 갈망하는 오래된 인류의 꿈이기 때문이다.

그게 전부가 아니다. 에로스의 묵은 정념을 일깨우는 일상적 에로티시즘이야말로 숨 막히는 현대문명의 두터운 금기를 성찰하고 그것을 과감히 위반하는 동기를 부여함으로써 생명의 숨구멍을 끊임없이 확장하는 비평의 풀무질이다. 인간의 문화와 예술, 종교와 사상 저변에는 보다 아름답고 행복하기를 꿈꾸는 생명의 치열한 용트림이 있어왔다. 온갖 배타적인 경계를 가로지르며 더욱 치열하게 사랑하고 감시권력이 설정한 한계를 넘어 생명다운 기운을 극적으로 발산하려는 욕망의 체조가 그 틈바구니에 넘실거려왔다. 이 모든 창조와 운동의 에너지는 기실 에로스의 사상적 열매를 통해 공급된 것이라고 볼 수 있다.

나는 이러한 편견과 오해들에 도전하여 싸우면서 성서에 잠입한 에로스의 그림자들을 추적했다. 성서의 이야기에 등장하는 여러 인물들의 용태와 인상, 몸짓과 행동, 언어와 이미지에 민감하게 반응하면서 에로티시즘이라는 사상적 기틀이 그것들에 대한 해석의 관점이 되도록 각각의 사례들을 다양한 주제로 솎아봤다. 역시나 신약성서보다 구약성서에 더욱 풍성한 에로스의 유산들이 탐지되었다. 아름다움과 육체, 욕망과 억압, 금기와 위반이라는 에로티시즘의 핵심 개념들이 줄줄이 그 서사와 노래의 틈바구니에서 엮어졌고 거기에 함축된 의미들이 고개를 들었다. 아담과 하와에서 아가의 에로티시즘을 거쳐 바울과 테클라에 이르는 탐구의 궤적 가운데 몇몇 이론과 함께 비평적 진단이 제출되었고 텍스트의 해석에 접목된 성찰의 노력도 수반되었다.

사람들은 나 같이 덤덤한 사람이 에로티시즘을 다루는 것이 안 어울린다고 여겼는지 이 기획을 간혹 마뜩찮은 눈길로 쳐다봤다. 내 팔자와 무관한 주제의 노동이라는 눈치였다. 내게 약간의 애정이 있는 분들은 그 애정의 밀도와 순도만큼 슬슬 기대하는 눈치도 보였다. 그러나 내 글의 문체에서 에로틱한 기운을 읽어냈는지 꽃자리출판사 대표인 한종호 목사는 냉큼 전주까지 내려와 내게 이런 주제의 책을 집필해줄 것을 주문했다. 항간의 풍문과 버성기며 비각을 이루는 그의 단도직입이 나로 하여금 버거운 이 책을 집필하게 하는 가장 '에로틱한' 동기가 되었다. 이 메마르고 척박한 시대, 압제와 눈치의 세상에서도 한 사람의 꿈과 기대, 한 마디 말의 제안이 뭔가 새로운 것을 창조해내는 동력이 된다. 이런 것도 일종의 기적이 아닐까.

나는 이 책을 쓰면서 종종 내가 성서를 처음 읽기 시작한 고등학교 1학년 시절을 떠올렸다. 매일 아침 성서를 읽을 때마다 내가 행간에 빼곡하니 논평구까지 달면서 가장 흥미롭게 탐독한 책이 바로 아가였다. 아가의 질펀하고 농밀한 사랑 언어의 풍경은 여성의 아름다움에 눈뜨기 시작한 내 사춘기 시절, 하나님과 인간이 가장 아름답게 어우러지는 낭만적인 만남의 광장 같았다. 이후 내 성서 읽기가 무르익어가는 도정에서 나는 언제 실력이 쌓이면 아가의 주석서를 꼭 쓰고 싶었다. 이후 신약성서학을 내 전공으로 택하면서 그 꿈이 아득히 멀어지는 듯하더니 약간 변용된 형태로 이제 나는 아가보다 더 넓은 범위를 아우르며 내 나름대로 에로티시즘의 성채를 구축하기에 이르렀다. 그 꿈의 도정을 나는 후회하지 않으련다.

이 책이 성서의 해석에서 인간의 아름다움이란 관점, 하나 됨을 갈망하는 인간의 꿈이라는 관점, 요컨대 생태적인 창조론의 관점을 좀더 강렬하게 부각시키는 작은 계기가 되었으면 좋겠다. 나아가 이 책의 메시지에 대한 성찰이 인간의 생명을 영혼과 육체로 우열의 등급을 매겨 편협하게 설정하는 습성을 넘어서고, 에로스와 아가페의 섣부른 이분법적 구도를 극복하는 통로로 이어지길 기대해본다. 한 가지 더, 이 책의 독서 결과 이 땅에 여전히 기세등등하게 범람하는 각종 억압과 금기의 체계를 뒤집어 되짚어보고 그 위반의 모험들이 어떻게 작동해왔으며 지금은 또 어떻게 전개되고 있는지 우리의 문화예술과 종교세계의 현장을 중심으로 좀더 자유롭게 경험하려는 의욕이 산출되길 바란다.

이미 타자화되고 있는 나의 분깃이 내 시선을 받으며 단어와 문장의 틈새에서 불우하게 떨고 있다. 갓 태어난 벌거벗은 말들의 풍경은 대체로 서럽고 쓸쓸하다. 오로지 독자의 따스한 시선과 함께 새로 태어난 텍스트들만이 그 음지를 벗어나 환하게 피어오르리라. 그것이 고아 아닌 고아로서 불우한 가능성을 타고나는 모든 책의 유일한 희망이다.

2013년 3월 29일
저자

1장

한 몸의 '존재'를 넘어 한 몸 '되기'

아담과 하와의 원초적 욕망

태초 인간의 고독

태초에 한 인간이 있었다는 설정은 여러모로 흥미롭다. 마치 한 알의 씨앗에서 생명이 싹 트고 거기서 무성한 가지와 잎사귀와 열매가 생겨나듯, 인류 역시 한 생명체에서 숱한 복수의 생명들이 태어났으리라는 추론은 어느 정도 합리적이기까지 하다. 그러나 인간은 단성생식을 하는 미생물도 아니고 남녀라는 두 종류 인간이다. 반쪽 인간이 생명을 잉태할 수 없다는 평범한 생물학적 상식 앞에서 태초의 한 인간 가설은 설 자리를 잃는다. 굳이 태초의 남녀 인간을 설정하고 나서야 생육하고 번성하라는 신의 축복조차 근거를 얻게 된다. 그렇지만 태초의 한 인간이라는 신화적 위엄을 버리고 싶지 않은 것도 사실이다. 그래서 조화롭게 생겨난 태초 인류의 이야기는 원래 한 인간이 두 인간으로 나뉘어졌다는 버전으로 나타난다. 하나님도 이 각본을 좋아하셨는지 창세기의 인간 창조 이야기는 이런 계통으로 짜여 있다. 물론 성서비평가들의 논의 가운데는 이 버전과 별도로 다른 구절(창세기 1:27, 하나님이 자기 형상 곧 하나님의 형상대로 사람을 창조하시되 남자와 여자를 창조하시고)에 착안하여 남녀를 동시에, 그러나 원래부터 별개의 대등한 개체로 창조하였다고 보기도 하지만 이런 '전승'은 여전히 항간의 주류가 아니다. 다만 여기서 중요하게 강조된 부분은 태초에 인간이 '하나님의 형상'대로 창조되었다는 사실이다. 그것은 인간이 여타의 다른 피조물들과 달리 존엄한 하나님의 '형상'으로 구별될 만한 신학적 근거로 작용해왔다.[1] 오늘날에도 '천부인권'이란 말이 암시하듯, 인간마다 지닌 고유한 존엄성이 하늘의 뜻에 부응하는 차원에서 정당화되는 것도 인간이 어떤 식으로든 하나님을 닮은 존재라는 이 창세기의 선언에 뿌리를 두고 있다.

히브리 서사의 이런 인류 창조 이야기와 정확하게 대칭을 이루면서 헬라의 신화 전승도 유사한 패턴의 이야기를 만들어냈다. 플라톤이 채록한 것으로 알려진 에로스 신화가 바로 그것이다. 태초에 자웅동체로 존재한 한 인간이 워낙 막강한 힘을 발휘하여 신들의 권위에 도전할 만큼 기세등등해지자 제우스신이 천상의 회의를 거쳐 내린 결론은 그들을 반으로 갈라놓는 방안이었다. 그래서 절반으로 갈라진 인간은 한쪽이 남성으로, 다른 한쪽이 여성으로 분립되어버렸다. 이후 인간은 상실한 나머지 반쪽을 애타게 갈구하는 여정의 생을 시작하게 되었는데 그 일련의 과정에 '에로스'라는 이름을 붙여주었다는 것이다. 이러한 헬라적 맥락에서 에로스의 정점은 곧 결핍의 극복, 충만의 완성이다. 신들의 결정은 분리된 인간에게 가혹한 심판이고 징벌이다. 그 충만의 단계에 이르기까지 절반의 결핍을 감내할 것을 강요하고 있기 때문이다. 그러한 인고의 과정이 사뭇 고통스러운 것은 원래 쪼개진 반쪽의 인간이 남녀의 성을 공유하고 있었기 때문이다. 다시 말해 그 태초 인간은 원래 남성인 동시에 여성이었다는 것이다. 그래서 제우스는 그 인간을 해체하여 재구성하는 별도의 창조 수술 공정을 거치지 않고 그냥 쪼개놓기만 해도 두 쪽의 별개 인간이 될 수 있었다는 말이다.

 이에 비해 창세기의 이야기는 다소 각도가 어긋난다. 거기서 태초 인간 아담은 남자도 아니었고 여자도 아니었다고 볼 수 있다. 그는 그냥 흙에서 만들어 하나님의 숨결로 생명이 된 그 자체로 온전한 '아담'(=인간)이었던 것이다. 제우스가 인간의 오만방자를 우려한 것과 달리, 아담을 지으신 창세기의 하나님은 그가 혼자 독처하는 것을 좋지 않게 보았다. 그래서 그를 돕는 짝으로 또 한 사람을 지어주기로 했다. 아담이 결핍된 존재라서가 아니라 홀몸이라는 이유가 또 다른 인간 창조의 사유였다. 다시 말해 그가 아직 공동체에서 더불어 삶을 영위할 만한 동반자가 없다는 사실이 이런 추후의 공정을 이끌었다는 것이다. 하나님은 다른 피조세계와 마찬가지로 아담이 이끄는 삶의 세계도 공동체가 되길 원했다. 자신의 창조 작업도 함께 의논할 타자가 필요하여 '우리가…하자'라는 논의와 합의의 절차를 거쳤듯이, 아담 역시 홀몸보다 함께 붙어 협력할 동반자가 필요하다고 본 것이다. 아담은 이미 독신으로 머물던 시점에 여러 가지 일을 듣고 행했다. 먼저 에덴을 경작하며 지키는 사명을 얻었고, 선악과의 금기에 대한 계명을 들었으며, 배필에 대한 약속도 받았다. 나아가 그는 세상의 각 생명들에게 이름을 붙여줌으로써 작은 창조자의 역할을 수행하기도 했다. 이 모든 것들이 혼자서 독처하는 동안 발생한 일이다. 모든 것을 잘 수행하고 감당할 만한 능력이 아담에겐 있었다. 그가 이미 '하나님의 형상'대로 지으심을 받았기에 뭔가 부족하여 제 몫의 일을 처리할 수 없었던 게 아니라는 말이다.

문제라면 고독이었다. 하나님이 계셨고 그와 대화하는 것만으로도 그는 만족할 수 있었을 것이다. 그러나 하나님은 타자가 아니었다. 제 생명의 호흡이 발원한 출처로서 그 형상을 매개로 이어진 아버지였다. 더구나 그 하나님은 흙이라는 질료로 만들어진 육체와 무관한 온전한 영적 존재였다. 그래서 하나님과의 영적 소통과 교제가 완벽하게 이루어진다고 할지라도 아담은 자신의 육신이 기대고 그 욕망을 달래며 비빌 언덕이 필요했던 것이다. 아담이 자신의 필요를 알아채기 전에, 아니 그것을 필요로 느끼기도 전에, 하나님이 먼저 그걸 알아보고 그의 '독처'에 대해 신중한 배려를 보였다. 그 고독이 창조적 생산성을 가져올 수도 있었지만, 그가 홀로 머무는 '독'(獨)이 치명적인 '독'(毒)이 될 위험을 우려했던 것이리라.

그것은 또한 추측컨대 자신이 자아에 중독되는 나르시시즘을 경계한 데도 일단의 원인이 있었을 듯싶다. 아담이 독처하면서 자신을 알아볼 수 있는 경로는 나르시스처럼 물에 비친 제 모습을 확인하거나 마음에 떠오르는 기억 또는 이미지로 형성된 자의식을 통해서였을 것이다. 그러나 그것만으로 취약하다고 판단한 것일까. 물론 언어가 자의식을 섬세하게 계발하는 중요한 발판이 될 수 있었다. 그러나 그는 독백 외에 그 언어를 사용할 대상이 없었다. 기도의 방식으로 하나님과 소통할 때 그 언어가 필요했겠지만, 하나님은 침묵으로 말씀하시길 즐겨하지 않던가. 동물들은 서로 통하는 구석이 있어도 공교한 언어로 대화할 만한 상대가 아직 못되었다.

스스로 알고 성찰하는 자아만 있다면 그러한 존재는 당분간 온전할지라도 머잖아 나르시시즘의 포로가 될 공산이 컸다. 그리하여 자신과 비슷하면서도 뭔가 다른 타자의 출현이 요긴하다고 하나님은 판단한 것이다. 그 이질적인 타자와의 하나 됨을 추구하는 에로스의 여정은 이렇듯 나르시시즘의 대안으로 돛을 올리게 된 셈이다.

살 중의 살, 뼈 중의 뼈!

하나님이 아담의 짝 하와를 만든 공정을 살펴보면 흥미로운 구석이 있다. 먼저 아담을 잠들게 했다고 한다. 이는 요즘 수술의 공정을 연상시켜준다. 수술의 첫 단계가 바로 마취하는 것 아닌가. 하나님은 마취하듯 아담을 먼저 잠들게 하였다. 무슨 기적적인 초자연의 방식으로 매직 스틱의 '뿅!' 하는 순간에 하와를 제조해낸 것이 아니라 뭔가 그럴듯한 절차를 밟았다는 자세한 기록이 이채롭다. 수면은 안식의 최선책이다. 그 안식은 육체를 지닌 인간이 제 노역으로 인한 모든 고통을 잊고 일정 기간 그 감각을 잃어버리는 회복의 통로이다. 자신의 생명 에너지를 활성화하여 다시 또 새 출발을 가능케 하는 은총의 선물이 바로 이 잠이다. 하나님이 사랑하는 자에게 잠을 주신다는 유명한 시편(127:2)의 고백은 잠의 안식을 통해 하나님의 사랑을 느껴본 자가 읊조린 최선의 표현이 아니었을까. 그 잠은 대체로 꿈으로 이어져 자신의 억눌린 욕망이 풀어지면서 무의식중에 위로받고 새 날의 기대를 채운다. 전혀 경험해보지 않은 미지와 미답의 세계로 나아가기 위해 꿈으로 충전하고 꿈으로 암시를 얻는 잠의 풍성한 영양가는 아담의 그 수면 가운데 어떻게 작용했을지 자못 궁금해진다. 아담은 육체를 지닌 존재로서 자신의 가슴을 찢고 갈비뼈를 빼는 과정에서 느꼈을 법한 고통을 그 잠의 마취 효과로 인해 잊을 수 있었다. 그 잠은 또한 죽음을 가리키는 신학적 은유이니 아담은 전혀 새로운 창조의 앞날을 기대하면서 죽었다가 다시 태어나는 부활의 기미를 포착했을지도 모르겠다.[2]

잠든 아담의 가슴을 열고 하나님은 갈비뼈 하나를 빼냈다. 연이어 그 빠져나간 결핍된 공간을 살로 채워두었다고 한다. 섬세한 수공업적 공정이다. 그것을 하나의 질료로 삼고, 아마 아담처럼 흙을 또 다른 제2의 질료로 사용하여, 하나님은 두 번째 인간으로 하와를 만들어내었다. 아담의 갈비뼈를 질료로 삼았다는 점에서 이 두 번째 인간은 그 생명을 공유한 존재이다. 또 아담의 살과 유사한 재료인 흙을 가지고 빚었다는 점에서 하와는 아담과 유사한 인간의 구조를 갖추었다고 볼 수 있다. 물론 그 신체의 구조 일부가 다르고, 그 성정이 또한 다른 별개의 생명이니 이질적인 타자라고 해도 무방하다. 그러나 그들은 모두 '하나님의 형상'을 갖춘 존재로 단지 말씀만으로 지어진 여타 생명체들이나 세상만물들과 다르다. 그만큼 달리 태어난 그 태초 인간들은 마침내 섬세한 수공업적 공정을 통해 이 땅에 태어나 하나님과 언약의 파트너가 되었다.

이 두 번째 인간 창조의 백미는 그를 대하는 아담의 반응에서 뚜렷이 확인된다. "이는 내 뼈 중의 뼈요 살 중의 살이라. 이것을 남자에게서 취하였은즉 여자라 부르리라"(창세기 2:23). 이 중 첫마디는 분명 예찬과 감탄의 문장이다. '뼈 중의 뼈'라는 표현은 자신의 뼈들 가운데 갈비뼈를 취한 정보에 대한 인식을 드러낸다. 그러나 이 문구는 냉정한 사실의 진술에 그치지 않고 자신의 많은 뼈들 중에서 가장 소중한 뼈를 지닌 공유된 생명과 이를 매개로 한 유기체적 관계에 대한 공명의 여운을 풍기기도 한다. 이를테면 아담은 하나님이 이끌고 자기 앞에 처음 선보인 하와를 향해 자신의 모든 것들보다 더 소중한 '당신'을 발견한 것처럼 감탄하고 있다. 뼈는 생명을 지탱해주는 인간의 중요한 토대이다. 직립 보행하는 인간에게 뼈의 존재는 지탱하고 견디는 힘을 표상한다. 그 뼈를 공유하여 지음받은 존재이기에 하와는 아담과 함께 서로를 지탱해줘야 할 의무가 있다. 아담 역시 반대로 하와의 버팀목이 되어야 할 사랑의 의무를 지녔다고 할 수 있다. 그러니 남녀의 첫 만남은 이 뼈의 신학을 골조로 에로스의 미학을 키워나가야 한다. 살에 앞서 뼈가 밑바탕에 깔려 있는 에로스가 오래 간다는 것이다. 그렇지 않은 살만의 연애와 교류는 흐물흐물한 연체동물처럼 기어가거나 무기력한 행보 가운데 퇴행하기 십상이다.

'살 중의 살'은 여분의 감탄이 증폭된 문구이다. 아담과 하와는 살까지 공유한 것은 아니기 때문이다. 그 살은 질료의 성분은 같지만 다른 흙으로 지어진 타자의 성격을 지닌다. 그런데 아담은 마치 자신의 살 일부를 뼈와 마찬가지로 빼내어 하와에게 채운 것인 양 오해한 듯한 발언을 한다. 따라서 이 말은 기원과 무관하게 하와의 살을 자기의 살처럼 아끼고 보듬어주며 사랑하겠노라는 다짐과 선언으로 들린다. 뼈의 태생적인 인연을 넘어, 전혀 다른 이질적인 당신의 요소들까지 나의 것으로 받아들여 포용하겠다는 의지마저 엿보인다. 이처럼 창조적 의미로 에로스의 관계는 동질성과 이질성을 두루 포괄하면서 서로간의 공통점을 증폭시켜 차이점까지 공통

분모로 만들어나가는 공정이다. 그것을 먼저 언어로 선포하여 타인에게 대화를 건네는 행동에서 비로소 원초적 관계로서의 에로스는 성장의 기미를 드러낸다. 만나서 포용하고 수용할 때 비로소 타인은 나의 일부로 다가와 관계의 지형을 조성한다. 생소한 타인을 소중한 존재로 발견하고 귀하게 인정하면서 증폭된 감흥 속에 예찬의 영감으로 일렁일 때 비로소 나의 일부가 아닌 전부처럼 영접된다. 낯선 존재의 접근이 이처럼 환대의 관계로 친밀해지기까지 언어를 통한 예찬과 영탄의 표현은 타인에게 잠재된 운명의 매듭을 발견하는 혜안을 선사하는 것이다.

아담의 말 둘째 마디 "이것을 남자에게서 취하였은즉 여자라 부르리라"는 이름을 지어줌으로써 비로소 실체가 되는 기적을 현상해 보여준다. 이 문장의 문자적 함의로는 남자에게서 취한 대상은 남자나 남자 아류쯤으로 불려야 할 텐데, 여자라는 다른 이름으로 칭해진다. 이는 히브리어 원문을 읽으면 간단히 해소되는 사소한 문제이다. 남자를 '이쉬'(ish)라 하고 여자를 '이쉬샤'(ishshah)라 하니, 남자로부터 발생한 존재라는 암시가 그 틈새로 읽혀진다. 이것을 인색하게 풀어 남자에게서 나온 여자를 그 부속품처럼 하찮게 여겨온 것이 지난 수천 년간 존속해온 가부장주의 문화의 습속이었다. 그러나 여기서 아담이 하와를 자신과 닮았으면서도 자신과 다른 독립적인 존재로 환대한 그대로 그 이름 역시 자신과 비슷하면서도 다르게 호명했다는 점이 중요하다. 아담과 하와의 만남은 이처럼 유유상종도 아니고, 물과 기름처럼 도저히 섞일 수 없는 숙명의 이질적 관계도 아닌, 독특한 제3의 지향점을 가졌다. 그것은 한 마디로 서로간의 사귐을 통해 부단히 노력하면서 화이부동의 지평을 개척해나가야 할 호혜적인 파트너로서의 관계였던 것이다.

　프루스트(M. Proust)의 말대로 모든 사물들은 제각각 갇혀 있다. 그러나 그 사물에 걸맞은 이름을 붙여 적절하게 표현해줄 때 그 표현의 힘으로 그 사물은 비로소 생기를 얻어 그 감옥에서 해방된다. 마찬가지로 사람 역시 익명의 타인들로 서로간의 무지와 무관심 속에 갇혀 있다. 그런데 그 익명의 타자가 생동하는 타인으로, 다시 내 삶의 치명적인 운명으로 틈입하는 일차적인 계기는 그 상대를 향해 이름을 불러주는 때이다. 그것은 갇혀 있는 사물에서 생동하는 생명으로 전이된다는 점에서 이 세상에 무수한 물상들 중 하나가 아니라 이 세상에서 단 하나뿐인 당신이 된다. 그래서 누구를 특정한 무엇으로 부르는 게 중요하고 그 '무엇'이 특정한 의미로 새겨지면서 제 삶의 한가운데로 다가와 박히는 기억과 감각의 체험이 유별난 것이다. 에로스의 발견은 이처럼 무엇보다 언어적 표현을 통해 그 시발점을 얻는다. 아무리 빼어난 형상으로 아름다운 빛을 발할지라도 그 아름다움에 이름을 붙여 표현하고 다가서지 못할 때 우리의 시선은 관음증의 습벽으로 흐를망정 공감적 혜안으로 에로틱한 에너지를 이끌어내는 통찰과는 무관해진다.

　새로운 타인이 다가오기까지 그만큼 아담의 수면은 생산적이었다. 그 잠 속에서 그가 꾸었을 법한 꿈 역시 이전에 단독자로서 살아온 시간에 단절을 가하면서 새로운 타자의 발견을 갈망하게 했던 예언적 출구였을지 모른다. 무엇보다 하나님이 만들어 데려온 이 낯선 타자를 자신의 운명에 엮인 소중한 동반자로 발견한 아담의 언어는 인간을 향한 예찬의 언어가 하나님의 눈치 앞에 망령되지 않음을 보여준다. 우리가 특정 인간을 특정한 계기로 발견하여 그 소중함을 인정하고 그 아름다움을 예찬하며 영탄하는 것은 그를 지은 창조주의 솜씨를 기리는 우회적인 감사의 방식이라는 점을 당연히 확인하게 된다.

한 몸 되기의 신학적 생태학

아담의 영탄조 발언이 끝난 뒤 화자는 하나님을 대변하여 두 사람의 혼인을 선언하듯 다음의 원칙을 천명한다. "남자가 부모를 떠나 그의 아내와 합하여 둘이 한 몸을 이룰지로다"(창세기 2:24). 이 원칙이 문자 그대로 아담의 경우와 맞아떨어지는 것은 아니다. 아담은 자신을 낳아준 육친이 존재하지 않았다. 그는 하나님이 자신의 형상대로 손수 빚어낸 작품이었다. 이로 인해 아담을 화폭에 담아내려던 화가들은 그가 어미의 자궁에서 탯줄을 끊고 나온 흔적을 그려야 할지 말아야 할지 적잖이 고민했다고 한다. 그것을 그리지 않자니 그가 정상적인 인간과 달라질 것 같고, 그렇다고 그리자니 하나님이 직접 만든 인간 치고 그 태생적 흔적이 너무 인간적으로 보였기 때문이다. 그래서 그의 배꼽 부분을 아예 풀이나 나뭇잎으로 슬쩍 덮어 처리하는 은폐술을 선택했다. 이도 저도 곤란하면 모호한 대로 그냥 두자는 심산이었을 것이다. 따라서 저 혼인 선언문은 아담 이후의 상황을 대변한 사후 승인적인 원칙을 투사한 결과라 보는 것이 합리적이다.

물론 그렇게 본다고 혼인의 신적인 기원에 담긴 전통적 권위가 훼손되는 것은 아니다. 아담의 경우 역시 굳이 낳아준 부모를 따지자면 아비와 어미 모두의 역할을 수행한 창조주 하나님께 그 몫을 돌릴 수 있기 때문이다. 그런데 그 부모를 떠나라는 선언이 엄중하다. 떠나라는 말은 이제 부모에게 의존한 상태를 벗어나 독립적인 자기만의 삶을 주체적으로 영위할 수 있어야 한다는 뜻을 담고 있다. 그 독립은 육체적 장성함으로 인한 외부 환경과의 싸움과 견딤의 능력을 전제할 뿐 아니라 정신적 경제적 자립의 역량까지 염두에 둔 개념이다. 그렇게 떠나 별도의 독립된 가정을 이루어야 부모가 자신에게 했던 잉태와 분만, 양육과 교육의 기능을 떠맡아 '생육하고 번성하라'는 하나님의 교시를 실천할 수 있게 되는 것이다. 남자가 떠나서 가야 할 곳은 자신의 반려자 곧 여자이다. 그 여자는 자신을 잉태하고 낳아준 어미의 분신이다. 앞의 번역문에는 모호하게 '합하여'로 처리되어 있지만 거기에는 부모를 떠나 아내에게 달라붙는다는 의미가 감추어져 있다. 그것은 곧 한 몸 되기의 예비적인 포즈인 동시에 한 가정이 어떻게 형성되는지 매우 오래된 모계적인 전통의 흔적을 보여준다. 가부장체제의 가정은 흔히 여자가 자기 집을 떠나 신랑의 집으로 시집을 가는 방식으로 꾸려진다. 그런데 이 혼인선언문에서는 남자가 태어나 살던 부모의 집을 떠나 여자에게로 가서 붙는다. 이렇듯 남자는 여자에게 붙고 여자는 그 남자를 자기 품에 받아들임으로써 여자를 어미로 만들고 남자를 아비로 세울 준비를 하게 된다.

그리고 거기서 둘이 한 몸이 된다고 서술되어 있다. 한 몸을 '이룬다'는 말은 둘이 한 몸이 된다는 뜻이다. 어떻게 한 몸이 되는가. 그것은, 플라톤의 에로스 신화가 암시하듯, 반쪽으로 갈라진 두 사람이 자웅동체의 옛적 형태로 합체함으로써 이루어지는 것이 아니다. 그러한 복고적인 회복의 양식으로 성서는 혼인과 남녀의 합일을 말하지 않는다. 다만 그러한 이접 행위를 통해 두 사람은 한 몸으로 '되어갈' 뿐이다. 물론 이 행간에는 남녀의 성적인 교합이 암시되어 있다. 남녀는 뼈를 공유한 생명의 원형을 체감하고 같은 질료이지만 이질적인 살의 감촉을 통해 낯선 타자 속에서 익숙한 자신을 발견하고 익숙한 타자 속의 '나'를 낯설게 느낀다. 유대계 철학자 엠마누엘 레비나스가 '애무'의 개념 속에 조형한 대로, 남자와 여자는 그렇게 성적인 교감을 통해 무엇인가를 찾아내려고 애쓴다. 나아가 서로의 몸을 더듬고 느끼며 뭔가를 탐색하는 교호 작용을 통해, 거기서 토해내는 신음과 탄식을 통해, 그들은 자신의 육체가 영원하지 않고 결국 죽음을 향해 퇴락해간다는 감추어진 진리를 서서히 예감한다. 그것을 신비로 느끼며 '타자화된 나'를 발견하는 여정이 곧 '애무'인 것이다.

    그러나 그것은 발견된 결과로 명석판명하게 존재하지 않으며 여전히 미지의 영역에 속해 있다. 수줍어 감추고자 하는 본능과 달아오르도록 공략하는 육체의 촉수가 길항하면서 애무는 모르는 것을 느끼는 감각으로 타자 속에 용해된 나의 의식을 깨운다. 레비나스는 여기에 존재 미학적 의미를 부여하여 이렇게 보다 자세히 말한다. "모른다는 것, 근본적으로 질서 잡혀 있지 않음, 이것이 애무에서 본질적인 것이다. 애무는 마치 도망가는 어떤 것과 하는 놀이, 어떤 목표나 계획이 전혀 없이 하는 놀이, 우리 것과 우리 자신이 될 수 있는 무엇과 하는 놀이가 아니라 다른 어떤 것, 언제나 다른 것, 언제나 접근할 수 없는 것, 언제나 미래에서 와야 할 것과 하는 놀이처럼 보인다. 애무는 아무 내용 없는, 순수한 미래를 기다리는 행위이다. 애무는 거머쥘 수 없는 것에 대한 새로운 전망을 열어주는 이러한 배고픔의 증대, 점점 더 풍요해지는 약속으로 가득 차 있다."[3] 마치 불가능한 가능성처럼 애무를 통해 남녀는 지속적으로 한 몸이 될 수 없는 두 개체가 그 불가능한 고지를 향해 결핍을 에너지 삼아 희망적인 미래를 탐험하는 여정인 것이다.

애무의 절정에서 남자와 여자는 성기의 삽입과 흡수를 통해 접속을 완성한다. 그 접속으로서의 완성은 일시적으로 한 몸의 느낌을 극대화하는 시점으로 드러난다. 그러나 그 순간조차 가장 극적인 쾌락의 정점을 통과하면서 우리는 그것이 공허한 욕망의 허구렁이라는 것을 얼핏 깨닫는다. 이른바 오르가즘이라는 성적 충만의 절정 상태에서 빚어내는 인간의 신음과 표정이 매우 고통스러운 상태에서 육신이 토해내는 탄식과 표정을 흡사하게 모사한다는 사실은 무엇을 암시하는가. 결국 남자와 여자는 그 뼈와 살을 물질적 매개로 자신의 영혼이 결국 하나님의 형상에 잇닿아 있음을 체감할 뿐, 그것이 이 땅에서 완성체로 지속될 수 없다는 사실을 겸손하게 인정하게 된다는 것이다. 그것이 한 몸 되기의 생물학적 사실에서 이끌어낼 수 있는 최대치 신학적 교훈이다.

남자와 여자가 이토록 가장 친밀한 교접의 농밀함 가운데서도 한 몸으로 존재하는 '있음'의 상태가 아니라 '되어가는' 과정에서 창조의 은유를 반복적으로 실험해나간다는 사실은 설핏 허망한 일로 비칠 수 있다. 그러나 레비나스의 통찰대로 이는 '일'이 아니라 '놀이'로 경험되기에 그 유희적 순간마다 우리는 남자와 여자의 성적 한계를 벗어난 인간의 완성체로서 하나님의 창조 미학을 엿보는 특권을 누린다. 거기에 은총의 선물로 열매가 맺히기도 하는데, 이는 남자가 뿌린 씨앗들이 자신의 생명을 복제하는 '타자화된 나'의 경험으로 여자의 몸 가운데 움튼다. 자녀의 생산을 통해 남자와 여자는 자신과 다르지 않으면서 다른, 또 다른 하나님의 형상을 복제해낸다. 이는 또한 남자와 여자가 그 성별의 경계를 넘어 생명의 창조주로서 하나님의 위치에 서보는 경험이다. 그것이 얼마나 극진한 정성의 정교한 산물인지, 생명을 산출하고 양육한다는 것이 때로 얼마나 고통스러운 인고의 투자를 요하는지 추체험하는 기회를 제공받는 것이다. 아담은 그 모든 놀이의 의미를 죄다 알지 못한 채 애무와 성교로써 하와와 합하여 한 몸이 되는 경험을 했을 것이다.

그런데 한 몸이 되기 위해 그들에게는 옷이 성가신 것들이었다. 아예 옷이라는 개념이 그들에게 없었다. 그냥 지어진 모습 그대로 천연덕스럽게 그들은 벗은 몸으로 어울렸고, 그것을 부끄러워할 필요가 없었다. 일부 성서비평가들은 이들의 벌거벗은 상태가 문명이 개화하기 이전의 동물적인 삶, 곧 원시적인 상태를 투사한 것이라고 본다. 혹은 타인의 시선을 의식하며 부끄러움을 느끼는 인간으로서의 자의식이 충분히 계발되지 않은 유아적 상태를 염두에 둔 서술이라고 볼 수도 있다. 딴에는 이를 낭만화하여 인간의 죄의식이 발화하기 이전, 곧 최대한 자연의 모습에 동화된 채 순수한 영혼으로 살던 에덴의 낙원이었기에 그런 나신의 삶이 가능했다고 해석하는지 모른다. 인간의 자연화한 삶을 문명의 족쇄에서 해방시키기 위한 나체촌의 건설이나 자기 육체의 아름다움을 시위하기 위한 각양각색의 노출 퍼레이드 역시 이런 맥락에서 정당화하려는 시도가 없지 않다. 그 배경과 이유야 어떠했든, 분명한 것은 이 당시 이들 두 사람은 에덴의 주인으로 그 누구를 의식할 필요가 없는 자연스런 상태로 나신의 몸을 부끄러워하지 않았다는 점이다. 그들에게 죄나 부끄러움의 개념 자체가 부재했기 때문이었을 것이다.

  나아가 추위로부터 몸을 보호할 목적이든, 부끄러움의 방어막으로서의 수단이든, 이는 옷이라는 문명의 이기가 필요할 만큼 그 장소에서의 거주가 결핍된 환경이 아니었다는 방증도 된다. 나는 에로티시즘의 관점에서 그들의 나신이 아무런 거추장스런 장애 요소 없이 최대한 밀착하여 한 몸이 되기 위한 예비적 단계였다고 생각한다. 우리가 목욕탕에서 발가벗고 몸을 씻듯이, 아담과 하와는 자신의 몸을 해코지할 아무런 대적이 없는 낙원의 상태에서 하나님이 만들어준 상태의 천연적인 몸을 천연덕스럽게 하나님 앞에 드러내는 것을 좋게 여겼을 것이다. 나아가 그들의 성애에 적절한 몸의 준비 상태나 그들이 먹을거리를 채집하는 동작이나, 혹은 그들이 배변을 하는 상태에서도 그들은 아무런 변함없이 그 몸을 그대로 유지했으리라는 상상에 이르면, 그들의 에로틱한 동선이나 체위가 곧 먹고 마시는 생활 체위와 다를 바 없었다는 추론이 가능해진다. 그것은 상품화된 여성의 나신이나 노출된 신체의 특정 부위에 시선을 밀착시켜 안목의 정욕을 탐하는 관음증적 세대의 감각에 비추어 매우 생소하고 뜨악한 광경이 아닐 수 없다. 그러므로 전혀 부끄러워하지 않는 그들의 벗은 몸은 마치 갓난아이의 그것처럼 욕망의 대상으로 몸의 풍경을 축소해온 동시대의 음탕한 감각에 철퇴를 가함으로써 에로티시즘 본연의 사명을 충실히 이행해준다. 이 얼마나 흥미로운 역설인가.

'하나'의 에로틱 스펙트럼

창세기의 저 혼인선언문은 복음서의 예수에 이르러 이혼을 방지하여 연약한 여성을 보호하려는 맥락 속에 다시 적용된다. "사람이 그 부모를 떠나서 그 둘이 한 몸이 될지니라. 이러한즉 이제 둘이 아니요 한 몸이니 그러므로 하나님이 짝지어 주신 것을 사람이 나누지 못할지니라"(마가복음 10:8-10). 여기서 예수는 부모를 떠나는 대상을 '사람'으로 설정하여 '남자'가 떠나는 것으로 되어 있는 창세기의 모계주의적 전통을 가부장주의 체계에 맞춰 순치시킨다. 나아가 남자와 여자가 한 몸이 되어야 한다는 당위적 요청을 앞세워 두 사람이 결합하여 혼인을 하게 되면 더 이상 둘이 아니라 한 몸이라고 서술한다. 한 몸은 되어가는 과정이라기보다 확고하게 믿어야 할 존재의 상태로 역설되고 있는 것이다. 이처럼 다소 뒤틀린 적용의 맥락은 이어지는 문장에서 원인 제시와 함께 적절히 해명한다. 짝지어주신 주체가 하나님이시므로 아무도 그 혼인관계의 신성한 토대를 허물 수 없다는 주장을 강조하기 위해서다. 고대사회에서 이혼이 허락되는 경우가 있었고 그것에 대한 법적인 절차도 존재했다. 모세의 율법이 허락한 예외적 사례도 마찬가지이고, 유력한 여성들이 그리스-로마사회에서 합법적으로 이혼을 주도한 드문 사례도 탐지된다. 그러나 대부분의 경우 이혼은 경제력을 주도한 가부장이 여성을 버리는 방편으로 오용되었고, 그 과정에서 희생당하는 대상은 연약한 아내들이었다. 예수는 약자의 편에 서서 이러한 이혼의 왜곡된 실천을 방지하려는 차원에서 창세기의 구절을 근거로 제시한다. 여기서 이 남녀 간의 결합이 주는 성적인 이미지와 에로틱한 분위기는 극소화되고 그 대신 선험적으로 전제된 그 한 몸의 관계만이 표 나게 강조되고 있다.

한 몸이 되는 신비한 남녀관계가 아가에는 서로가 서로에게 속하는 결속으로 묘사된다. "사랑하는 자는 내게 속하였고 나는 그에게 속하였도다"(아가 2:16). 물론 여기서 그 속함의 대상은 신체와 그 특정부위만으로 한정되는 것이 아닐 것이다. 인격과 삶의 모든 영역이 포개지는 상황에서 서로가 모든 관심을 공유할 때 그 속함과 상호 내주의 관계는 완성되는 것이리라. 이러한 상호 소속 내지 내주의 관계는 요한복음의 신학 전통으로 계승되어 거기서 예수는 제자들과 하나 됨을 기대하면서 제자들이 자신의 말을 기억하고, 자신도 그 제자들을 관심 있게 지켜보면서 피차 친밀하게 영적으로 교감하고 소통하는 관계로 나아가고자 한다. 그것은 요한공동체가 유기체적 관계 속에서 온전히 신뢰하고 의지하는 친구들의 교제를 지향함으로써 하나 됨을 추구하려는 것이다. 이러한 예수의 신념은 그의 마지막 기도(요한복음 17장)에서 제자들과 그 제자들의 제자들까지 온전히 하나 되기를 거듭 간구하는 방향으로 일관되게 강조되고 있다.

'하나 되기'의 이념은 이와 같이 하나의 신학으로 이루어지는 과정에서 남녀관계의 에로틱한 정서를 넘어 사제관계의 돈독한 유대나 신앙공동체의 보존 원리로 확산되어 가는데, 특히 후자의 경우 바울 사도의 세례 공식을 통해 명쾌하게 다시 서술된다. "누구든지 그리스도와 합하기 위하여 세례를 받은 자는 그리스도로 옷 입었느니라. 너희는 유대인이나 헬라인이나 종이나 자유인이나 남자나 여자나 다 그리스도 예수 안에서 하나이니라"(갈라디아서 3:27-28). 여기서 하나 되기 위한 몸짓은 예수 그리스도 안으로(eis) 들어가는 또 다른 접속의 행위로 제시된다. 모든 신자들은 그리스도를 신랑 삼아 그와 하나 되기 위해 힘써야 한다. 이를 통해 확보된 구원론적 공간에서 모든 차별화된 인간들은 그 성별적인 한계, 민족적 문화적 장벽, 사회경제적 층위를 넘어 하나 될 수 있다는 것이다. 실제의 세례관행을 통해 유추된 이 공식은 예수 그리스도의 복음이 사회비평적인 기능을 수행한다는 의미로도 풀이될 수 있다. 당시의 엄격한 가부장 체제와 계급구조를 넘어, 또 유대인 선민주의와 헬라인 우월주의의 종족적 문화적 편견을 가로지르며, 예수 안에서 전혀 다른 제3의 인간이 창출될 수 있다는 확신이 그 비평의 토대이다.

이 중에서 특기할 만한 항목은 남자와 여자의 관계이다. 여기서 그들이 예수 안에서 하나라는 말은 남녀의 위계가 차별적으로 설정된 당대의 가부장주의 체계에 대한 극복 내지 초월의 언사이다. 예수를 통해 하나 된 그들은 남녀의 경계를 차별의 조건으로 용납하지 않아야 한다는 말이다. 그런데 이 어록의 전승경로를 추적해보면 '이집트인의 복음서'나 후대의 영지주의 문헌에서 남자와 여자가 그리스도 안에서 하나 된다는 진술을 플라톤적 에로스의 신화에 비추어 해석하여 결핍된 존재로서의 남자도 여자도 아닌 온전한 태초의 신화적 인간상을 회복하게 되리라는 의미였음이 확인된다. 이는 영지주의의 '혼인방'(bridal chamber) 비유에서 교주와 성교를 해야 온전한 구원에 이를 수 있다는 근래 일부 이단종파의 해괴한 잡설에 이르기까지 하나 됨의 이념이 어떻게 에로틱한 창조 에너지를 밑천으로 삼아 존재론적인 변용을 거쳐 왔는지 보여주는 흥미로운 성서적 모티프이다.

문제는 일부 전승에 따르면 온전한 태초의 인간으로 회복하는 길을 여성이 남성화되는 데서 찾았다는 것이다. 가령 기독교 초기에 일부 여성들이 '처녀-과부'를 자처하면서 혼인을 포기하고 남장을 한 채 맹렬한 기세로 선교활동에 임한 사례를 외경행전의 문헌들이 보여준다.[4] 그들은 남자처럼 담대해지는 것이야말로 예수 그리스도를 만나 새롭게 된 인간형의 한 전형에 가까워지는 길이라고 믿었던 것 같다. 아니, 그것은 여성들의 주체적인 각성에 기반을 둔 믿음이라기보다 가부장사회의 교권체제가 은근히 주입하거나 강박한 타율적인 오해 때문에 나타난 현상이었을 가능성이 크다.

그들은 그렇게 그리스도와 한 몸이 되어 그리스도라는 남성처럼 씩씩한 선교의 주체가 되기를 꿈꾸었다. 하지만 그것은 태초의 인간을 회복하는 길이 아니었다. 남성과 여성으로 따로따로의 주체로 서기 이전에 아담은 그저 성별의 분리와 무관한 인간이었기 때문이다. 그렇다고 하와의 창조가 남성으로서 아담의 존재를 축소하거나 결핍적인 상태로 전락시킨 것도 아니었다. 오히려 하와의 창조를 통해 아담은 독처의 상태에서 저 홀로 온전해지는 단계를 넘어 한 공동체 내에서 함께, 한 몸이 됨으로 온전해지는 선교적 과제를 부여받게 된 것이다. 그 내부의 하나 됨을 위한 선교적 과제가 생략된 채 외부로 향한 금욕적이고 씩씩한 여성 선교사들의 남자 되기 열풍은 남녀관계를 매개하는 에로스의 상실이 초래한 역기능이었다고 평가된다. 그때의 '하나'는 독립적 주체들이 상합하여 이룬 조화로운 결실로서의 한 몸이 아니라 남자라는 반쪽 인간 속으로 여성성을 던져버린 결핍된 인간의 표상이었다. 이처럼 '생성'(becoming)의 지난한 과정이 생략된 '존재'(being)의 당위가 하나 됨의 이념조차 타락시켜 전체주의의

텃밭을 일구어놓은 것이 역사의 실상이다. '존재'의 당위가 메마른 삶의 목표에 집착하게 만든다면, '생성'의 과정은 그 비린내 나는 에로틱 에너지를 발효시켜 인간(성)의 온전한 회복에 기여한다. 그것은 육체가 된 하나님의 형상을 삶의 경험 한가운데 복원하는 길과 다를 바 없는 여정일 터이다. 당위로 강박되는 한 몸의 존재보다 날마다 이루어가는 한 몸 되기의 그 여정이 더 심오한 이유가 여기에 있다.

---

1 하나님의 '형상'(ṣelem)이란 개념은 고대 이집트와 메소포타미아 문헌에서 유래된 것인데, 이것이 구약성서로 수입된 것으로 보인다. 신학적으로 이 개념이 인간의 이성을 뜻하든, 영성을 가리키든, 여타의 피조물들과 구별되는 인간의 특출한 위상을 나타내고 있다는 점에서는 이의가 없다. J. Barr, "The Image of God in the Book of Genesis-A Study in Terminology," *BJRL* 51(1968), 129-159; M. Miller, "In the "Image" and "Likeness" of God," *JBL* 91(1972), 289-304 참조.
2 신학적 은유로서 잠과 관련된 제반 심층적 함의에 대해서는 차정식, "잠과 꿈, 불면의 신학적 의미," 「신학과 사회」 24/1(2010), 37-63 참조.
3 엠마누엘 레비나스/강영안 옮김, 『시간과 타자』(서울: 문예출판사, 1998), 109-110.
4 초기 기독교 전통 가운데 '처녀-과부'의 존재와 역사적 정체에 대해서는 Charlotte Methuen, "'The Virgin Widow': A Problematic Social Role for the Early Church?" *HTR* 90/3(1997), 285-298 참조.

2장

번식과 금기,
그 위반의 경계에서

롯과 두 딸의 막다른 골목

동물성과 인간성의 분별기준

인간은 동물이면서 동물 이상이기를 추구한다. 그렇다고 인간의 동물성이 사라지는 것은 아니지만 인간은 오랜 역사를 거치면서 문화적 진화를 통해 나름의 기준을 확보해왔다. 네안데르탈인까지 소급해서 추적하는 인간의 수준에서 동물 이상이 되려는 의욕의 대표적인 증거는 '노동'이다. 규모를 갖추어 노동하는 인간의 모습은 자연의 본성에 따라 닥치는 대로 포획하거나 채집하여 계획 없이 먹고 힘센 놈이 맘에 드는 암컷을 차지하는 정글의 생리를 넘어서려는 고된 싸움의 흔적을 보여준다. 신석기시대 들어 활성화된 농경생활은 노동의 형식을 반복적인 재생산의 구조로 안착시켜 비로소 인간의 문명이 자연의 법칙을 거슬러가면서 생육하고 번성해나가는 기틀을 갖추고 '하나님의 형상'을 지닌 인간다운 격식을 꾸려나갈 수 있는 터전을 확보한 것으로 보인다.

이와 함께 인간이 동물과 다른 문명을 개척해나가면서 보여준 분기점은 사람이 죽을 때 그 시신을 방치하지 않고 적절한 형식을 갖추어 매장하는 풍습이다. 이는 죽어서 부패하는 인간의 육신으로 인한 악취와 미관상의 불쾌함을 예방하려는 목적이 앞섰을 테지만 점차 이로 인한 전염병의 위험을 방지하려는 의학적인 지혜가 가미된 것으로 파악할 수 있다. 종교적인 차원에서는 특정 장소에 기념하는 뜻을 세워 고인의 삶을 기리고자 하는 동기가 작용하였을 것이다. 그렇게 하여 그의 몸이 야수의 먹이로 함부로 허비되지 않고 유골로 남겨서라도 생자와 사자 사이의 인연을 오래 기억하고 기념할 만한 징표가 되길 바랐을 게 분명하다. 바로 그런 욕구가 다양한 매장의 풍습을 인간적인 삶의 도리로 확립시켜나갔을 터이다.

그렇다고 인간이 자연의 본성을 무조건 거슬러 인간만의 독자적인 존재론적 성채를 쌓은 것은 아니다. 인간은 자연에 한편으로 저항하면서 동물성에서 인간성을 떼어냈듯이, 다른 한편으로 그 동물성의 본능을 자연스럽게 추구하면서 금기와 함께 금기를 넘어서는 위반을 감행하기도 했다. 그러나 역설적으로 그 위반의 행위들은 금기를 제거하기보다 그것을 한층 더 중요한 규제로 강화하는 기능을 수행해왔다. 이처럼 금기와 위반의 역동적 길항관계가 에로틱한 긴장을 민감하게 느끼게 만든다. 지속이라는 생명 본연의 욕구와 그것을 무차별적으로 용해시키는 에너지의 낭비 사이에서 본격적으로 에로티시즘의 열정이 싹트고 번성한다. 생짜배기로 노출되는 동물적인 천연덕스러움이 에로틱하게 보일 리 만무하다. 철저한 나체와 공개적인 성행위는 인간의 에로틱 정서를 뒷받침해주는 요소들이 아니다. 에로티시즘을 인간의 내적 체험의 견지에서 볼 때, 바타유가

지적한 대로, 성행위조차 "그것이 단순히 동물적이지 않을 때, 그리고 초보단계를 벗어날 수 있을 때 에로틱한 것이 될 수 있다."[1]

지속과 낭비의 문제도 마찬가지다. 인간은 에너지를 무한 낭비하는 자연을 본받아 지속에의 욕구를 거슬러서 무한하게 자신을 낭비하고자 하는 욕망을 지니고 있다. 바타유는 그러한 예를 인간의 성과 죽음에서 찾았다. 성적 합일을 추구하는 욕구는 죽음을 향해 치닫는 자기 낭비의 대표적인 표본이라는 것이다. 생명 지속의 욕망을 파열시키는 폭력과 같이 성적인 욕동은 정점을 향해 가열되고 마침내 죽음조차 무릅쓰는 열정의 에너지로 투여된다. 그러나 공동체의 지속이란 현실적 과제 앞에 성욕과 죽음의 자기 낭비적 충동은 노동의 일상을 통해 적절히 제어되고 각종 금기를 통해 규제받는다. 이와 함께 그런 활수한 낭비의 욕구가 다른 한편으로 자기 단절의 돌파구로 수용되면서 인간은 다른 존재들과 어울려 누리는 축제의 경험 속에 죽음을 무릅쓰는 쾌락의 극점에서 죽음의 고통을 통과한 뒤 새로운 생명을 생산해내게 된다. 그것은 인간의 생육과 번성이 궁극적인 목적이고 이 목적에 다다르는 과정으로서의 성적인 관계가 단순히 도구적인 수단에 불과하다는 뜻이 아니다. 그렇다면 에로티시즘의 긍정성이 끼어들 여지가 없게 된다. 에로틱 에너지는 늘 잉여의 에너지로 분출된다. 결과를 타산적으로 따지지 않는 잉여의 공간에서 자기 낭비의 여분이 아름다운 성적 쾌락의 지분을 확보해주는 것이다. 그 쾌락의 논리가 어떻게 아름다울 수 있고 어떻게 독립된 그 지분 속에 자족적일 수 있는가.

근친상간 금기와 그 저변의 배경

생육하고 번성하는 방식도 아무와 아무렇게 무차별적인 동물적 본성을 따르지 않고 나름의 분별 기준을 확보해나갔는데, 이성과의 짝짓기와 성행위에서 가장 오래된 금기 전통으로 알려진 것이 바로 근친상간을 금하는 규범이다. 근친간의 성관계를 남의 아내와 동침하는 것과 마찬가지로 '간통'의 차원으로 규정한 기록이 레위기에 나온다. 여기서 근친상간의 범위는 매우 광범위한데, 아버지의 아내, 며느리, 장모, 자매, 이모나 고모, 숙모, 형제의 아내 등과의 성관계를 전제로 한 동거가 그 범주에 해당된다(레위기 20:10-21). 이들에게 가해지는 처벌 조항은 미세한 차이를 드러낸다. 가령 아버지의 아내 곧 모친이나 장모와 동침하는 경우는 동성 간의 성행위나 짐승과의 수간과 마찬가지로 당장 죽여야 할 가장 중대한 악행으로 규정된다. 이에 비해 자매와의 동침은 "백성 중에서 끊어지리라"는 징벌로 처분되는데 이는 숙모나 형제의 아내와 동침하는 경우 가해지는 "자식이 없이 죽으리라"는 처벌과 유사한 것으로 보인다. 며느리와 동침하는 행위는 '가증한 것'으로 규정되고 "자기의 피가 자기에게로 돌아가리라"고 그 징벌을 에둘러 말하고 있지만 이 역시 죽이라는 명령과 다를 바 없다. 가장 희미한 처벌 대상은 이모나 고모와의 동침 건인데, 이는 '그들의 죄'를 분명히 규정하고 그것을 담당해야 하리라고 규정하지만 실제로 담당해야 할 죄와 관련된 처벌이나 저주의 내용은 자세하게 나오지 않는다. 가장 흥미로운 점은 딸과의 동침에 대해 아무런 조항이 나오지 않는다는 것이다. 이것이 단순히 부주의로 인한 누락인지, 아니면 며느리와의 동침을 가혹하게 취급한 것으로 미루어 이 역시 당연한 근친상간의 중대한 악행으로 전제한 것인지 분명하지 않다.

　레위기의 저자(또는 편집자)는 왜 이러한 근친상간이 가능한 것이고 악행이며 이에 상응하는 예의 저주나 징계를 받아야 하는지 구체적인 근거를 제시하지 않는다. 다만 일반적인 교훈으로 "너희는 스스로 깨끗하게 하여 거룩할지어다"(레위기 20:7)라는 명령이 주어지고 이 명령을 내린 하나님이 "거룩하게 하는 여호와"(레위기 20:8)라는 선언이 나와 있을 뿐이다. 이로 미루어보건대 이 금기조항을 제정한 이는 동물은 물론 이방인들의 정결하지 못한 삶의 양식과 구별되는 삶을 살도록 이스라엘 백성들에게 나름의 합당한 기준을 설정해준 것이다. 그런데 여기서 '정결함'이나 '거룩함'의 기준이 물리적인 현상이나 생리적인 특징을 적시한 것은 아닐 터이다. 그것은 한 공동체의 균형과 조화를 통해 생육하고 번성하라는 창조명령을 구현하고자 하는 나름의 조절책이 반영된 결과로 보인다.

　이를테면 동종교배의 원칙은 하나님의 창조질서에 비추어 '어느 정도' 사실에 부합된다. 인간이 인간끼리 만나 교접해야지 다른 동물과 만나 붙어버리는 '수간'의 방식은 합당치 않기 때문이다. 그러나 동종끼리 너무 밀착되어 동족 내의 동종끼리, 그러니까 한 가족이나 가까운 친척들 내부에서 남녀가 교접해버리면 그것은 한 사람이 자기 부모를 떠나 독립적인 인격체로 바깥의 짝과 만나 한 몸을 이루라는 원칙과 위배된다. 따라서 근친끼리 몸을 섞어 성관계를 갖는 행위는 그 '어느 정도'의 기준을 넘어서는 과잉이나 거기에 미달하는 결핍 상태로 전락한다. 물론 역사의 특정 시점에 특정 공동체에서는 혈통의 순수성을 보존하고 권력관계의 밀도를 강화하기 위해 근친혼이 장려되기도 했다. 그러나 거기에서도 친척 간의 혼인을 넘어 직계의 형제자매 사이라든지, 부모자식 사이라든지, 넘지 말아야 할 성관계의 하한선은 있었다. 그 금도조차 풀어져 위반되면 사회적 지탄과 정치적 억압의 사유가 되었다.

오늘날 일각에서 근친상간의 금기가 태동된 배경을 생물학적 견지에서 설명하는 경향이 있다. 오랫동안 함께 동거해온 형제자매 또는 이에 준하는 근친간의 혼인이나 성관계가 회피된 이유를 서로 너무 친밀하게 어울려온 탓에 낯선 것으로 인해 매료되는 부분이 적은 데서 찾고자 하는 것이다. 서로를 너무 잘 알고 친숙해진 상태이기에 성적인 매력이란 점에서 피차간 끌어당기는 것이 별로 없다는 주장이다. 이즈음 유전학에서는 근친간의 성적 교배가 바깥의 우성인자를 끌어들이는 대신 내부의 열성인자를 확대 증폭시킴으로 인해 우수한 종의 상태를 존속시키는 데 방해 요인이 될 수 있다는 고찰을 내놓기도 한다. 같은 동족이나 친족, 가족 간의 근친 결합을 통해 우성인자를 영구적으로 보존하려는 동향과 정반대의 관점에서 제시된 통찰이라고 할 수 있다.

그런가 하면 바타유는 근친상간 금기의 풍습이 매우 오래된 원시적인 전통이라는 점에 착안하여 다음과 같이 간략히 분석한다. "근친상간 금기는 가처분 상태의 여자의 증여를 통해 분배의 문제에 대한 해결을 얻으려는 한 양상에 다름 아니다."[2] 가부장체제의 사회에서 자기 집안의 여자 성원들을 바깥으로 방출하는 증여의 형식을 통해 분배의 불균형으로 야기될 법한 공동체 내부와 공동체들 사이의 정치적 갈등을 사전에 조율하거나 사후에 처방하는 외교적 수순의 일환으로 촉발되었으리라는 것이다. 그렇다면 공동체 내부의 여성들은 제 가족이나 공동체의 생존을 도모하는 외교적 미끼이고 이웃과 선린관계를 도모하기 위한 화평의 수단인 셈이다. 이러한 풍습은 일부 원시적 풍습을 간직하고 있는 에스키모나 미개발 지역의 일부 부족에 잔존하는 것으로 알려져 있다. 외부에서 방문한 귀한 손님을 대접하기 위해 자기 아내를 잠자리 파트너로 제공하여 성적인 서비스를 베풀도록 허락하는 관습이 그 일례이다.

흥미로운 점은 성서가 이런 맥락에 부합할 만한 이야기를 전하고 있다는 사실이다. 주지하듯 롯은 소돔에 도착한 두 천사를 영접하면서 그들이 그 성읍의 불량한 사람들에 의해 성적인 도발을 당하려는 것을 방어하기 위해 두 딸을 미끼로 제공하기로 작심하였다. 소돔의 백성들이 여성들로 남자 천사를 간통하려고 한 것이 아니라 남자끼리 동성 간에 관계를 가지려고 한 저간의 동기가 엿보이는 대목이다. 이러한 폭력적인 도발의 시도를 막아서면서 롯이 던진 말은 자신의 딸에 대해 지닌 당대의 인식을 엿볼 수 있는 단서를 던진다. "내가 남자를 가까이 하지 아니한 두 딸이 있노라. 청하건대 내가 그들을 너희에게로 이끌어 내리니 너희 눈에 좋을 대로 그들에게 행하고 이 사람들은 내 집에 들어왔은즉 이 사람들에게는 아무 일도 저지르지 말라"(창세기 19:8). 롯에게 천사들은 '주'라고 칭해질 정도로 귀중한 손님이었다. 그러나 혼인하지 않은 그의 두 딸은 가처분 상태에 있는 증여의 대상으로 거리낌 없이 거론될 만한 대상이다.

이와 유사한 일이 실제로 이루어진 사례가 사사기의 한 이야기에서 탐지된다. 유다 베들레헴이 고향인 어떤 레위 사람이 자신의 음탕한 첩이 행음하고 남편을 떠나 제 아버지의 집으로 돌아가서 거기서 넉 달간 거하던 때에 생긴 일이다(사사기 19:1-30). 그가 거기서 며칠간 체류 기간을 연장하여 머물다가 마침내 첩을 데리고 고향으로 돌아가던 중 베냐민 지파가 거하던 기브아 땅에 한 노인의 호의를 받아들여 그 집에 하루 묵게 되었다. 그날 밤 그 동네의 불량배들이 들이닥쳐 그들과 관계를 가지려고 압박하자 이 주인장이 제안한 타협안은 자신의 딸과 그 손님의 첩을 대안적 위안물로 내놓는 것이었다. 그 거래의 과정에서 그 첩이 끌려 나가 여러 사람들에게 밤새도록 겁간을 당하고 죽기까지 하자 그것이 빌미가 되어 베냐민 족속을 상대로 이스라엘이 전쟁을 벌이게 되었다는 이야기다. 비록 딸의 증여 대신 첩의 희생이라는 또 다른 형태로 변용되었지만, 이 두 가지 사례는 당대의 가부장체제에서 어떻게 딸들이 증여의 대상으로 외부인에게 공급되었는지를 보여주는 실례이다. 그것은 자신의 손님에 대한 체면을 지키기 위해 딸들을 흔쾌히 낭비하는 방식으로 나타난다. 그것은 한편으로 가부장주의 사회에서 자식을 마치 재산처럼 처분할 수 있는 가부장권의 절대성을 드러낸다. 이러한 체제는 동시에 자신의 자율적 의사와 상관없이 딸들을 부모로부터 방출시키는 계기를 제공했다는 점에서 근친간의 혼인과 성관계를 사전에 예방하는 효과를 거둘 수 있었을 것이다.

　이런 증여 행위들은 긴장된 교착관계 속에서 차선의 평화를 지키려는 고육지책이었다. 즉 희생양을 만들어냄으로써 일종의 타협안을 제시한 셈이다. 그것은 스스로 가진 것을 활수하게 낭비하는 자연의 어떤 면을 닮았으면서도 제 것을 지키기 위해서 외부의 경쟁자들과 치열하게 싸우는 동물적 본성과 많이 동떨어진 에로틱한 에너지의 발산으로 조명할 수 있다. 그러나 이스라엘 공동체에서 야곱의 딸 디나의 경우를 통해 확인되듯 증여의 원리가 늘 지켜지지는 않았다. 디나를 연모한 히위 족속의 추장 세겜

이 그녀를 강간하여 그 후과의 해결책으로 평화로운 외교적 타협안을 제시하였을 때 야곱의 아들들이 이를 부끄러운 일로 여겨 세겜 일당을 기만하여 죽인 적이 있었다(창세기 34장). 한 씨족의 딸이 이방족속에게 증여되기는커녕 도리어 증여 거부로 잔혹한 살육을 초래한 계기가 된 것이다.

이와 같이 근친간의 유대와 밀착이라는 요소가 동종교배의 동기로 작용하였다면, 공동체의 생존 또는 이웃 집단과의 친선을 목적으로 특정한 일부 가족성원을 외부로 방출하거나 증여하는 행위는 이종교배를 통해 외부로 자신의 생명력을 확장시키는 결과를 낳았다. 근친상간 금기의 전통은 성욕과 명예를 매개로 하는 가족이나 폐쇄적 씨족공동체 단위의 인간관계가 더욱 폭넓은 구도로 재편되는 과정에서 생겨난 것으로 보인다. 그러나 한 가족 공동체 내에서 자신이 내놓아야 할 증여의 대상이 없거나 스스로 생존을 도모해야 할 극단적인 상황에서 번식이라는 생물학적 요인은 근친상간을 금하는 규율조차 무력화시켰다. 그것은 저 홀로 남은 고립된 생명이 분리의 공포 속에서 탈출하는 방식이었는데, 이런 상황에서 자신이 선택할 수 있는 유일한 짝짓기의 대상이 근친이라 하더라도 그 금기를 깨고 과감하게 그와의 합일을 추구하는 에로틱한 열정을 뿜어낸 것이다.

근친상간 금기의 위반 사례

모든 금기는 그 위반을 통해 가열되며 완성된다. 바타유의 언급대로 위반은 금기를 부정하기보다 오히려 초월함으로써 그 체계를 가열시키는 역할을 한다. 금기가 그렇듯이 위반은 오로지 동물성의 영역을 벗어난 인간에 의해 저질러지는 인간적인 것이다. 따라서 금기의 에로티시즘은 위반의 경우에도 해당된다. 위반도 인간의 욕망이 뿜어내는 에로틱한 열정의 순간 가장 강력한 매혹의 대상이 되는 것이다. 위반은 기존의 질서에 대한 극적인 파열의 경험과 함께 찾아온다. 그 파열의 가장 큰 예가 전쟁이다. 생사의 기로를 가르는 전쟁의 현장에서 금기의 도덕적 기반과 윤리적 원리는 빛을 잃는다. 그 가운데 인간의 도리를 규제하는 금기의 체계도 해체되고 인간은 동물적인 아수라의 상황에 내몰린다. 오로지 물리적인 힘의 과다와 싸움의 기술, 군사력의 우열, 리더십의 자질 등에 따라 승패가 결정되며 기존의 모든 법규는 철저히 무력해진다. 이러한 거대한 파열이 아니더라도 금기는 자잘한 생존의 위기상황에서 역설적으로 위반을 통해 더욱 강화되어왔다. 그것이 금기의 속성이었다. 그 역설적 과정에서 위반은 위장되기 십상인데, 그것은 위반이 아니라 불가피한 생존의 돌파구로서 나름 정당성을 갖게 된다. 거기서 위반을 불러오는 불가피한 상황이란 술 따위의 마취제를 통해 연출되거나 외곬에 처한 폐쇄적인 현실을 돌파하여 자손의 번식이라는 방식으로 생존을 도모하면서 정당화된다.

특히 근친상간 금기의 위반이란 견지에서 주목할 만한 성서의 이야기는 롯과 그 두 딸의 관계를 통해 잘 예시된다. 롯은 소돔과 고모라 성의 멸망 과정에서 아내를 잃었다. 소돔과 고모라에 내린 불과 유황의 심판으로 성이 멸망당하는 광경을 목격한 뒤 롯은 그 두려움을 떨치고자 도피하여 소알 땅에 거주하다가 다시 두 딸과 함께 산으로 올라가 굴 속에 거하였다. 그들은 멸망당한 도시의 폐허를 벗어나 외진 산골로 들어가 동굴 속에서 피난생활을 하고 있었던 셈이다. 두 딸과 결혼하기로 약조한 사위들은 심판의 경고를 가벼이 여긴 나머지 소돔 성을 빠져나오지 못하였으므로 두 딸은 과부 신세나 다를 바 없었다. 더구나 산과 동굴이라는 공간은 이중적으로 고립된 지형이어서 주변과 사회적 교류나 소통을 하기에 부적절한 상황이었다. 이에 두 딸은 고립무원의 처지에서 이 세상으로 나아가 재기할 의욕을 잃은 채 살아남은 세 사람들끼리 자손을 이어나갈 번식의 방법을 고안해냈다. 비록 소돔성의 심판과 멸망은 전쟁의 상황과 다소 다른 현실이었지만 그 결과는 전쟁의 경우와 다를 바 없었다. 자신이 살던 거주처가 완전히 파멸된 상황에서, 더구나 롯의 아내이자 두 딸의 어미가 도중에 낙오한 채 소금기둥으로 변해버린 마당에, 이 가족이 경험한 트라우마는 극단적인 파열의 심리를 자극했을 것이다. 더구나 그들이 부모를 떠나 독립적인 가정을 이룰 기회는 사위들의 이탈로 이미 불가능해진 상황이었다.

컴컴한 동굴의 거주 공간은 매우 은밀하고 은폐하기 좋은 환경이었을 것이다. 위장에 호의적인 공간은 위반에도 유리한 조건이 된다. 롯의 두 딸은 아버지와 성관계를 맺는 행위가 금기라는 것을 모르지 않았던 것 같다. 큰딸이 작은딸에게 한 다음의 발언은 이 사실을 대충 암시한다. "우리 아버지는 늙으셨고 온 세상의 도리를 따라 우리의 배필 될 사람이 이 땅에는 없으니…"(창세기 19:31). 이는 번식의 예외적인 반칙이 불가피한 상황을 암시하고 있다. '세상의 도리'라는 것은 세상의 통상적인 법도를 따라 지켜야 할 금기의 규례가 있음을 암시하는 동시에 정상적인 방식으로 젊은 처자가 짝을 짓는 방식을 가리킨다. 전자의 규례를 지켜 후자의 방식대로 이

행해야 마땅한데 그럴 만한 처지와 형편이 못 된다는 것이다. 물론 유일한 남성인 아버지의 생물학적 번식 조건도 여의치 않다. 그는 이미 늙은 나이였기 때문이다. 그래도 가능한 대안으로 돌파구를 찾아볼 때 아버지의 남성이 불리함에도 불구하고 금기를 위반하는 쪽이 현실적으로 남아 있다. 그러나 '세상의 도리'를 의식할 때 맨 정신으로는 이 일이 성사되기 어렵고 피차 감당하기 곤란하다는 인식에 도달한다. 그 해결책으로 은폐와 위장을 위해 필요한 술이 제공된다. 동굴이 일차적 은폐를 위한 공간적 배경을 제공해주었다면 술은 이차적 위장을 위한 정신적인 파열의 조건을 구비해준다. 마침내 큰딸이 제시한 방안에 따라 첫째 딸과 둘째 딸이 아버지에게 술을 마시게 하여 취한 상태에서 날을 달리하여 차례대로 동침함으로써 자손을 보게 된다. 아버지가 술을 많이 마셔서 취한 상태였다는 것은 그가 "그 딸이 눕고 일어나는 것을 깨닫지 못"할 정도로 정신이 혼미하였음을 시사한다.

롯의 두 딸은 여기서 아버지를 인간에서 동물로 만들어준다. 오로지 자신의 동물적 성욕에 충실하게 복무하도록 연출해놓은 상태에서 자신들의 번식을 위한 필요를 충족시키고자 한 것이다. 딸을 아내처럼 성적인 파트너로 취하고 아내의 역할을 하게 만드는 것은 제 몸을 통해 나온 생명체를 이 세상에서 생육하고 번성하여 충만케 하려는 하나님의 창조 섭리에 위반된다. 근친상간, 특히 직계 부모와 자식의 성관계는 자식의 입장에서 자기의 장성한 생명의 꼴을 그 값에 걸맞지 않게 제 육체적 기원으로 회귀시키기 때문이다. 게다가 이는 창조한 주체와 피조된 객체 사이의 질서를 혼란케 만드는 전복적 위반이기도 하다. 부모가 생명을 만들어 양육하는 것은 하나님의 창조활동을 모사하는 행위이다. 창조주와 피조물의 엄격한 위계가 하나의 엄연한 질서로 온존하는 한, 하나님의 형상을 따라 만들어진 인간들의 세계에서도 그 질서가 보존되는 것이 온당하다.

그러나 롯과 두 딸의 성관계는 지극히 당연시되는 그 '세상의 도리'에 어긋나는 파격적인 해체의 동선으로 나타난 것이다. 비록 컴컴한 동굴의 폐쇄적인 환경과 마취제 내지 망각제로서 술이라는 매개가 위장에 필요한 보조장치로 등장하지만, 그것은 기실 위반을 위한 의도적 연출에 불과하다. 이야기의 화자는 놀랍게도 롯에게 면죄부를 준다. 그가 이러한 기획의 의도를 전혀 깨닫지 못했다는 진술을 통해 늙은 가부장의 체면은 구제된다. 굳이 근친상간 금기의 논리대로 정죄해야 한다면 술이라는 놈이 나쁜 짓을 하게 한 셈이다. 롯의 파열에 이러한 돌파구가 있듯이, 롯의 두 딸 역시 자손의 번식을 통해 제 생존을 도모해야 하는 가부장사회의 엄연한 현실을 복선으로 깔면서 위반을 이행했으니 역시 빠져나갈 구멍이 있다. 동굴에서 빠져나가는 구멍이 이렇듯 금기의 위반이라는 사실은 인간이 이 두 가지의 길항하는 관계에서 얼마나 역동적인 욕망의 변신을 보여주는지 적절히 대변한다.

이 이야기의 결말은 근친상간 금기의 규율을 옹호하는 진술이나 암시 따위가 아니다. 이 두 번의 특별한 위반을 통해 롯의 두 딸은 마치 하나님의 은총을 입었다는 듯이 아버지의 씨를 받아 임신하고 각각 아들을 출산하였다는 결말과 함께 이야기는 일단락된다. 나아가 그들이 각각 모압 족속과 암몬 족속의 조상이 되었다는 기록과 함께 이 이야기가 한 종족의 기원담을 다루는 예외적인 각본이었다는 사실을 확인하게 된다. 이 위반의 사례가 특별히 에로틱한 분위기를 풍기는 것은 동굴과 술의 위장 가운데 벌어지는 이 부녀의 이중적 동침이 전혀 속살을 드러내지 않은 채 캄캄하게 처리되기 때문이다. 그것은 지극히 동물적인 행위를 지극히 인간적인 체면을 살려 보여주는 방식으로 구성되어 있다. 성서의 저자 역시 이를 근친상간이란 후대의 율법적 잣대로 판단하고 정죄하기보다 어떻게 두 민족의 기원이 기이한 파열음을 내며 이질적인 방식에 정초하였는지에 초점을 맞추어 기술한다.

금기와 위반의 뫼비우스 방정식

금기와 위반은 공통적으로 인간의 공포 심리를 자양분으로 번식하며 교차한다. 그 원인과 배경이 생물학적이든, 유전학적이든, 아니면 문화인류학적 차원이든, 근친상간을 금하는 것은 '세상의 도리'로 공유된 원초적 질서를 위반함으로써 도래할 미지의 위험에 대한 공포가 작용한 결과이다. 그 미지의 공포는 아직 실현되지 않은 터라 더 급박한 공포의 힘에 의해 극복될 수 있다. 다시 말해 하나의 핵심적인 금기는 그것의 위반이라는 상황을 통해 반전에 의한 재질서화가 가능해진다는 것이다. 인간은 자기 생명의 반복을 통해 존재감을 확보한다. 인간의 동물적 욕구로서 인식되는 종족보존과 번영의 욕구는 신학적으로 생육하고 번성하라는 하나님의 창조 섭리에 근거를 두고 있다. 자기 생명의 지속은 결국 생명의 출산과 번식의 경로를 거쳐 현실화되는 터라 우리는 새로운 생명이 우리의 몸을 통해 새롭게 계속 태어나는 한 하나님의 은총이 지속되는 증거를 볼 수 있다고 말한다. 마찬가지로 인간 생명의 지속과 그것의 단절로 인한 부재의 실존까지도 결국 극복할 수 있으리라는 부활의 희망을 품게 된다. 그것은 하나의 생명이 다른 생명과 극적으로 합일하여 또 다른 생명을 생산하는 번식의 과정 가운데 구현될 수 있다.

그러나 근친상간의 금기는 자신의 몸을 거쳐 낳은 생명이나 유사한 가족관계의 패턴 속에 자기생명의 복제가 동종교배로 인한 자기동일성의 반복으로 되돌아오는 허망함에 대한 제어장치이다. 제 생명의 노고로 맺은 결실이 제 몸 안으로 회귀하는 생명의 회로는 다람쥐 쳇바퀴 도는 동선에 다름 아니기에 어떻게든 혈연 공동체 내부의 일부 구성원을 거창하게 낭비하여 배분하는 증여의 돌파구로서 울타리 바깥으로 방출하는 것이다. 그렇다면 자기동일성의 반복을 회피하기 위해 요청되는 그 탈주의 동선은 동물적인 본능에 따른 짝짓기와 관계 맺기의 유형을 한 바퀴 비틀어 뫼비우스의 굴절을 가하는 것이다. 여기서 근친상간 금기의 전통은 동물성에서 인간성으로 도약한 문화의 흔적을 투사한다.

그러나 앞의 롯 이야기를 통해 드러나듯이, 금기는 위반을 통해 검증받고 단련되며 마침내 하나의 규범적 체계로서 완성된다. 살던 거주공간이 불로 잿더미가 된 다급한 재난에서 도주한 피난민 가족이 사위들과 아내마저 잃고 홀아비와 두 딸이라는 기이한 삼각구도를 형성한 채 동굴 속으로 들어와 공포에 절어 있었던 상황을 상상해보라. 젊은 두 딸은 건강하고 싱싱했지만 그들에게는 늙은 아비만 남아 있었다. 더구나 그들의 생존 환경은 가장 가까운 근친과의 관계를 통해 산속의 동굴에서 숨어 사는 열악한 상황을 타개해나갈 만한 '맨 파워'가 절실히 요구되는 현실이었다. 나아가 그들은 생육하고 번성하라는 하나님의 창조 법칙에 걸맞게 자신의 종족을 보전하고 지속되는 생명의 대물림을 도모해야 하는 다급한 위기 국면에 처해 있었다. 비록 근친상간을 피하는 것이 '세상의 도리'에 해당되는 걸 두 딸은 알았지만 그것에 문자적으로 집착할 때 그들의 생존이 어렵게 되리라는 절박한 상황 인식이 있었을 법하다. 동굴과 술은 그런 그들에게 은폐를 통한 위장의 기제를 제공했다.

마침내 그 위장은 남녀관계의 가장 핵심 금기인 근친상간의 규제를 가볍게 덮고 넘어가는 극적인 위반을 가능케 한다. 롯과 두 딸에게는 무지와 번식이라는 적절한 변명과 정당화의 사유도 마련되어 있었다. 그들의 교착된 성관계를 통해 두 민족이 번성해나갔다는 기원담의 마무리와 함께 이러한 은밀한 동굴 속의 관계가 마치 하나님의 은총이 통과되는 예외적인 경로인 것처럼 인식될 만한 여지가 생겨난 것이다. 그것은 마치 경계를 넘어섬으로써 그 경계의 의미를 체화하는 절차 같았다. 금기를 위반함으로써 그 금기의 예외적 특수성을 깨달아 후세의 교훈으로 강조하게 되는 이치를 공동체에 환기시키는 효과도 있었다. 그렇다면 예외적인 성적 합일을 부지불식간에 이루어낸 롯과 두 딸의 금기 위반은 그 극적인 위반의 방식뿐 아니라 이를 연출하는 과정과 결과, 또 그것이 이루어진 매개로서의 동굴과 술이라는 장치 모두 에로틱한 에너지의 증폭에 기여하였다고 볼 수 있다.

동굴은 성적인 이미지로서 생명의 잉태와 양육을 담당하는 모태의 자궁을 표상한다. 그 내부로 들어온 씨앗이 열매를 맺었을 때 그렇게 결실한 생명에게 이 동굴의 자궁은 모든 것을 허락한다. 금기와 위반의 대칭구도를 채 개념화하지 못한 태아 생명의 속내에 관한 한 무한한 상상의 자유와 컴컴한 공간 내에서의 안온한 감각만이 오롯했을 것이다. 더구나 알코올 기운은 노쇠한 아비 롯의 육체를 달래면서 무뎌가는 그의 의식을 마취해 주지 않았을까. 이미 아내를 잃어버린 롯이었다. 그렇다고 유사한 패턴의 이야기 전승을 가지고 있는 고대 그리스의 오르페우스 신화처럼 죽은 아내를 데리러 지옥으로 내려갈 수도 없는 노릇이었다. 두 딸 역시 건장하고 젊은 사내였을 두 사위를 소돔의 불구덩이에 묻어버린 상실의 아픔이 없지 않았을 것이다. 이러한 결핍의 막다른 골목에서 3인 가족의 암묵적 담합은 위반의 경계를 넘어섬으로써 에로틱한 반전의 사태를 연출하였다. 이는 결과적으로 이 세 사람을 금기의 반면교사로 세워 다시금 근친상간의 위험, 나아가 그 예외적인 생존 상황과 불가피한 실존의 처절함까지 상기시켜주는 설화적 증거로 우뚝하게 되살아난다.

여기서 우리는 롯이 애당초 소돔의 유혹적인 도시문명의 공간에 들어가지 않았어야 했다고 타박할 수 있을까. 아브라함에게 도움을 청하여 다시 재기할 토대를 확립해나갔으면 더 좋았겠다고 탄식하는 것이 무슨 소용이 있을까. 철저한 멸망과 함께 찾아온 파열의 경험 속에 살아남은 세 명의 기이한 결합이 그 전후 맥락을 통해 에로틱한 에너지를 분출하였고 그 결과로 하나님은 생명을 잉태하게 만들었다는 게 중요하지 않을까. 금기를 통해 역사하신 하나님이 또한 불쌍하게 숨어 사는 그 세 명의 부녀들에게는 위반을 통해 역사하신 것으로 봐주어야 할지 않을까. 그러한 뫼비우스의 굴절이 있었기에 그 위반과 함께 또 다른 위반을 넘어 에로틱한 후세의 생명 에너지가 또 다른 역사의 한 장을 채워가면서 하나님의 구원사를 장식한 것이라고 보는 관점이 그리 망령된 것일까.

---

1 조르주 바타유/조한경 옮김, 『에로티즘』 2판 (서울: 민음사, 2009), 32.
2 앞의 책, 59.

3장

'수줍은 매음'과 변신의 에로티시즘

유다와 다말의 곡진기정

매음의 유형과 성격

매음(賣淫)은 자신의 몸을 상대방의 성적인 충족을 위한 도구로 파는 행위이다. 쉽게 말해 창녀짓을 하는 것이다. 이즈음 돈 많은 유한부인들에 대한 성적인 서비스를 전담하는 남창들이 이따금 언급되고 그 역사 또한 짧지 않지만 매음의 주류는 여전히 남자가 여자의 성을 사는 경우이다. 매음을 매개로 한 이러한 기울어진 남녀관계는 여성이 경제적 주도권을 확보하지 못한 가부장사회의 전형적인 특징 중 하나이다. 재화의 생산수단과 기반을 확보하지 못한 여성들이 자신에게 남은 유일한 재산인 몸뚱이를 최대한 치장하고 상품화하여 그것을 판매함으로써 생계의 수단을 삼는 형태가 매음의 대체적인 배경이다. 여기서 남성의 성욕에 내재된 공격적인 특징이 분출될 수 있는 길을 열어주려는 체계의 논리가 개입되기도 한다. 아내가 있는 남자들이라도 자신의 씨를 최대한 많이 뿌려 종족을 확산시키려는 욕망의 연장선상에서 일부다

처제를 용인하거나 그 제도권 바깥에서 은밀하게 자신의 성욕을 해소하려는 수요에 부응하는 방편으로 공창제도를 활성화시킨 경우가 그 대표적인 사례이다.

가령, 조선시대의 관기들은 각종 기예를 익혀 공적인 행사에 재주를 부리고 불려나간 자리를 즐겁게 해주는 역할과 함께 해당 부서의 주요 관리나 특별한 객을 접대하는 성적인 노리개로 충당되곤 했다. 그 매음의 대가로 서로 간에 재물을 주고받기도 했지만 더러 도타운 정분이 생겨 첩실로 들어앉히는 경우도 없지 않았다. 일제시대의 정신대 위안부도 전쟁과 같은 특수한 위기상황에서 공출된 식민지 피지배신민의 딸들로서, 전투지의 군인들을 위한 성적 서비스를 강요받은 공창제도의 또 다른 변용이었다고 볼 수 있다. 다만 조선시대의 관기와 공창제도는 자발적인 지원이나 죄의 징벌 형태로 신분을 전락시킨 결과로 나타났던 데 비해, 일본 제국주의 침탈기의 위안부는 무죄한 식민백성을 기만하거나 탈취하여 강제적인 징발의 형태로 남용되었다는 차이점이 있다.

한국 현대사에서 창녀촌이 본격적으로 활성화된 계기는 1970년대 급진근대화의 기세에 쏠려 시골 처녀들이 일거리를 찾아 농어촌을 떠나 도시로 나오던 시점과 대체로 맞물려 있다. 그때 많은 젊은이들이 공장의 열악한 처우와 환경을 감수하면서 기계처럼 고강도의 노동을 감내하였지만 거기에 붙어 있지 못한 또 다른 상당수 여성들은 유흥가로 빠지거나 창녀촌 바닥을 전전해야 했다. 말하자면 그녀들이 돌진근대화의 선봉에 서서 산업의 역군으로 복무하던 늠름한 남성의 근육을 위무하는 부드러운 살이 되기를 강요당한 결과였다. 돌진근대화의 기수 박정희 전 대통령이 반반한 연예인들을 물색하여 하룻밤의 쾌락을 섭취하는 매음의 선봉에 선 일은 이제 다 아는 가십거리다.

그러나 실제로 생계의 목적으로 이 바닥에 발을 들여놓은 상당수는 대체로 비참한 삶의 족쇄에 차여 고생했다. 자발적인 선택에 따른 경우도 있었겠지만, 더 많은 경우, 길을 잘못 들어 포주들의 폭력적인 억압과 부당한 착취로 빚에 쫓기다가 그 바닥까지 떨어진 희생자들이 다수였다. 그 이후 이 업계의 판도는 더욱 팽창하여 주택가까지 파고든 고급 콜걸에서부터 티켓다방과 룸살롱의 이차 영업, 뒷골목의 고답적인 매음지대에 이르기까지 다양하게 분포한다. 이 매음의 사업도 견고한 생계용 직업으로 자리잡은 지 이미 오래되었다. 국가 이미지 개선을 위해 공권력이 적극 개입하여 불법영업을 근절하겠다고 덤비자 이 업종의 이해당사자들이 대대적인 반대시위를 하는 판이다. 또 다른 한편으로 이들은 멀리 떨어진 섬이나 외국으로 차출되어 그 세력을 가히 국제적인 규모로 부풀리고 있는 형국이다.

멀리 소급하여 종교사적 맥락에서 보면 매음이 언제나 저질이고 속된 것은 아니었다. 고대 종교세계에서 성적인 쾌락은 영적이고 성스러운 경험과 상통하는 종교적인 가치로 인식되기도 하였다. 그 와중에서 이러한 인식을 제의적인 차원에서 실천하는 성전창녀들이 생겨났고 이들에 의한 매음 행위가 종교적으로 정당화되기도 했다. 예컨대 고대 그리스와 이후 헬레니즘 시대의 신전에는 종교적 명분으로 매춘부의 역할을 담당한 여성들이 있었다. 그들은 먼 뱃길여행에 나서는 선원들에게 성적인 서비스를 통해 불안감을 떨치는 위안을 주고 많은 자손과 물질적인 풍요 등의 세속적인 번영을 기구하는 이들에게는 그 기복신앙에 부응하여 신적인 약속을

제 몸의 증표로써 대리하는 역할을 수행했다.¹

그런가 하면 신비주의 종교 세계에서 성적인 쾌락의 절정은 신과의 합일을 추구하는 영적인 수련의 중요한 방편으로 수용되었다. 고대 힌두교 신전에 장식된 각종 조각품들이 천연덕스럽게 성교 장면을 연출하거나 에로틱한 신체 이미지를 크게 부각시켜놓은 사실은 남녀의 성행위가 어떻게 종교적으로 성화되어갔는지를 보여주는 흥미로운 증거이다. 특히 이러한 업무를 담당하는 여성들이 매음의 방식을 통해 생계를 조달하고 종교기관의 경제적 수요를 충당해나갔다는 역사적 사실은 매음이 남녀 간에 개별적으로 교환되는 욕망의 문제 이상이라는 점을 상기시켜준다. 특히 고대 신전창녀들의 존재는 여성의 성을 통해 종교기관이 가부장체제 내에서 경제적 이해관계와 결탁한 방식을 우회적으로 보여준다.

서구 중세와 근세 사회 일각에서는 고대의 종교적 창녀 전통이 세련된 교양의 장식을 입고 세속화되면서 당대의 선진 지식과 예술 감각을 익힌 세련된 요부의 유형을 창출하기도 하였다. 그들은 귀족들을 상대로 교유하고 성적인 서비스를 제공하면서 단지 성관계에 그치지 않고 당대의 고급문화를 논하고 대변하는 엘리트적 교양감각을 과시하기도 하였다. 제 부인들의 고답적인 모습이나 속물화 상태에 권태감이 심해진 나머지 바깥의 참신한 여성을 희구하다가 이러한 일부 엘리트 매춘부들을 대화의 파트너로 삼아 유희의 장을 벌였던 것이다.

천박한 매음과 수줍은 매음

바타유에 의하면 매춘부도 타락한다. 그는 매춘부가 매음을 대가로 돈을 받는 것에서 타락을 보지 않는다. 그것보다는 인간으로서의 금기를 위반하여 동물적인 수준으로 떨어지는 것이 타락이다. 그런데 매춘부는 실제로 인간의 정상적인 성관계를 직업적으로 위반하는 부류이다. 그러나 바타유는 위반과 타락, 위반과 함몰을 구별한다. 위반은 금기를 위반한다는 자의식을 낳아 다시금 금기를 강화하는 역할을 한다. 그러나 함몰은 어떤 불완전한 낙심으로 인해 인간의 금기를 불필요하게 여기는 동물의 지위로 격하시키는 요인이다. 그것은 동물적인 수준에서 날뛰는 자신의 언행을 수치스러운 것으로 성찰하지 못하게 한다는 점에서 일종의 근본적인 추락이다. 가령, 성기와 성행위 등과 관계된 상스러운 욕설에 장착된 금기를 해제하여 수치심을 상실한 채 동물적 본능을 마구 남발한다거나 성기를 시도 때도 없이 들먹거리면서 위반을 무차별하게 만드는 행위가 이에 속한다. 위반이 예외적인 차별성을 확보하지 못하면 심지어 신성과 신성에 대한 모독조차 분간할 수 없는 지경에 이르는데, 그것은 도덕규율에 저당 잡힌 기독교의 대척점에서, 또한 기독교의 불경과 다른 측면에서, 인간에 대한 불경이라고 할 수 있다. 위반의 경계를 위반했다는 점에서 타락한 매춘부의 매음은 천박한 매음으로 규정된다. 그것은 여성이 자신의 성적 파트너를 향해 내보이는 수줍음의 상실에서 비롯된다. 수줍음의 상실은 수치감의 실종을 가져오고 이는 위반의 고뇌마저 망실케 한다. 요컨대, "위반은 고뇌 가운데서도 고뇌의 극복과 환희를 예고하지만, 타락은 더 심한 타락만이 기다릴 뿐"[2]이라는 것이다.

반면 고대 신전의 매춘부에 의한 매음행위에는 남녀 간의 점진적인 친밀화 과정에서 자기를 감추면서 드러내는 에로틱한 위반의 긴장이 있었다고 한다. 신전에서 사제와 마찬가지로 신성과 소통하는 이들의 위엄은 자신의 몸을 단장하여 여자가 낯선 남자에게 몸을 맡길 때 느끼는 두려움과 도피반응 등과 같은 첫 경험의 원칙을 지키면서 그 매음 행위에 일정한 형식을 부여했다는 것이다. 바타유는 이를 '수줍은 매음'으로 개념화한다. 종교적 매음으로 통칭되는 이 범주는 여자가 남자의 마음을 사로잡기 위한 몸치장을 통해 오직 성적 대상으로서의 에로틱한 가치를 추구한다. 그리하여 신전의 매춘부는 남자의 적극적인 접근에 대해 가식적인 도피 행위로 욕망을 자극하며 그 혼외정사를 가난을 구제하는 불가피한 용무가 아니라 넘치는 잉여 에너지와 함께 풍성한 향유의 장으로 만들어준다. 이런 종류의 매춘이 근대 이후의 딱딱한 교환 가치에 근거한 상업적 거래와는 달랐다는 것이다. 그것이 신성의 아우라를 머금은 신전에서 이루어졌다는 점도 그들의 매음 행위에 신성한 종교적 가치를 부여하는 이유이다. 바타유의 통찰에 의하면 당시 "사원의 창녀는 겸허한 태도를 지켰으며, 결코 업신여김 받지 않았으며, 그래서 그녀는 평범한 다른 여자들과 별로 다를 게 없었다."[3]

그러나 근대 이후 매음의 주류 패턴은 수줍은 매음에서 천박한 매음으로 전이되어간 것으로 보인다. 근대 이후의 매춘부는 수줍음은커녕 수치심마저도 망각하거나 수치심조차도 자랑하는 함몰의 상태를 드러냈다는 것이다. 수치심이 위반의 의미를 구성하는 주된 요소라고 할 때 수치심이 망가진 것은 여자의 당당한 태도로 인해 남자가 위반에 대한 의식이 이완

됨을 암시한다. 그렇게 되면 그야말로 동물적인 성교의 기계적인 동선만이 남게 된다. 이렇듯, 매음에서의 수줍음은 여성의 인간성을 확보하면서 금기를 지키게 만들어주는 기제이며, 그 위반에 대한 고뇌를 드러내주는 심리적인 장치이다. 더구나 이러한 수치심의 상실이 매음 행위를 성과 돈의 교환가치로 환원시켜 기독교의 완고한 모랄을 이완시키기는커녕 더 공고히 구축하는 데 기여함으로써 에로틱한 긴장의 여지를 제거해버렸다.

혹자는 근대 이후의 천박한 매음이든, 고대 신전 매춘부의 수줍은 매음이든, 그것이 공통적으로 규범적 사회질서에 대한 위반의 행위라는 점을 들어 이러한 미세한 차이를 무시할 수 있다. 더구나 바타유는 신전 창녀들이 어떤 경로로 생겨났으며 관리되었는지, 또 그들이 어떤 자의식을 가지고 그러한 여성적 수줍음과 소극적 도피반응을 추구했는지 당시 종교기관의 정치경제적 역학관계에 무관심하다. 그들이 마냥 자유롭고 경제적 수익과 무관하게 그 매음의 현실을 흔쾌히 즐겼을 것 같지 않다. 수줍음의 버릇도 관계가 다각화되고 지속될수록 더욱 무뎌졌을 터이기에 가식적인 표정관리와 심리적 게임이 얼마나 진정성을 가지고 매사 이루어졌을지도 의문이다. 오히려 신전 바깥 세계가 그러했듯이, 신전 내부에서 이러한 종교적 매춘부들이 고위 사제들에 의해 통제되고 관리되는 가부장체제의 논리가 작동하지 않을 수 없었을 것이다. 따라서 사회계층구조에서 드러나는 전반적인 남녀관계에 비추어 당시 신전 매춘부들이 보여준 상대적 우위가 그 매음의 수줍은 태도에 긍정적인 가치만을 부여하지 않는다. 물론 양자 간 위반의 방식에서 발견되는 차이는 명백하다. 또 역동적인 위반의 유형과 좌절이나 낙심에 따른 함몰의 유형에서 에로틱 에너지의 출처가 후자

아닌 전자의 경우에 있다는 점도 일견 수긍할 만하다.

그러나 수줍은 매음이 단지 천박한 매음의 대척점이 아니라 창발적인 자기 변신을 도모하는 방편이 될 수는 없었을까. 가령, 신전 창녀들이 단 한 번의 수줍은 매음을 통해 신전 내부의 조직적 권력관계를 파탈하여 온전히 그 바깥으로 뛰쳐나와 더 이상 매음을 할 필요가 없어지는 상황이 가능할 수 있겠는가 하는 것이다. 그것은 수줍은 매음이 목표가 아니라 자기 변신의 매개 수단이 되는 경로일 텐데, 구약성서는 이와 관련하여 매우 예외적인 사례를 한 건 보여주고 있다. 바로 며느리 다말이 시아버지인 유다를 유혹하여 매춘부처럼 자신을 단장하고 동침을 유도하는 적극적 매음의 경우이다. 그렇다고 다말의 적극성에 수줍음이나 수치심이 제거된 것은 아니지만 그것은 공적인 의무 이행이나 단순한 연정 관계로 분식된 태도가 아니었다. 그 수줍은 매음이 제 삶의 질곡을 타파하여 자기 해방까지 나아갔기 때문이다. 이런 맥락에서 유다와 다말의 매음 이야기는 매음 자체의 신성에 대한 추구가 아니라 매음에 의한 해방과 생존이라는 사태를 유발한 희귀한 에로티시즘의 틈새를 들추어준다.

다말의 변신과 매음

창세기 38장에 나오는 유다와 다말의 이야기는 위반과 전복으로 점철되는 창세기의 가장 흥미로운 서사이다. 이 이야기를 유다 중심으로 읽으면 한 가부장의 슬픈 가족사가 서사의 주축을 이룬다. 반면 다말을 주인공으로 읽으면 가부장 체제 내에서 기구한 삶을 이어간 한 여인의 생존과 자기 해방의 주제가 핵심으로 부각된다. 풍습과 제도의 관점에서 읽으면 '형사취수제'라는 고대의 특수한 관습이 배경으로 깔리고, 또 서사의 공간적 배경과 매개적 요인에 착안해서 읽으면 유다가 살던 가나안 땅이 채 장악되지 못한 상태에서 남의 땅에 여전히 더부살이하면서 아내로 취한 이방 여인 수아의 딸과 결정적인 순간 동행한 아둘람 사람 히라의 정체가 궁금해진다. 한편 금기의 풍속이라는 관점에서 보면 이 이야기는 식구들이 계속 죽어나가는 한 가족의 위태로운 처지에서 대를 잇기 위한 고육지책으로 막내아들을 수호하려는 가부장의 고뇌에 초점을 맞출 수도 있다.

아브라함, 이삭, 야곱과 달리 야곱의 넷째 아들이었던 유다는 가나안 땅에 우거하면서 가나안 여인을 아내로 삼아 세 아들을 낳았다. 엘, 오난, 셀라, 이 세 명의 아들들은 차례대로 한 여인을 아내로 맞아야 할 형편에 처했다. 먼저 장자인 엘을 위해 다말이라는 여인을 데려와 짝을 지어 혼인시켰는데 자식을 낳지 못한 상태에서 엘이 죽어버렸다. 그 사망의 이유에 대해 화자는 '그가 여호와 보시기에 악했다'고만 논평할 뿐, 그 악의 구체적인 내용에 대해서는 함구한다. 그러니 다말이 과부가 된 것은 그녀의 잘못이 아니었다. 그저 남편 잘못 만난 죄로 혼자가 된 것이다. 이러한 처지를 구제하기 위한 풍습으로 당시 형사취수제가 있었는데, 이는 대를 잇지 못한 형의 후사를 위해 동생이 형수와 동침하여 자손을 보게 도와주는 가부장주 전통의 유산이다. 이에 따라 둘째 오난이 다말과 동침하게 되었는데, 오난은 그렇게 낳는 자식이 자기 자식이 되지 못한다는 걸 알고 성교 시에 자기의 정액을 질 바깥으로 사정해버렸다. 오난과 다말의 동침이라는 사적인 자리에 대해 이렇게 화자가 노골적으로 그 상황을 묘사한 것은 이어지는 오난의 죽음에 대한 이유를 해명하기 위한 설정이다. 하나님은 마치 형사취수제란 당대의 관습을 온당하게 승인한 것처럼 오난의 그 배타적인 행위를 악하게 여기시어 그를 죽였다. 비록 오난의 행위는 일반적인 유형의 매음과는 성격이 달랐지만 성교 시의 쾌락과 자신의 씨를 교환하는 구도로 동침이 용인되었기 때문에 공정하게 관계를 마무리짓고자 했다면 질내 사정을 하는 것이 마땅했다. 더구나 그가 자신의 씨를 제공하려는 대상은 남이 아니라 형의 가문이었다. 이로 인해 다말이 내심 겪어야 했을 수치와 모욕, 더구나 씨도 받지 못한 채 시동생이 죽어버린 난감한 상황이 어떠했을지 미루어 짐작할 수 있다.

두 아들을 잃게 된 연후 시아버지 유다의 심경은 착잡했을 것이다. 두 아들을 연이어 잃게 된 비통함도 있었을 테고 그들의 목숨을 대가로 다말이 잉태한 것도 아니었기 때문이다. 더구나 막내아들까지 다말과 동침하여 죽으면 어쩌나 하는 두려움이 그를 괴롭혔을 것이다. 다행히도 막내 셀라의 나이가 어린 고로 당분간 이 형사취수제의 규례대로 관철해야 하는 부담은 유예할 수 있었다. 며느리 다말을 친정으로 보내고 셀라가 자라는 기간까지 기다려야 한다는 명분도 있었다. 그런데 이번에는 유다의 아내인 수아의 딸이 죽게 되었다. 그 아내가 충분히 수를 누리고 자연사했는지, 혹여 유다가 셀라를 다말의 씨 내림 아들로 주기를 꺼려하는 마음을 하나님이 미리 읽고 아내의 목숨을 거두었는지 알 수 없지만, 이와 관련하여 화자는 아무런 설명이 없다. 홀아비가 된 유다는 어느 날 아둘람 사람 히람과 함께 딤나로 가서 자기 양털 깎는 자에게 이르렀다. 거기서 다말이 머물던 아비의 동네가 그리 멀지 않았는지 이 소식이 다말에게 들렸고 다말은 이를 획기적인 행동의 기회로 삼아 모종의 방안을 강구한다. 이미 셋째 아들이 장성해 있는데도 자기에게 대리 남편으로 주지 않았으므로 절박한 생존 현실을 어떻게든 타개해나가야 했다. 당시의 가부장체제 내에서 여자가 자손을 보지 못한 채 과부로 혼자 산다는 것은 사회적 죽음을 의미했기에 가히 절체절명의 상황이었다고 볼 수 있다.

다말은 이미 시아버지 유다의 심중을 읽고 있었던 것이 분명하다. 화자의 설명에 따르면 셀라가 이미 장성했는데도 그 마지막 아들을 잃을까봐 다말을 그의 아내로 주지 않은 채 망설이는 속내를 파악한 것이다. 이에 그녀는 과부의 의복을 벗고 너울로 얼굴을 가린 채 변신하여 딤나의 길목에서 홀아비가 된 시아버지를 기다린다. 유다 역시 홀몸으로 아내 없이 사는 처지라 며느리를 창녀로 착각하고 아무런 거리낌 없이 매음을 요청한다. 분장한 다말이 자신의 몸을 팔기 전에 맺은 거래의 조건은 염소새끼였는데, 그것을 현장에서 제공할 수 없던 터라 그 담보물로 유다의 도장과 그 끈, 지팡이를 대신 맡긴다. 그 거래 조건이 성사되어 유다는 다말과 동침하였고 다말은 그 한 차례의 성교 행위로 말미암아 임신하게 된다.

이후 담보물을 찾기 위해 염소새끼와 함께 사람을 보냈는데 그는 그 지역에서 창녀를 찾을 수 없다는 말을 듣고 되돌아온다. 이에 대한 유다의 반응은 "그로 그것을 가지게 두라. 우리가 부끄러움을 당할까 하노라"는 말이었다. 이왕지사 그 담보물을 취한 여인을 찾지 못할 바엔 차라리 잘 되었다는 어조이다. 이후 석 달이 지난 뒤 며느리 다말이 행음하여 임신했다는 소식을 듣고 분개하여 화형으로 다스리려 하자 그 순간 며느리 다말이 취한 시아버지 유다의 담보물이 제시되고, 이내 사태는 반전된다. 외려 징계를 받아야 할 사람은 유다였던 것이다. 유다는 "그가 나보다 옳도다"라는 고백과 함께 자신의 잘못을 시인한다. 그가 인정한 잘못은, 자신의 셋째 아들 셀라가 장성했음에도 불구하고 다말을 그에게 아내로 주지 않은 것과, 그로 인해 다말이 온당치 못한 방식으로 대를 잇기 위해 매음이라는 극단적 방식을 선택하도록 오히려 동기를 부여했다는 것이다. 그러나 다말이 그 매음의 대상으로 셀라를 통해 사태를 수습하지 못한 시아버지 유다를 선정했다는 점에서 그의 선택은 결과적으로 당대의 관습법에 비추어 어그러진 현실을 교정하여 정의를 세우는 과감한 행위였다고 볼 수 있다.

씨와 생존의 에로틱 호환관계

이 이야기에서 다말의 변신은 수줍은 행동이었고 자신의 수치를 가리고자 하는 의도를 담고 있었다. 그러나 그것은 동시에 자신의 살 길을 스스로 결단하여 개척하고자 하는 담대하고 급진적인 위반이었다. 모세의 율법대로라면 며느리와 동침한 시아버지는 근친상간의 금기를 어긴 대가로 마땅히 징벌의 대상이 된다. 외간남자와 동침하여 행음한 과부 며느리도 행음의 혐의를 벗어날 수 없다. 그러나 이야기의 흐름은 극적으로 반전되어 심판자와 심판 대상이 뒤바뀐다. 다말을 화형시키려고 한 유다가 외려 자신의 잘못을 시인함과 동시에 그녀의 옳음을 인정하지 않을 수 없었다. 결국 다말의 너울과 창기 복장으로 표상되는 그녀의 수줍음과 부끄러움은 정의를 이루는 적극적 변수로 작용하였고, 유다가 자신의 성욕을 채우기 위해 시도한 매음 행위는 밖으로 알려질까 꺼려지는 '부끄러움'의 대상이 되었다.

  이러한 서사의 흐름을 분석해보면 다말의 매음은 정상적인 인간관계를 깨고 동물적인 수준으로 전락한 위반에 해당된다. 하지만 그녀는 생존의 고뇌와 함께 자신의 수줍은 선택을 정당화할 수 있는 담보물을 확보할 정도로 주도면밀한 성찰적 자의식을 가지고 행동했다. 그녀는 성행위를 할 때 자신의 얼굴을 가린 너울을 유다 앞에서 걷지 않았음에 틀림없다. 자신의 정체가 단번에 노출될 것을 우려했기 때문이다. 너울의 뒤로 가려진 다말의 얼굴과 나아가 그 이면의 도피적 심리는 수치심을 제거하여 동물적 수준으로 함몰하지 않으려는 증거로 읽어볼 수 있다. 다시 말해 다말의 매음은 '천박한 매음'과 거리가 먼 형태였다는 것이다. 그녀는 타락한 매춘부가 아니었다. 그녀는 단지 자신의 자손을 두려는 당연한 관심사로 약속을 이행하지 못한 시아버지 유다를 부끄럽게 만든 것이다. 이후에 유다가 다말을 자기의 아내로 받아들여 계속 동침하지 않은 것은 마치 고대 신전의 성전 창녀들처럼 그 수줍음마저 상품화하여 지속적으로 자기들의 고객을 위해 서비스하려는 의도와 전혀 무관한 상황임을 암시한다. 불가피한 상황에서 일회적으로 매음의 동굴에 처해 있었다 할지라도 그 목적을 이룬 뒤에 그 공간을 박차고 나온 격이다. 그래서 그녀의 너울 위장은 앞서 지적한 대로 위반을 위반하지 않으려는 변신의 몸짓이다.

  문득 시아버지 유다가 아내와 다른 낯선 창녀, 수줍은 매음의 도상에 나선 미지의 여체를 받아들일 때 품었을 심정을 떠올려본다. 동시에 시아버지 유다의 늙은 몸을 받아들이는 다말의 표정과 내면풍경을 상상해본다. 홀아비가 되어 외로운 유다의 몸과 오랫동안 과부로 친정에 쫓겨 간 상태에서 허송세월만 일삼고 있던 다말의 몸이 섞이면서 육신의 외로움을 달래는 연민의 에너지를 머금지 않았을까. 유다의 입장에서는 이미 세상을 먼저 하직한 두 아들 엘과 오난의 상실과 함께 자신의 몸이 익숙해져 있던 아내 몸의 부재로 인한 결핍이 예기치 않게 나타난 대안적 신체를 통해 충족되는 경험이 되지 않았을까. 그 낯설고도, 실은 익숙한 여성의 몸에서 유다는 설정하지 않고 끝까지 갔다. 그 매음의 행위가 오난의 설정보다 더 악한 것이었다면 그는 즉각 세상을 떠나야 마땅했을 텐데 그는 아내를 잃은 뒤의 제의적 위로 절차를 거친 뒤 육체적 차원의 위로를 이때 맞춤하게 받았을지 모를 일이다.

한편 다말의 입장에서는 자신이 받아들이고 있는 상대가 시아버지라는 사실을 알고 있었기에 더 깊은 회한이 일렁였을 것이다. 더구나 그녀는 씨와 생존을 호환하여 자신의 자식을 보고자 하는 눈물겨운 동선의 막다른 자리에서 이처럼 기이한 위반의 상황을 연출해낸 것이 아닌가. 다말은 무엇보다 자신의 몸을 경유해간 두 아들의 몸에 대한 기억을 떠올렸을 것이다. 제대로 씨를 내려주지 못한 첫째 남편 엘과, 밖으로 설정하여 씨를 버리더라도 자신에게는 주지 못하겠다며 자신을 부끄럽게 만든 둘째 오난의 모습이 오버랩되었을 것이다. 이제 그 아들 둘의 생명을 이 땅에 내놓은 씨의 숙주 격인 유다의 몸이 자신을 덮고 있는 현장 아닌가. 더구나 그들을 먼저 보낸 죄업의 뿌리가 자신의 드센 팔자에 있는 것처럼 쏘다대는 주변의 따가운 시선을 감내해온 지난 수년간의 세월에 대한 회한도 없지 않았을 것이다. 마치 여성으로서 지나치게 음기가 강하여 남편을 두 명이나 죽게 만들었다는 식으로 항간에서 번지는 억장 무너지는 소문의 벽 앞에서 그녀는 얼마나 자주 좌절감을 느꼈을지 짐작이 가는 대목이다.

롯의 두 딸이 그러했듯이, 다말이 이 단 한 번의 온전한 결합으로 하나님이 자신을 불쌍히 여기실 수도 있다는 믿음을 품게 되었다는 사실이 놀랍다. 유다가 자신이 머무는 동네로 오는 시점이 월경 주기에 맞춰 임신이 잘 될 만한 적절한 기회가 될지 과학적인 지식이 없었을 다말에게 그녀의 모험은 지극히 절박한 희망의 발현이었다. 설사 그것이 희망대로 이루어지지 않는다손 치더라도 자신에게 이행해야 할 마땅한 도리를 이행하지 않은 유다를 향해 다말의 호소는 이렇게 극단적인 방식으로라도 전달되어야 했던 것이다. 그러나 하나님은 다말의 태를 열어주심으로 이러한 위반에 응답했다. 이야기의 마무리 대목에서 특히 흥미로운 점은 분만 시에 쌍둥이 아들이 연이어 나오면서 그들의 출생 순서도 전복되었다는 것이다. 형이 나오려고 손을 뻗었다가 다시 들어간 뒤 동생이 먼저 나오는 식의 출생담은 성교관계의 위반이 출생순서의 위반과 상승작용하면서 극적인 호응관계를 부각시킨다.

부정의 부정이 긍정이듯, 위반의 위반이 다시 정상적인 금기의 수립이라는 도식이 그 가운데 성립된다. 자신을 온전히 드러내지 않고 변신한 너울의 에로티시즘은 수줍은 매음이라는 바타유의 공식을 비틀어 천박한 매음으로 나가지도 않고, 매음의 수줍음이 성전 내의 서비스 행태로 반복되면서 신성의 아우라를 간직하려는 시도도 해체한다. 이로써 유다와 다말의 이야기는 단지 종족 보존의 동물적 본능만을 정당화하지 않는다. 그렇다고 이 어긋난 시아버지와 며느리의 기묘한 인연이 단순히 감추어진 육체의 일회적 아름다움이라는 차원을 선회하는 것도 아니다. 물론 거기에 홀로 남은 외로운 남녀의 육체가 긴장 어린 매음 관계로 빚어내는 에로티시즘의 동력이 살짝 반짝이는 것은 사실이다. 그 동력은 무엇보다 금기의 위반에서 비롯되는 해체적 동력이지만 그 해체의 대상이 당시의 형사취수제도, 가부장체제 자체도 아닌 듯하다. 그것은 오히려 딱딱한 제도와 법규 속에 감금된 신성화한 여성적 삶의 너울을 벗고 억압의 금기를 넘어 관계의 정의를 이룩하는 지경으로까지 뻗어가는 매우 희귀한 사례이다.

---

1 매음의 전반적인 역사와 국내외지형에 대해서는 번 벌로·보니 벌로/서석연·박종만 옮김,『매춘의 역사』(서울: 까치글방, 1996); 박종성,『권력과 매춘』(서울: 인간사랑, 1996) 참조.
2 조르주 바타유/조한경 옮김,『에로티즘』2판 (서울: 민음사, 2009), 156.
3 앞의 책, 152.

4장

미인은
어떻게 건강할 수 있는가

사사기 여성전사들의 영웅적 헌신

누가 왜 미인인가

미인은 미남과 미녀를 포괄하는 말인데도 미인이란 말에서 미녀 아닌 미남을 떠올리기가 수월치 않다. 그만큼 우리말의 아름다움[美]이 남성미보다 여성미에 의해 독점되어온 측면이 있다. 그 독점은 여성이 스스로 주도한 것이라기보다 여성만의 특정한 아름다움으로 남성에 의해 규격화된 결과는 아니었을까. 기실 남성미와 여성미를 따로 논하고 그 기준을 설정한 것도 남성 주도의 가부장 체제의 영향과 무관하다고 할 수 없을 것이다. 아름다움의 본질과 기원에 대한 미학적 논의에 그 선험적인 면과 더불어 후천적인 사회화나 문화화의 요소들이 개입하는 것도 이 점에서 당연하게 비친다. 그런데 그 가부장주의적인 기준 자체도 시대와 문화에 따라 동일하지 않았다는 점이 흥미롭다. 원시시대 여성의 아름다움은 평퍼짐하고 퉁퉁한 모습이 대세였던 것 같다. 다산을 통해 노동력을 확보해야 하던 당시 현실에서 여성의 아름다움에 대한 미학적 향유의 섬세한 기준보다는 이른바 애기 잘 낳는 체형의 여인들이 선호되었음직한 상황을 추적해볼 수 있다. 르네상스 시대에 산출된 그림들을 보면 당시 아름다운 여인은 통통하고 귀여운 소녀의 이미지에 환상적인 머리털, 푸근한 젖가슴과 펑퍼짐한 아랫도리를 지닌 형태로 정형화되었다. 그런가 하면 고대 중국에서는 기형적일 만큼 작은 발이 아름답게 여겨졌고, 조선시대에는 푸근하고 아담한 체형에 가느다란 눈매와 작고 도톰한 코와 입술의 미인상이 발견된다.

이즈음 미남의 기준으로는 대체로 키가 훤칠하고 가슴이 떡 벌어진 호기 넘치는 체구에 근육질의 몸매를 갖춘 균형 잡힌 체형에다 이목구비 반듯한 용모를 따진다. 미남보다 더 까다롭고 요란하기까지 한 미녀의 기준은 신체 부위마다 다양하게 규정된다. 범서구화로서의 근대화가 돌진적으로 추진된 이래 이 땅의 여성들도 그 아름다움의 판별 기준으로 그들의 신체적 특징을 모방하는 성향을 보인다. 특히 여성의 신체가 상업자본주의에 저당 잡혀 그 미적인 가치의 매매에 열을 올리면 올릴수록 그 표준에 맞춰 제 신체를 교정하려는 풍조도 더욱 기세등등해지고 있다. 성형 열풍이 이러한 세태의 대표적인 징조이다. 먼저 팔등신, 구등신의 몸매가 고대 그리스 비너스상이 제시한 미학적 표준 이후 균형 잡힌 신체의 구도란 측면에서 여전히 강조된다. 얼굴은 작은 계란형이 선호되고 쇄골이 선명한 목 부위는 길며 가슴은 탱탱하고 빵빵할수록 좋다. 연이어 허리는 잘록한데다 엉덩이는 펑퍼짐하며 '꿀벅지'라는 별칭대로 허벅지는 탄력 있고 다리는 군살 없이 길쭉하게 뻗어 있는 체형의 인형 같은 여인이 이른바 통속적인 미녀의 전형에 속한다. 물론 얼굴의 세목들도 무시되지 않는다. 훤하게 열린 이마에 큰 눈과 오뚝하니 솟은 코, 가지런하고 흰 치아, 도톰하고 붉은 입술이 대체적인 추천 사항이다.[1]

이러한 표준형의 미인 기준이 지나치게 전체적인 균형을 상실하고 자연스러운 아름다움을 감퇴시킨다고 하여 최근에 대안으로 제시되는 것이 이른바 '건강 미인'이다. 건강 미인에 대한 관심은 신체 부위의 미학적 결핍에 동정적인 시각을 가지고 전체적인 인상과 삶의 특정한 면면에 결합된 아름다움의 실체로 쏠려 있는 듯하다. 가령 운동선수 중에 그들의 신체로 멋지게 만들어내는 특정한 경기 장면이나, 나약한 호리호리함이 아니라 튼튼하고 다부진 몸의 에너지를 통해 뿜어 나오는 생의 열정과 도전정신이 상찬받는 경우가 그렇다. 이런 특징이 그 미인의 건강함을 더 증진하면서 이른바 '쭉쭉빵빵'의 일률적인 기준이 대세를 이루는 세태의 병든 정신을 넘어 더 나은 아름다움의 모델로 선망되는 것이다. 여성의 신체 미학에 대한 기준이 얼굴을 중심으로 한 상부의 초점에서 가슴과 엉덩이로, 다시 허벅지로 내려오는 추이를 고찰해보면 미인의 종래 기준에서 보였던 '마네킹' 같은 비인간화의 허울을 벗고 건강하고 생명력 넘치는 아름다움의 기준을 보충하려는 집단무의식이 얼핏 엿보이기도 한다.

'건강 미인'의 사상사적 내력

건강 미인이 마네킹 미인의 대안이 될 수 있을까. 건강 미인의 특징대로 연약한 호리호리함이 아니라 튼튼하고 씩씩한 몸의 열정적 에너지가 중요시된다면 이러한 미인의 족보 가운데 면면히 전승된 사상사적 기원과 내력은 무엇일까. 결론부터 말하자면 그것은 남자답게 씩씩하게 자신의 원초적 인간성을 회복하려는 창세기적 모델에 기초해 있다. 비록 원시시대에 모계제사회의 존재가 탐지되고 오늘날에도 그 유산이 일부 남아 있지만, 가부장체제가 성립된 이후 남자와 여자의 차별적 구획은 남자다움의 미덕과 여자다움의 미덕을 제각각 따로 분류하여 사회교육의 지침으로 삼아왔다. 창세기에 하나님이 남자와 여자를 동시에 지으셨든지, 남자를 먼저 짓고 그의 갈빗대로 여자를 돕는 자로 만들었든지, 최초의 인간은 한 사람이었다. 그 한 사람은 남녀의 성적인 구별이 발생하기 이전의 원초적 인간으로 이 땅에 등장했다. 하나님의 형상을 지닌 자로서 그는 에덴을 다스리며 여타 피조물에게 이름을 지어주며 질서를 부여하는 식으로 위임받은 나름의 창조적 주권을 행사하였다. 굳이 도식적으로 정리하자면 이 태초의 인간은 남성으로 여성을 포용하였고 여성으로 남성을 내장한 상태였다는 것이다. 따라서 최초 인간의 이름 '아담'은 여자에 대칭되는 남자가 아니라 '흙'(아다마)으로 만든 인간을 지칭할 뿐이다.

그러나 파탄은 선악과 사건 이후 곧바로 찾아왔다. 선악과 사건에서 주도적인 역할을 한 것은 남자가 아니라 여자였다. 뱀이 그녀에게 접근했고 그녀는 뱀과 대화했다. 하나님과 같이 된다는 말에 혹해서 하나님의 금지명령을 무시하고 그것을 과감하게 따먹었다. 선과 악을 분별할 줄 아는 하나님처럼 된다는 것은 하나님의 관점에서 보면 분명 위반이고 타락이었다. 하지만 자신의 현 존재를 따지며 묻고 초극하려는 의욕을 지닌 자율적인 인간의 관심사로 미루어본다면 이는 분별치 못하는 몽매한 상태에서 탈출하여 전혀 새로운 존재의 기반을 추구하려는 일탈적인 모험이었다. 여자가 그 과실을 먼저 먹고 곧이어 남자에게 주어 먹게 하였다. 그것을 먹고 나서 첫 번째 달라진 변화는 자신들이 벗었음을 부끄러워하여 치부를 가리게 되었다는 것이다. 선과 악에 대한 최초의 판단은 신기하게도 자신의 벌거벗은 상태를 부끄럽게 여기는 자각과 함께 찾아왔다. 그것은 일종의 성적인 수치심으로 그들이 단지 본능에 치우쳐 행동하는 동물의 상태에서 인간으로서 제 몸에 대한 성찰적 자의식을 지닌 존재로 변화되었음을 암시한다.

이와 같이 현 상태의 변질 내지 창조질서의 위반에 대한 하나님의 징벌은 먼저 뱀에게 내려졌다. 배로 기어 다니고 평생 흙을 먹어야 하는 저주와 함께 여자의 후손과 원수가 되어 그가 뱀의 머리를 상하게 하리라는 이른바 '원시복음'의 내용이 제시된 것이다. 이는 양식비평적인 견지에서 뱀이 갈라진 혀를 지니고 있고 다리가 없는 형체이다 보니 그런 형상을 흉측하게 여겨온 인간의 심리를 사후 승인적으로 대변하는 측면이 있다. 나아가 여자에게는 임신과 분만의 고통으로 받게 될 저주가 내려지는 동시에 남자와의 관계도 예속적으로 뒤집어지는 가부장적인 암시의 징계가 임한다. "너는 남편을 원하고 남편은 너를 다스릴 것이니라"(창세기 3:16). 여기서 여자는 여자라는 독립적인 존재가 아니라 남편과 아내라는 혼인관계 아래 남편에 의해 다스림을 받는, 남편을 필요로 하고 갈구하는 결핍적인 존재, 그리하여 의존적이고 나약한 존재로 그려진다. 반면 남자는 바깥에서 땅을 일구며 노동하고 그 수고로 겨우 땅의 소산을 먹을 수 있는 농부의 상태로 묘사되고 있다. 이러한 남자와 여자의 위상과 역할을 연계시켜보면 이들이 에덴 밖에서 추구해야 할 삶의 양식은 채집경제를 벗어나 본격적으로 정착생활을 하는 농경적 바탕의 가부장 체제를 떠올려준다.

그러나 이렇게 타락한 뒤 전개된 실낙원의 삶이 이후 역사의 전부는 아니었다. 그렇게 짜인 가부장주의 체제에 역류하면서 남자와 여자로 분립되어 예속적 관계가 형성되기 이전의 원초적 인간을 동경하며 희구해나간 족적이 드물지만 꾸준히 발견되기 때문이다. 그것은 여자들뿐 아니라 나약해진 남자들에게도 요구되었다. 가령, 의인으로 고난에 떨어진 욥과 그를 찾은 친구들 사이에 긴 변론과 대화가 일단락된 연후에 하나님은 홀연히 폭풍 가운데 나타나서 욥을 향해 대갈일성으로 다음의 한 마디를 던진 바 있다. "너는 대장부처럼 허리를 묶고 내가 네게 묻는 것을 대답할지니라"(욥기 38:3). 연이어지는 쏜살같은 질문 공세 앞에 욥은 "손으로 내 입을 가릴 뿐"(욥기 40:4)이라고 겨우 한 마디 하는데, 하나님은 그 겸손한 대꾸에도 아랑곳없이 폭풍 가운데서 동일하게 대장부의 자세를 역설하며 욥을 다그친다. "너는 대장부처럼 허리를 묶고 내가 네게 묻겠으니 내게 대답할지니라"(욥기 40:4). 욥은 이미 성별이 남자인데 굳이 대장부처럼 허리를 묶으라고 요청할 필요가 있는가. 허리를 질끈 동여맨다는 것은 강력한 결단이나 행동의 암시이다. 이는 또한 상대방과의 강인한 대결 의지를 드러내는 은유적인 표현이기도 하다. 따라서 싸움에 임할 때 대장부처럼 자신의 몸을 단장한다는 것은 회피하지 않고 정공법으로 상대방과 부대끼는 담대한 용기와 과감한 선택을 위한 선결 자세이다. 그밖에도 성서는 대장부를 강하고 담대한 인간의 역동적인 자세를 가리키는 어휘로 가끔 사용한다

(사무엘상 4:9, 열왕기상 2:2, 이사야 46:8).

이것이 단지 남자와 여자의 성별 구분을 강조하기 위한 것이 아니었다면 이러한 어법의 이면에는 태초의 인간이 지닌 원초적 강건함에 대한 희구가 그 신화적 동기로 깔려 있었음직하다. 그도 그럴 것이 바울은 이와 유사한 어법으로 고린도의 교인들에게 다음과 같이 권면한 바 있기 때문이다. "깨어 믿음에 굳게 서서 남자답게 강건하라"(고린도전서 16:13). 이는 고린도교회의 특정한 개인에게 전한 말이 아니고, 그렇다고 고린도교회의 남자 또는 여자 성도를 겨냥하여 한 발언도 아니다. 합리적인 추론을 하자면 이 말은 모든 교인들을 향한 마지막 권고의 일부로 봐야 한다. 그런데 왜 하필 '남자답게'였을까. 이 말의 원문을 살펴보면, '남자답게 강건하라'는 '남자가 되어라. 강건하라'(andrizesthe, krataiousthe)는 두 개의 명령형 동사로 구성되어 있다.[2] 여기서 우리는 남자가 되는 것이 곧 강건함의 표상으로 인식된 저변의 사상사적 배경을 읽어낼 수 있다. 요컨대, 이 '남자' 또는 '대장부'라는 어휘는 남자와 여자의 성별이 발생한 여자의 피조 이전 단계에 단 하나의 인간 '아담'으로 존재하던 원초적 상태의 강건한 사람이었던 것이다.

그렇다면 '건강미인'의 사상적 원조는 남자든 여자든 그렇게 성별로 분리된 인간이 되어 한쪽의 유혹에 다른 한쪽이 넘어가고, 한쪽의 지배와 통솔에 다른 한쪽이 예속되는 불완전하고 연약한 관계, 종속적이고 불평등한 관계 이전의 상태로 소급된다. 그 원형은, 에덴의 아담 창조 이야기가 시사하듯, 당당히 하나님과 대면하여 회피하지 않고 자신의 할 말을 하는 '하나님의 형상'을 지닌 원초적 인간에 있었으리라는 추론이 가능하다. 그 원초적 인간형은 인간 타락과 실낙원의 비극 이후 가부장주의 체제의 주류 역사 속에서 오랫동안 실종된 상태로 지속되었다. 그러나 틈틈이 예외적인 상황이 발생하거나 인간의 타락이 심각한 상태에서 위기에 처할 때 강건한 대장부처럼 앞길이 창창했던 원초적 인간의 모델이 부활하여 역사의 지평에 등장하기도 하였다. 특히 가부장체제의 불평등한 억압 아래 눌린 여성들의 경우 남자의 종속적 피조물 수준을 넘어 태초의 강건한 인간, 아름다운 인간의 자질을 회복하여 자신의 인간적인 결핍과 한계를 극복하고자 몸부림친 흔적을 보여준다. 이는 나아가 대장부처럼 허리를 묶는 행동이나 남자가 되라는 권면에 담긴 건강 미인의 사상사적 내력을 고스란히 반영한다.

이러한 원초적 인간에 대한 동경은 다른 한편으로 남자와 여자가 하나 되는 길로 형상화되기도 한다. 신약성서의 맥락에서 그리스도가 그 회복된 제3 인간형의 대표적인 모델이라고 할 수 있다. 특히 바울신학에 의하면 예수는 유대인도 아니고 이방인도 아닌 제3의 인류로서 인간의 분열상을 넘어서는 인간론적 대안이 된다. 마찬가지로 예수의 신학적 위상은 유대인 남자라는 혈통적 한계에 갇히지 않고 남자와 여자의 성별적 차이와 차별을 넘어 인간을 하나로 통합하는 구원론적 모태로 승화된다. 이러한 인식은 특히 그리스도와 합하여 세례를 받은 자라면 남자든 여자든 차별 없이 하나라는 바울의 세례신학적 공식으로 드러나기도 했다. 그 배후에도 남자와 여자의 합일체로서 태초의 인간을 향한 동경과 갈구가 깔려 있었을 것이다. 특히 영지주의 사상에서 풍성하게 심화된 이러한 인간 이해는 성서의 표현에 왜 남자 같이 되라고 권면하고 대장부처럼 허리를 매고 하나님과 대면하여 답하라고 했는지 적절히 설명해준다.

여성 전사들과 파격의 에로티시즘

이러한 사상사적 종교사적 배경에 비추어볼 때 여성이 전통적인 가부장주의의 미덕을 고스란히 답습하는 것은 현실에 성실하게 적응하는 것은 될망정 그 현실에 도전하여 자기의 태생적 한계를 극복하는 용기는 못되었다. 그런데 흥미롭게도 성서는 이러한 가부장적인 체질의 다수 여성들 틈바구니에서 그것을 거뜬히 넘어선 용맹스런 여성들의 모습도 일부 비쳐준다. 이른바 대장부같이 당당하게 당대의 역사적 현실에 응전하여 자신의 싸움을 승리로 이끈 영웅적인 여성 전사들이 바로 그러한 예다. 사사기에 등장하는 이런 몇몇의 여성들을 통속적인 잣대로 분리하여 설명하는 것은 불충분하고 심지어 부적절하기까지 하다. 이들이 모두 사사기에 등장하는 것은 "그때에 이스라엘에 왕이 없으므로 사람이 각기 자기의 소견에 옳은 대로 행하였"(사사기 21:25)기 때문이다. 확실하게 규정된 리더십의 기준과 자격이 모호하였기에 지파 소속과 성별, 사회경제적 계급이나 가문의 배경과 무관하게 여호와의 영이 임한 자들이 그 '카리스마'에 의지하여 리더십을 행사하고 위기 상황을 타개해나가는 일에 부름을 받았던 것이다.

그 첫째 여인은 사사기 9장의 아비멜렉 이야기에 익명의 존재로 등장한다. 이 이야기에는 먼저 사사시대에 유일하게 왕으로 등극한 아비멜렉이 나온다. 그는 세겜 사람들과 결탁하여 자기 아비 기드온(여룹바알)의 아들 70명을 한 자리에서 살육하였다. 여기서 살아남은 유일한 아들은 막내인 요담뿐이었다. 이렇게 자신의 경쟁자들을 제거한 아비멜렉은 세겜 사람들과 밀로 족속의 추대를 받아 그 지역의 왕이 되었다. 유일한 생존자 요담은 그리심산 꼭대기에 올라 이 비극적 형제 살육의 이야기를 비유로 지어 세겜 사람들을 향해 선포하였다. 그 골자인즉, 감람나무, 무화과나무, 포도나무 등과 같이 유실수가 왕으로 추대를 받아도 다 사양했는데, 가시나무 같이 열매도 없는 아비멜렉이 무력을 의지하여 스스로 우쭐해져서 협박적인 방식으로 왕이 되었음을 비꼰 것이다.

그밖에 또 다른 등장인물로 세겜의 방백 스불이 아비멜렉의 신복으로 나오고 아비멜렉의 왕노릇에 반역하는 에벳의 아들 가알이 나온다. 가알은 형제들과 규합하여 아비멜렉을 신전에서 저주하고 노골적으로 반기를 드는데, 스불이 이를 아비멜렉에게 고하여 대대적인 토벌대가 편성되어 반군을 평정하기에 이른다. 가알이 첫 기세와 달리 아비멜렉의 매복조에 밀리다가 결국 가알과 그 형제들은 세겜에서 쫓겨나고 그들과 함께했던 백성들은 매복했던 아비멜렉 군대에 몰살을 당한다. 나머지 사람들이 세겜 망대에 모여 있는 걸 알고 아비멜렉은 나무에 불을 붙여 그 망대를 공격함으로써 거기 있는 약 천 명의 백성들을 다 불태워 죽인다. 이처럼 외형적인 반군 진압과 대승의 기세에 난데없는 반전의 상황이 발생하는데, 그것은 아비멜렉이 연이어 데베스로 진격하여 그곳 망대에 모여 있는 사람들을 공략할 때였다. 이때도 화공전을 펼 심산으로 성의 망대에 접근하였는데 성 위의 한 여인이 맷돌 위짝을 던져 아비멜렉의 두개골을 깨트린 것이다. 이에 아비멜렉은 보좌관 청년을 시켜 자기를 죽이라고 명령하는데, 그 사유인즉 자기가 여자에게 죽임을 당한 사실이 수치스럽게 알려질까 우려했기 때문이다.

    이 이야기에서 그 여인의 정체는 언급되지 않는다. 그러나 그 여자는 맷돌을 던져 왕의 머리를 깨부수어 죽일 만큼 담력이 있는 용맹스런 전사의 이미지로 투영된다. 아비멜렉은 자신의 최후가 연약한 아녀자가 던진 돌에 맞아죽은 수치스런 사건으로 소문이 날까봐 우려했지만, 사사기의 기록에 의하면 그녀는 평범한 여염집 아낙네가 아니었다. 기드온의 70명 아들이 무기력하게 살육되는 처참한 상황에서 아비멜렉에 반기를 든 가알과 그에 조력한 수많은 백성들도 하지 못한 일을 이 여인이 단숨에 처리한 것이다. 가장 강력한 힘을 지닌 인물이 가장 연약한 듯 보이는 여자의 일격에 쓰러져버리는 이 반전은 통렬한 서사적 카타르시스를 전달한다. 감히 왕이 되길 꿈꾸었고 실제로 왕이 된 가장 남자다운 대장부를 여성의 통속적인 한계를 넘어 분발한 한 여인이 가장 남자다운 기세로 단숨에 제거해버리기 때문이다. 이 여인의 깜짝 출현과 그 전사다운 기세는 우쭐하는 자기 과시나 허영어린 말이 아니라 단호하고도 치명적인 행동으로 자신을 보여주는 진짜 사나이의 모델을 역으로 증명한다.

    이처럼 용감한 여전사가 전혀 여자 같지 않게 전쟁에서 승리의 주역으로 부각되는 또 다른 사례는 사사 드보라와 야엘의 행적에서도 여실히 확인된다. 이들은 각기 랍비돗의 아내와 헤벨의 아내로 일컬어지고 따라서 출신 성분상으로 볼 때는 이미 가부장체제 아래 속한 인물이었다. 그러나 그들의 공적인 지위와 위상, 역할은 이러한 체제의 한계를 벗어나 가히 장부와 같은 공적을 거둔 것으로 평가된다. 사사 드보라가 어떻게 사사가 되었는지는 불명확하지만 그녀가 예언하는 선지자로서 지닌 영력이 공동체 내에서 인정을 받은 덕분이 아니었을까 사료된다. 그녀는 그 예언적 지혜를 통해 그녀의 이름으로 명명된 종려나무 아래서 이스라엘 백성을 재판하는 직무를 수행하고 있었다.

이스라엘 백성들은 당시 가나안 왕 야빈의 통제 아래 줄곧 억압 당해왔는데, 철병거 900대를 거느린 그의 군대장관 시스라의 위협적인 군사력 앞에 늘 무기력한 처지에 놓여 있었다. 하나님의 신탁을 받은 드보라가 마침내 아비노암의 아들 바락을 지도자로 불러 세워 납달리 지파와 스불론 지파 출신의 군사 만 명을 거느리고 다볼산에서 적군과 대치하게 되었다. 바락은 겁에 질린 어린애처럼 드보라에게 응석부리듯 그녀가 자기와 함께 가지 않으면 자기도 못가겠다고 버틴다. 하나님이 어떻게 적군을 물리쳐 주실 것인지 예언하면서 그녀는 그와의 동행을 약속하는데 마치 아이를 품는 어머니처럼 바락에게 용기를 주고 격려한다. 시스라의 군대와 바락의 군대가 맞붙게 되는 전선이 형성되자 전자는 기손강에서, 후자는 다볼산에 진을 치고 대치하게 된다. 드보라의 신탁을 전달받은 바락은 다솔산에서 군대를 이끌고 내려가 시스라의 군대를 다 쓸어버린다. 바락은 전면전에서 시스라의 졸개들을 무찌르는 데 성공한 것이다.

이후 쫓기던 군대장관 시스라는 평상시 친분이 있던 헤벨의 거주지로 접근하여 그의 아내 야엘의 장막 속으로 들어가 숨게 되었다. 야엘은 그를 이불로 덮어주고 우유를 주어 마시게 하는 등 안심시킨 뒤 장막 말뚝을 가지고 와서 방망이로 그것을 시스라의 머리통에 박아 단숨에 죽여버린다. 얼마나 세게 말뚝을 박았던지 그것이 그의 관자놀이를 관통하여 땅에 박힐 정도였다. 일만 명의 바락 군대가 하지 못한 일을 야엘이라는 여인이 감당한 것이다. 그녀의 남편 헤벨은 거주지를 옮겨 그곳에 장막을 친 것밖에 한 일이 없다. 시스라를 영접한 것도 야엘이다. 이 전쟁은 마치 여인들이 합세한 승전보처럼 보인다. 드보라의 노래가 바로 그 증거이다. 거기서 야엘의 승전담은 자세하게 묘사되며 연이어 시스라의 어머니가 늦어지는 아들의 병거 소식에 조바심을 표하고 그녀의 시녀들이 결과와 다른 허황된 말로 위로한다(사사기 5:24-30). 여기에 용맹스런 대장부 같은 여자들과 수동적으로 실내에서 조바심치는 어머니로서의 여자들이 대조적으로 투영되고 있다. 더구나 이 모든 전쟁을 기획하고 조율하며 통솔한 최종적인 리더십은 드보라에게 있었으니 그들의 위상과 역할은 이미 아무개의 아내 수준을 뛰어넘어 대장부보다 더 대장부다운 매우 파격적인 전사의 이미지로 충일하다.

이들 세 명의 여성 전사들이 투사하는 모습 속에는 그야말로 통상적인 가부장주의적 여성상을 깨트리고 해체하는 '파격'의 미학이 잠재되어 있다. 성서는 그들의 외양에 대해 이렇다 할 설명을 제공하지 않는다. 그러나 공동체의 현실이 절체절명의 상황에 처해 있는 위기 가운데 그들이 어떻게 행동하였는지, 또 그 행동이 어떤 결과를 낳았는지는 명백하게 드러난다. 그들은 그 담대한 모험과 투쟁을 통해 이미 남자와 여자의 인습적 경계선을 넘어 파격의 행동을 온 몸으로 보여준 인물들이다. 드보라의 동선 가운데 우리는 선지자와 사사, 군사작전기획가로서 두 지파의 남자들을 선발하여 일만 명의 군대를 만들고 바락이라는 남자 리더를 세워 승리의 신탁을 전달할 만큼 종교적 리더십과 정치적 통찰력, 전사적 용맹함을 갖춘 여성 이전의 담대한 원초적 인간을 본다. 야엘의 경우 역시 물을 달라는 시스라에게 우유를 귀한 그릇에 담아 주는 공손하고 침착한 슬기와 함께 망치로 장막 말뚝을 적장의 머리통에 박아 관자놀이를 관통시켜 죽이는 용맹스런 대장부적 기백이 독자들을 압도한다. 이렇듯 자신의 여성스런 교태를 꾸며 남성을 그저 간절히 '원하는' 실낙원 이후 타락한 여성들의 예속적 의존관계를 이들 세 명의 여성들에게서 찾아보기란 어렵다. 그들은 당당하게 가장 민감하고 중요한 실타래를 풀듯이 공동체가 당면한 절박한 과제를 단숨에 해결해버린다. 그 용맹스런 여전사들의 파격적인 행보 속에서 우리는 뭇 생명을 두루 그 품 안에 포용하면서 얽히고설킨 혼란의 상황을 말끔히 해체하고 재구성해나가는 대지모신의 이미지와 조우한다. 그것은 남자와 짝을 이뤄 그 사랑의 결실로 개체 생명을 잉태하는 실낙원 이후의 여성적 운명과 대척점에 위치한다. 이러한 헌신적 여성 이미지는 다분히 영웅적인 행동으로 위기에 처한 공동체의 보존을 가능케 하는 건강한 에로티시즘의 생명력을 연상시켜준다. 요컨대 그들에게 인간으로서의 여성, 여성 이후의 통전적 인간성을 비쳐주는 파격적인 거울을 찾아볼 수 있다는 것이다. 통상적인 여성상을 벗어나는 강인하고 담대한 이들의 파격이 왜 에로틱하게 비치는지 그 연원의 한 갈래가 여기에 걸쳐져 있다.

미인의 자본제적 건강을 넘어서

사사기에 이러한 원초적 인간의 여성상만이 나오는 것이 아니다. 거기에는 이방 여인의 품에 놀아나다가 비극적 최후를 맞은 고독한 남성영웅 삼손의 사례도 나온다. 그 역시 평범하게 아내를 두고 한 가정을 다스리며 살아가는 통상적인 가부장과는 거리가 멀어 보인다. 나실인이라는 서원의 족쇄로 삼손의 모든 비밀이 풀리지 않는다. 당연히 동시대의 모든 나실인이 그와 같이 변두리의 존재로, 탈가족적인 고립무원의 몸으로 살아가지 않았을 터이기 때문이다. 그런가 하면 드보라와 야엘, 익명의 여전사와 정반대편에서 우리는 자신의 아버지가 한 서원의 희생물이 되어 처녀의 몸으로 자기를 번제로 바치는 걸 기꺼이 수락하며 죽어간 입다의 딸과 같은 캐릭터도 만난다. 그 무남독녀를 번제로 바치는 가부장 입다의 심정은 참담하였겠지만 정작 이에 대응하여 그 딸이 취했던 행동은 두 달간의 유예기간을 얻어 친구들과 산에 가서 자신이 처녀로 죽음을 애곡하는 일밖에 없었다. 그녀는 가부장체제의 희생물로 자신을 기꺼이 드리고 죽어간 수동적 여성이었다. 그녀는 또한 남자를 원할 만한 처녀의 나이에 가부장제의 정당한 대접조차 받지 못한 채, 자신을 낳은 가부장의 허영어린 서원의 볼모가 되어버린 불우한 여성이었다. 이에 비해 저 세 명의 여성전사들은 가부장체제의 한계 내에서 그 한계를 돌파하여 남성/여성의 차이와 차별이 무색한 상황을 스스로 창출하였다. 그들은 오로지 그 용감한 행동과 영적인 통찰력을 통해 원초적 인간의 향수를 스스로의 문제적 삶에 아로새긴 주역들이었다.

물론 그 경계 너머의 원초적 여성/인간들이 걸었던 삶의 행로가 늘 그렇게 영웅적이고 승리로 점철된 것은 아니었다. 거기에는 여전히 가부장주의와 남성적 질투의 족쇄에서 자유롭지 못한 체계의 습속이 남아 있었다. 이런 계보를 이어간 적잖은 여성들이 분수를 모른 채 날뛴다는 정죄와 억압의 소용돌이 속에서 마녀사냥의 대상이 된 경우가 적지 않았다. 잔 다르크의 도전적인 생과 결부된 운명이 이와 다르지 않았고, 유관순의 투쟁 역시 여느 남성들 이상으로 용감했지만 이들은 치열한 역사의 제물로 죽어가야 했다. 그들의 여성적 신체는 상상만으로도 에로틱한 건강미가 넘치는 듯 피어오른다. 그 신체의 기대치와 다른 씩씩한 면모는 차이와 동화의 에너지를 분출하여 여성들뿐 아니라 남성들의 분발을 자극했을 것이다. 결핍된 존재로서의 남성과 여성이 그 결핍 이전의 인간 내지 그 회복 이후의 인간을 목격한 후유증이 그토록 강렬한 모방 심리를 유도했을 것이다. 그러한 모방의 에너지가 가장 파격적으로 폭발하는 상황은 전쟁과 같이 피투성이로 싸우는 극단의 자리이다. 여기서 그들은 규범화된 성적 존재에서 탈규범적인 원초적 인간으로 돌변하는 추동력을 얻는다. 그리하여 건강 미인은 그 버전을 달리하면서도 여전히 인간의 성적 결핍을 보완하면서 극복케 하는 이상적 대안으로 심금을 울리며 에로틱한 매력을 발산하는 것이다.

그런데 이즈음 건강 미인의 건강 표준이 자본제적 전일성의 포로로 휘둘리면서 건강한 미인조차 병들어가는 조짐을 보이고 있다. 그것은 역사적 사명이나 인간의 존재론적 고뇌와 무관하게 자신의 신체에 대한 도취적 나르시시즘이 과잉으로 범람하면서 자본의 힘에 굴복하게 된 후유증이다. 이에 따라 인간의 신체는 토막이 나서 부위별로 진열되는 미학적 상거래의 수단이나 매개가 된다. '쇄골미인'이나 '꿀벅지' 따위의 편집적 이미지로 표류하는 21세기 여성신체의 신화는 그것을 피사체로 포획하여 적당한 분장을 거쳐 유사 건강미로 헛되이 재생시키는 자위적 기제이다. 실질적인 성형에서 가공적인 '뽀샵'에 이르기까지 자본제적 신체미의 유통 과정은 다분히 기만적이고 자기 유희적이다. 그 역시 시대적 필요에 부응하는 심리 위안적 기능을 수행하는 것이 사실이지만 이는 '건강미인'의 계보를 지탱해온 전통사상의 오염이고 타락이다.

유혹을 위한 관능적 유혹의 반복이란 욕망이 공동체의 생산적 에너지로 응집되는 경로를 촉진하기보다 방해하기 십상이다. 그것은 마치 밑 빠진 허구렁의 공간에 끝없이 부어대는 물과 같아서 잘해봐야 정제된 자기 신체의 방향제를 미끼삼아 노략질을 일삼다가 탐욕의 암초에 걸리는 지름길이다. 꾸준한 운동으로 아무리 아름답게 단련시키고 치장한 몸이라 해도 그것이 체계가 부여한 여성성의 지속과 연장에 머물러버린다면 여성의 인간화에 기여하기 어려운 것이다. 그 치장된 에로틱 메커니즘이 인간의 기원과 종말론적 완성에 대해, 또한 역사의 소명에 대해, 아무런 응답도 제시하지 못하기 때문이다. 화장과 향수로 분장한 몸의 끼로써 건강하게 아름다움을 우려내기 어려운 것은 바로 이러한 이치와 연계되어 있다. 아울러, 이 시대에 미인을 규정하는 세밀한 신체 부위의 기준과 이를 추동하는 자본제적 건강 열풍이 건강한 미인의 건강을 진정성 있는 아름다움의 토대로 담보하지 못하는 이유도 여기에 있다.

1 최근에는 이렇게 여성의 신체부위에 따라 미인 되는 기준과 방법을 제시하면서 표준 미인의 제조법을 조언하는 참고서까지 나오는 실정이다. 노순규, 『미인 되는 방법과 미인의 효과』(서울: 한국기업경영연구원, 2012)가 그 일례이다.

2 이러한 남자 되기의 풍조는 비단 헬라적 에로스 신화로만 소급되는 것이 아니다. 그 영향 관계의 여부는 불확실하지만 초기 기독교는 물론 유대교 전통에서도 남자 되기의 풍조는 나름의 성서적 근거를 두고 꾸준히 유통되었다. Michael L. Satlow, "'Try To Be a Man': The Rabbinic Construction of Masculinity," HTR 89/1(1996), 19-40 참조.

5장

이국적인 것을 향한 동경의 비극

삼손과 들릴라의 수수께끼 인연

낯선 대상의 아름다움

에로스의 신화적 연원을 들춰보면 거기에는 같으면서도 상이한 존재에 대한 그리움이 깔려 있다. 본래 내 몸의 일부였으나 현재의 나와 다른 어떤 존재가 그 그리움의 대상이다. 남자에게 여자는 미묘한 긴장을 동반하는 그리움의 동력이다. 여자를 향한 남자의 존재 의미 역시 크게 다르지 않겠지만, 그 결핍을 채우려는 동기가 다르다는 지적도 있다. 더구나 남자에게 여자의 차이점이 특이성으로 중첩될 경우 그것은 그로테스크한 반응과 함께 낯선 것을 향한 동경으로 표출되곤 한다.

내가 10년 경험한 아메리카 땅에서 한인 2세 남성들은 대체로 보수적인 한국 여성을 선호하여 짝을 구하는 경향이 있었다. 반면 한인 2세 여성들은 백인 남성들의 이국적인 취향에 끌리거나 반대로 그들이 동양 여성의 이국적인 풍모에 매료되어 결합되는 사례를 드물지 않게 목격하곤 했다. 또 한 시절, 이 땅에 유흥업소에 취업차 대거 입국한 러시아 여성들의 특정한 매력 포인트를 부각시키면서 그들이 마치 한국 여성들이 갖지 않은 특정한 코드의 매혹적 유전인자라도 지닌 양 이 땅의 밤 문화 현장에 요란스럽게 선전된 적도 있었다. 그러니 남녀 간에 매료되는 경로는 이와 같이 '취향'이나 '풍모' 등의 기준으로 단순 도식 속에 일반화할 수 있는 사안은 아니다. 한인 2세 남성들의 경우에 백인이나 드물게 흑인 여성을 연인으로, 아내로 삼는 경우도 있으니 이에 대해서는 2세나 남녀의 차이를 떠나 논리적으로 설명하기 어려운 개별적인 이끌림의 원인을 다각도로 분석해봐야 할 것이다.

남녀 간에 정서적으로 미묘해지는 심리적 문제는 이질적인 요소의 친밀화를 갈구하는 인간의 욕망에 잇닿아 있다. 가령, 머리털이나 피부색깔, 골상이나 눈동자의 형색에 차이가 있다든지, 언어나 생활문화가 다르다든지, 특정 부류의 외국인 이성을 향해 한창 왕성한 정욕을 지닌 청춘 남녀가 단순한 호기심 이상의 관심을 표할 수 있는 욕망의 차원이 있다는 것이다. 그것은 너무 판에 박힌 익숙한 것을 향해 모험의 동기가 떨어질 만큼 식상해서일 수 있다. 아니면 동일민족 동일국민에 대한 부정적인 경험이 자신의 반려자를 구하는 관심사로 전이되어 식상케 만드는 사유의 일단이 될 수도 있다. 그러나 그것이 종교적인 층위와 접맥되어 성스러운 자신의 태생적 배경이 지극히 속된 영역의 타자를 갈구함으로써 그 거룩함의 틀에서 벗어나고자 하는 일탈과 해방의 에너지로 발현되는 경우는 없을까. 매우 극소한 예이겠지만, 평생을 독신 성직자로 살아온 권위 있는 신부가 은근히 아동에 대한 성적 애호증을 가지고 변태적인 탐심을 노출한다든가, 대중적인 인기를 누리는 목회자나 부흥사가 정숙하고 아담한 자신의 아내를 놔두고 뒷골목의 불결한 창기를 찾아 성적 욕구를 발산한다든가 하는 사례도 이질성의 친밀화를 갈구하는 욕망의 구조와 연동되어 있다.

    이런 관점에서 보면 삼손의 일생은 다분히 문제적이다. 그의 특이성은 여러 각도의 심리적인 분석을 요할 만큼 복합적이다.[1] 먼저 그의 태생적인 배경은 그가 여러모로 이국적인 것의 아름다움을 향해 갈증을 느낄 만한 이유가 될 법하다. 그는 사사 시대에 단 지파의 미노아 부부에게서 계시를 받아 태어났다. 그는 자신의 의지와 무관하게 이미 나실인으로 점지되어 있었다. 이미 그를 잉태한 어머니부터 포도주와 독주, 부정한 음식을 금해야 한다는 금기의 규율을 지켜야 했다. 나실인은 사사기의 본문이 그 개념을 정의한 대로 어려서부터 하나님께 바쳐진 섬김의 종으로 머리에 삭도를 대지 않아야 하고 부정한 음식과 취기를 자극하는 술을 금해야 하는 규율 아래 사는 특수한 신분의 종교인이다. 사사라는 당대의 리더십은 전쟁 시 군사 지도자의 역할과 평상시 판관의 역할을 겸해서 수행하는 직책으로 알려져 있다. 게다가 사무엘의 경우에서 보듯, 이 직책은 제사장이나 예언자의 임무를 복합적으로 담당하기도 했다. 그런데 나실인으로서 삼손의 특이성은 그가 단 지파 소속의 인물이었다는 것 외에 그 주변의 공동체가 등장하지 않는다는 점에 있다. 전쟁 영웅으로 응당 기대될 법한 군사들조차 그의 주변에는 나오지 않는다. 그는 철저히 홀로 거하며 홀로 지낸다. 그러니 싸우는 것도 혼자서 일당 백, 일당 천의 소설 같은 싸움만을 보여준다. 그는 공동체와 조직이 없이 늘 혼자서 모든 일을 감당하는 고독한 영웅의 이미지가 따라다닌다. 단 한 번의 전투에서 1,000명의 적군을 때려죽이는 괴력을 발휘한 데서 볼 수 있듯이, 그를 배출한 공동체는 그의 특이한 괴력을 방패막이로 삼아 나름의 안정을 구가할 수 있었을 것이다. 그러나 이러한 공적으로 그가 제 지파 사람들이나 이스라엘 백성들에게서 추앙을 받거나 칭송을 들은 흔적이 발견되지 않는다. 참 희한한 노릇 아닌가.

삼손이 본격적으로 활동하던 시기는 이스라엘이 정치적 군사적으로 취약한 상태에서 블레셋의 간섭과 통제를 받던 때였다. 그러한 압제의 시기에 이스라엘 민족공동체는 당연히 지도자를 세워 이방인의 부당한 간섭에서 자유로워지길 원했을 텐데, 삼손은 자국민의 대표들에 의해 특정한 형식을 갖춰 사사로 추대된 적이 없었다. 그가 본격적으로 활동하던 시점에 사사기의 저자는 다음과 같은 기이한 문장을 남기고 있을 뿐이다. "그 여인이 아들을 낳으매 그의 이름을 삼손이라 하니라. 그 아이가 자라매 여호와께서 그에게 복을 주시더니 소라와 에스다올 사이 마하네단에서 여호와의 영이 그를 움직이기 시작하셨더라"(사사기 13:24-25). 이후에도 삼손이 전쟁 영웅으로 활약할 때 그는 무슨 전략을 짜고 군사를 모으는 식의 준비와 전혀 무관하게 "여호와의 영이 갑자기 임하는"(사사기 14:19) 것과 동시에 움직였다. 마치 여호와의 영에 의해 조종을 받는 꼭두각시처럼 삼손은 기동하고 싸워 이겼다. 신기한 것은 그의 영웅적인 싸움 사이사이에 자신이 이방 여인을 만나 세 차례나 간접적으로 적국과 내통하는 실수를 저질렀음에도 불구하고 여호와의 영이 여전히 그를 통해 역사했다는 점이다. 물론 마지막의 치명적인 실수로 인해 그는 두 눈을 잃어버리고 괴력을 상실하는 징벌을 자초했지만, 그것은 나실인의 약속을 깬 대가이지 이방 여인과 동침하여 사랑을 나눈 것과는 별 상관없이 조명되고 있다. 하나님은 삼손의 고독을 긍휼히 여기시어 그 정도의 일탈은 눈감아주셨다는 것일까. 아담의 독처함을 좋지 않게 여기신 하나님이 삼손을 위해 동족들 가운데 좋은 배필을 짝지어주실 수는 없었던 것일까. 삼손이 부모와 주변의 선의를 뿌리친 채 굳이 이방 여인을 한 번도 아니고 세 차례나 자신의 여자로 만든 사정의 이면에는 어떤 에로티시즘의 동력이 작용한 것일까.

삼손과 이국적 여인들

삼손은 세 명의 이방인 여인을 거쳤다. 첫째는 딤나의 여인으로 자신이 좋아하여 찾아가 아내 삼고자 한 여인이었고, 둘째는 수많은 승전을 거둔 뒤 공허감을 달래기 위해 찾아든 이방인 창기였다. 마지막 셋째는 블레셋 족속이 삼손을 제거하기 위해 놓은 미인계의 덫으로 들릴라라는 실명으로 거론된 여인이다. 이들의 태생은 이국종이라는 공통점을 갖고 있고 동시에 나실인과 어울리지 않는 변방의 세속적 삶의 자리를 암시한다. 또한 그들은 한결같이 삼손을 위태롭게 하는 빌미로 작용했고 그것이 역전의 기회로 작용하여 삼손의 괴력으로 대단한 승리를 거두기도 한다. 그러나 그 셋의 차이도 엄연하다. 특히 첫 번째 만난 여인이 삼손의 자발적 탐색으로 발견하여 좋아하였지만 삼손에 의해 동족상잔의 희생물이 된 익명의 아내였던 데 비해 셋째로 만난 들릴라는 삼손의 비밀을 알아내어 그의 목숨을 취하는 데 치명적인 역할을 한 스파이 연인이었다.

먼저 첫째 여인은 블레셋 사람의 딸로 딤나라는 곳에 근거를 두고 살고 있었다. 그 여인은 시종 이름도 없이 등장하여 하찮은 미끼로 취급받다가 비참한 신세로 전락한다. 삼손이 그녀를 아내로 맞아들이기로 한 동기는 처음부터 순수하지 않았다. 왜 동족이 아닌 할례 받지 않은 이방인의 여자를 아내로 맞이하려고 하느냐라는 아비의 지청구에 삼손은 별로 복잡한 생각 없이 대뜸 "내가 그 여자를 좋아하오니 나를 위하여 그 여자를 데려오소서"(사사기 14:2)라고 대답한다. 그 무명의 여자가 좋았다면 뭔가 마음에 끌리는 구석이 있었을 것이다. 이국적인 것의 아름다움을 향한 에로스적 합일의 열정이 개중 한 내면적 동기였으리라고 추측해볼 수도 있다. 그런데 화자가 보기에 이러한 삼손의 열정은 하나님의 거룩한 전쟁을 위한 각본의 일부 요소에 불과한 것이었다. 삼손에게 그 무명의 여인을 좋아하는 마음을 허락하고 그를 아내로 맞이하려는 동기를 부여한 까닭은 그녀를 미끼로 블레셋 사람을 섬멸하려는 의도가 깔려 있었다는 말이다. 그것이 삼손의 의도였다면 하나님은 삼손의 에로스적 본능을 자신의 성전(聖戰)을 치르는 불쏘시개로 활용하고자 했던 셈이다. 또 그것이 삼손의 부지불식간에 매설해둔 하나님의 의도였다면 마치 큐피드의 화살을 가슴에 박듯이 전혀 생뚱맞은 계기로 남녀의 사랑을 불타오르게 만든 하나님의 오묘한 심술 같은 것이라고 볼 수도 있다. 본문은 이 둘 사이에 모호한 입장을 암시한다. "그 때에 블레셋 사람이 이스라엘을 다스린 까닭에 삼손이 틈을 타서 블레셋 사람을 치려 함이었으나 그의 부모는 이 일이 여호와께로부터 나온 것인 줄은 알지 못하였더라"(사사기 14:4). 이 본문에서 분명한 사실 하나는 왜 삼손이 딤나의 여인에게 끌렸는지 삼손의 부모만이 확실히 모르고 있다는 사실이다.

이 딤나의 여인은 이어지는 이야기의 흐름에 비추어보면 마지막으로 만난 삼손의 연인 들릴라 이야기의 예비적 복선처럼 울린다. 아비가 보기에 이방 여인을 아내로 삼으려는 그의 처신이 못마땅했지만 삼손은 일단 적진으로 그와 함께 들어간다. 사자를 잡기 위해 사자굴로 가듯이 블레셋 족속을 공격하기 위해 딤나 여인을 지렛대 삼고자 적진으로 들어간 것이다. 딤나의 포도원에서 먼저 만난 것은 사람이 아니라 사자였다. 삼손은 장차 다가올 싸움의 승리를 예고라도 하듯 '여호와의 영'이 임한 덕분에 그 사자를 가볍게 제압하였다. 이후 그 여자를 만나 말을 나눴고 그 여자가 삼손의 마음에 들었다고 한다. 여기서도 마찬가지로 그 여자의 어떤 부분이 마음에 들었는지, 또 그 여자와 무슨 말을 나눴는지, 이것이 혼인의 예비적인 절차로 치러진 상견례였는지 자세한 묘사는 생략되어 있다. 아울러, 삼손과 이 딤나의 여인이 남자와 여자로서 어떤 매력에 이끌렸는지도 확인되지 않는다. 그것들이 도무지 중요하지 않다는 어투로 가볍게 처리되어 있다. '얼마 후'가 얼마나 긴 시간인지 모르겠지만 삼손과 그의 아비는 일단 그녀와 상견례를 치르고 그곳을 떠난 뒤 일정 기간 지나서 다시 이 딤나의 여인을 찾았던 것 같다. 이번에는 아비뿐 아니라 모친도 대동한 여정이었다. 신랑 측에서 신부 측에 혼인을 하기 위해 가는 것을 블레셋 청년들의 풍습으로 소개하는 점으로 미루어 삼손은 그 풍습을 잘 알고 그대로 준행하고자 했던 모양이다.

길 가는 도중 이전에 자신이 무찌른 사자의 시신 가운데 벌떼가 둥지를 틀어 꿀을 만들어놓았는데 그것을 삼손 일행이 맛본 뒤 딤나의 블레셋 여인과 거기 모인 청년들 서른 명에게 낼 수수께끼의 소재를 얻는다. 그 답을 알아낼 경우 '베옷 삼십 벌과 겉옷 삼십 벌'을 포상으로 내걸었지만 못 맞출 경우 감당해야 할 징벌은 없었다. "먹는 자에게서 먹는 것이 나오고 강한 자에게서 단 것이 나왔느니라"의 수수께끼를 결국 자력으로 풀지 못한 블레셋 청년 삼십 명은 딤나의 여자를 겁박하여 그 해답을 알아내게 한다. 삼손은 포상의 약속을 지키기 위해 아스글론을 노략하여 삼십 명을 쳐 죽이고 얻은 옷가지를 딤나의 청년 삼십 명에게 나눠주는 것으로 일단 그 자리를 파했다. 여기서 그는 자신의 블레셋 아내를 암송아지로 빗대며 그것을 동원해 밭을 갈았다고 분노를 표한다. 연이어 그는 그 여인을 아내로 취해야 할 시점에 다시 아비의 동네로 가버린다. 삼손은 한 동네의 블레셋 사람들을 죽이고 그 노획물로 다른 동네의 블레셋 사람들을 포상하는 기이한 방식으로 블레셋을 일부 응징한 셈이다. 이런 사태를 알았음인지 삼손의 합법적 아내가 된 딤나의 여인은 그의 아비에 의해 삼손의 친구에게 넘겨지는데, 이는 훗날 삼손이 다시 블레셋 족속을 공격할 빌미가 되었다.

    여기서 한 가지 눈여겨볼 만한 점은 그 수수께끼의 비밀을 알려달라며 간청한 딤나 여인에 대한 삼손의 처신이다. 삼손은 자신을 사랑하지 않고 미워한다면서 울면서 간청하는 딤나 여인의 공세에 순순히 굴복하여 그 비밀의 답을 그녀에게 알려주었다. 그것이 블레셋 족속을 계속 공략하여 자민족의 독립을 얻어내려는 고도의 기획 가운데 나온 정략적 미끼였는지, 아니면 자신이 진정 사랑하는 여자에게 사랑의 증표를 확인해주고 싶어 했던 삼손의 순정이었는지 알 수 없다. 그러나 추후 들릴라와의 관계에서도 확인되듯 삼손은 심지어 자신의 목숨을 비극적 담보로 삼아서도 자신이 사랑하는 여인의 말과 눈물, 무엇보다 그에게 유일한 인간적인 위안이었던 연인의 여성적인 몸에 대한 대가를 치르고야 마는 사나이였던 것 같다. 그런데 바로 그 에로스적 욕정은 삼손을 통해 하나님의 성전(聖戰)을 이어나가는 매개체로 작용한다. 연쇄고리로 짜여가는 정치적 복선과 정략적 동기는 서사의 추동체가 되어 삼손이 블레셋이란 이방족속을 응징하는 인과관계를 이루고 있는 것이다.

아내를 놔두고 간 것이 화근이 되어 결국 그 블레셋 아내는 다른 남자의 아내가 되어버렸는데, 삼손은 또 그곳을 찾아와 아내를 만나고자 했다. 삼손의 이 간헐적인 반복 방문이 필연적인 습속이 아니었다면 그것은 그의 내면적 갈등과 분열의 징조를 암시한다. 그는 이 여인에 대한 호감을 포기할 수 없었지만 그녀가 속한 블레셋 족속을 응징하여 제 동족의 정치적 자유와 독립을 되찾아주어야 하는 공적인 사명을 무시할 수도 없었다. 다시 말해 나실인이자 사사로서 삼손 자신이 감당해야 할 거룩한 소명의 압박과 자신의 인간적 고독을 이국적인 여성의 몸에 의탁하여 달래려는 지극히 속된 에로스적 열망 사이의 거리가 자신의 동네에서 블레셋의 동네로 오락가락하는 반복적 동선으로 표출되었으리라는 것이다. 결국 블레셋의 장인은 삼손을 거절하였고 아내의 여동생을 새 아내로 내어주겠다고 회유했다. 이는 삼손의 분노를 촉발시켰고 삼백 마리 여우들의 꼬리를 엮어 불을 놓음으로써 그 지역의 농작물에 대규모 피해를 입히게 하고 그 피해자들이 그 사건의 발단을 추적하여 결국 그 장인과 아내를 불태워 죽이는 참상으로 이어진다. 이는 또다시 자신의 아내와 장인을 죽인 복수의 명분을 제공하여 삼손이 많은 블레셋 사람들의 정강이와 넓적다리를 쳐서 죽이는 사태를 촉발한다. 요컨대, 하나님이 삼손을 통해 놓은 덫에 걸려들어 블레셋 사람들이 블레셋 사람을 불태워죽이고 삼손이 이를 빌미로 가해자인 블레셋 사람들을 다시 죽이는 식으로 공격이 강화되고 있는 셈이다. 블레셋 사람들은 이러한 피해에 격분하여 삼손을 잡아 죽이고자 마침내 대규모 전투 부대를 만들어 유다 족속 진영을 공격한다. 이에 맞선 유다 사람 삼천 명은 삼손에게 이 전쟁의 원인을 떠넘기면서 블레셋이 자기들을 지배하는 걸 정당한 현실로 수락함으로써 삼손을 고립무원의 외톨이로 내쳐버린다. 여기서 삼손이란 인물의 비극성이 도드라지는데, 그는 일인 대 다수의 싸움을 치르면서 블레셋 족속에도, 제 동족의 무리에도 순탄하게 합류하지 못한 채 경계선에서 고독하게 자신의 임무를 홀몸으로 수행해야 할 처지에 놓이게 되었기 때문이다. 그런 그에게 블레셋의 여인은 이야기의 촉매제이자 삼손의 공적인 존립을 가능케 하는 사적인 의지처였을 것이다.

그리하여 동족에게 포박된 삼손은 블레셋 진영에게 넘겨지게 되고 '여호와의 영'이 임하여 괴력으로 밧줄을 끊은 삼손은 나귀의 턱뼈를 사용하여 블레셋 사람 천 명을 쳐죽였다는 또 다른 영웅담을 만들어간다. 이 대목의 이야기가 다다르는 절정은 그가 싸움을 마치고 이를 하나님이 베푸신 '큰 구원'으로 기리며 자기의 지독한 목마름을 호소하는 대목이다. 그 목마름은 그를 죽게 할 정도였는데, 이 갈증은 하나님이 터뜨리신 우물 '엔학고레'의 은총으로 해갈된다. 삼손의 갈증은 육체적 욕구 결핍의 문제였는데 하나님이 선사한 '엔학고레'의 은총은 그의 정신을 다시 소생시킨다. 마찬가지로, 삼손에게 딤나의 여인은 하나님이 허락한 일탈적 선물로 그의 육체적 욕망을 달래는 매개였지만, 그 결과는 한시적이나마 그의 정서적 고독을 위무하면서 하나님의 구원사를 이루어나가는 꼬투리 역할을 했던 것이다.

번뇌와 죽음의 머리털

가사에서 기생(창기?)의 품에 안겼던 삼손은 그의 목숨을 노리는 무리들을 떨치고 문설주와 문빗장을 떼어내 헤브론으로 이동하더니 소렉 골짜기에서 들릴라라는 여인과 사랑에 빠진다. 여기서도 역시 화자는 삼손이 왜 또 다른 블레셋 여인과 사랑에 빠지는지 그 심리적 원인과 정서적 동기를 명쾌하게 설명하지 않는다. 다만 그의 목숨을 쫓는 다수의 블레셋 대적들이 포위망을 좁혀오고 시시각각 긴장감을 고조시키는 마당에 삼손의 처지로서는 더욱 그의 영웅적인 근육을 달래줄 이국종 여인의 보드라운 살결과 숨결이 필요했을 것이다. 더구나 그는 이미 유다의 동족들에게도 '나 몰라라' 팽개쳐진 신세 아니던가. 그 어디에도 자기의 몸을 맡겨 안식을 누릴 처소가 마땅치 않은 영웅 앞에는 들릴라 같은 이국적인 환상의 대상이야말로 외곬의 도피처였을 것이다.

그런데 그녀는 삼손이 자기에게 사랑에 빠진 만큼 삼손에게 빠졌었는지 알 수 없다. 그녀의 사랑이 애욕만으로 순정하지 못했던 것은 즉각 그녀에게 엄청난 은화를 약조한 블레셋 틈입자들과 결탁하여 그의 힘을 빼어 제거하려는 책략에 동조했기 때문이다. 그가 '새 활줄 일곱' '새 밧줄' '베틀의 날실'의 거짓말로 빠져나가 겨우 위기의 덫을 모면했지만 막판에 들릴라가 사랑의 진심을 확인해달라는 정공법으로 집요하게 달라붙자 그는 결국 자신의 정체성에 중요한 보루인 힘의 비밀을 누설하고 만다. 삼손은 힘이 센 용사였던 만큼 아둔했기에 이러한 들릴라의 시도에 깔린 음모를 분별하지 못했던 걸까? 혹여, 그는 딤나의 여인을 통해 익히 경험했던 대로 자신이 좋아하는 여인이 결국 비극의 매개로 참담한 지경을 초래하리라는 걸 직감으로 알고 있지 않았을까? 알면서도 삼손이 그 치명적인 비밀을 들릴라에게 밝히고 만 것은 여인의 사랑이 덫이 되어 이내 닥칠 자신의 비극을 기꺼이 수락하고자 하는 장엄한 결단 아니었을까. 그 일말의 단서를 제공해주는 화자의 다음 논평이 이와 관련하여 매우 시사적이다. "날마다 그 말로 그를 재촉하여 조르매 삼손의 마음이 번뇌하여 죽을 지경이라" (사사기 16:16).

바타유의 말마따나 에로틱한 열정은 죽음까지 인정하는 생명의 충일이다. 불연속적인 존재가 죽음까지 무릅쓰면서 두 존재 간의 연속성을 유지하고자 하는 갈망이 에로티시즘의 저력이라는 것이다. 죽음에 깃든 모종의 매혹이 에로틱 에너지의 원천이라면 삼손과 들릴라의 만남이 사랑으로 정의되자마자 예약된 정치적 거래와 음모를 통해 파탄으로 직결되는 것은 예정된 비극의 수순이다. 삼손은 자신의 힘이 어디에서 나오느냐는 들릴라의 추궁에 그녀만큼의 정공법을 구사하지 못했다. 그는 자신이 이러저러한 나실인 출신이고 제 힘의 비밀은 하나님과의 언약 사항이라 함부로 누설하면 경을 칠 것이라고, 그러면 당신이 사랑하는 내 몸의 앞날을 보장받기 어려울 거라고 정직하게 답변하지 못했다. 그가 궁여지책으로 들이댄 수단은 그저 그 순간의 곤혹스러움을 회피하기 위해 애매한 거짓말을 지어 둘러댄 것이었다. 그것은 세 번이나 반복되고 들릴라의 실패를 통해 그녀의 의도가 삼손의 힘을 제거하는 데 있다는 걸 알아챘을 만도 한데, 삼손은 그 피로한 게임을 계속하다 막판에 덜미를 잡힌 것이다. 그렇다면 삼손은 알면서도 모른 체했다고 볼 수 있다. 그는 들릴라의 도전이 무엇을 의미하는지 알면서도 위험한 그 도전을 연거푸 방기함으로써 자신의 정인을 더 안달스럽게 만드는 재미를 누렸을 가능성이 농후하다.

삼손은 이러한 정황의 개연성 아래 번뇌로 시달리다가 죽는 쪽보다 차라리 자신이 사랑하는 여인과의 위험한 희롱을 좀더 즐기다가 죽는 것이 나으리라고 판단했을 법하다. 더구나 들릴라로부터 자신에 대한 사랑의 진정성을 추궁받는 처지에서는 이 땅에서 장성한 개인으로 만난 상대 중에 자신이 아름답다고 여기고 정을 통한 연인에게 최후를 의탁하는 스릴도 괜찮겠거니 여겼을지 모른다. 그의 사회적 삶이 온갖 인간관계가 봉쇄됨에 따라 파탄을 맞은 터에 자신이 의지할 최후의 안식처는 들릴라의 에로틱 에너지 외에 달리 없었기 때문이다. 거듭 말하거니와 하나님은 영이시기에 육체의 고독을 체감할 수 없는 실존적 장벽을 어찌할 수 없었다.

이런 와중에 삼손이 드러낸 진심은 독약과 같은 증오의 결과를 가져왔다. 거짓말이 그나마 미봉책의 수준에서 위기를 모면케 한 데 비해 진심에서 우러나온 참말이, 더구나 사랑의 이름으로 전달된 그 말이 치명적인 재앙의 단초가 되는 이런 아이러니는 도처에 흔하다. 삼손과 들릴라의 에로턱한 외양이나 그 수상한 관계의 밀도 있는 선정성이 전혀 묘사되지 않은 자료를 토대로 과도한 해석을 하기엔 무리가 따른다. 그러나 이 둘의 관계를 에로티시즘이란 개념으로 규정할 수 있다면 거기에는 인간의 관계를 파탄으로 이끌고 죽음을 조장하는 에로틱 에너지의 비극적인 장엄함이 조명된다. 온갖 배리와 역설이 판치는 세속사의 현실 속에서 진실이란 한없이 무기력하고 위험할 수 있다는 평범한 이치가 그 가운데 재확인된다.

마침내 이야기는 파국으로 치닫는다. 삼손이 진실을 말하면서 들릴라의 보드라운 무릎 살을 베개 삼아 잠들어 있는 동안 그의 머리털은 무참하게 잘려나갔다. 마지막 순간의 위기가 연인의 육체를 통한 위안과 함께 찾아온 것이다. 삼손은 괴로운 통증과 함께 괴력을 잃어버렸고 들릴라는 사랑을 넘긴 대가로 은화를 맘껏 챙겼다. 제 민족을 괴롭혀 제거할 기회를 노리던 블레셋 사람들은 이제 상황을 반전시킬 결정적 전환점을 맞게 되었다. 이국적 아름다움을 향한 동경에 젖어 블레셋의 이방 여인을 연이어 셋이나 취한 삼손은 진실을 그대로 누설한 대가로 무기력하게 체포되어 두 눈을 잃어버리는 수난을 당한다. 아름다움을 보고 반한 기관이 바로 적들이 빼어버린 그 두 눈이었다. 눈으로 인한 유혹이 눈의 감각을 통한 정욕을 부채질하였고 마침내 그 눈의 고통과 함께 종지부를 찍은 격이다. 머리털에 삭도를 대지 말라는 하나님과의 언약이 파기되어 그가 받은 고통은 고통이기에 앞서 영웅답지 못한 치욕이었다. 블레셋 사람들은 그를 끌어다가 조롱감으로 삼기 위해 놋줄로 몸을 칭칭 감아 감옥에서 그에게 연자맷돌 돌리는 일을 시켰다. 그것은 소나 나귀가 하는 동물의 사역인데 이미 적국의 노예가 된 삼손은 그런 구차한 일을 감당해야 했다. 그 고통스러운 노역 가운데 자신의 비참과 고독을 달래줄 들릴라는 더 이상 곁에 없었다. 그녀는 돈에 팔린 과거의 사랑일 뿐이었다. 그에게 단 하나의 희망은 잘린 머리털이 계속 자라고 있다는 것 뿐이었다.

눈먼 자살의 비극적 에로티시즘

블레셋 방백들은 애당초 삼손에게 영웅에 걸맞게 예의를 갖춰 그의 목숨을 거둘 의향이 없었다. 그들은 삼손을 굳이 전시된 고깃덩어리(homo sacer)로 만들어야 직성이 풀렸다. 어느 정도 시일이 흘러 그들의 종교 축일에 그들이 숭앙하는 다곤신을 모신 전에 삼천 명이나 되는 사람들이 몰려들었다. 그들은 여인의 성을 미끼로 자신의 원수를 사로잡은 사건을 국가적인 행사로 과장하여 선전하려는 의도를 가지고 삼손을 끌어냈다. 삼손에게 어떤 재주를 부려주길 기대했는지 불분명하지만 그들은 삼손의 희롱을 극대화하여 다곤 신에게 영광을 돌리고 백성들에게 자민족의 힘을 과시하고자 했을 것이다. 그러나 그 최고조의 수치의 순간 삼손은 다곤 신전의 두 기둥을 밀어 쓰러트림으로써 그 안의 모든 블레셋 족속을 멸망시키는 최후의 영웅적 도발과 함께 자신의 목숨도 던져버린다.

에로스적 충동의 모든 기운이 제거된 맹인의 처지에서 그는 두 번째로 여호와의 이름을 부르며 기도를 한다. "주 여호와여 구하옵나니 나를 생각하옵소서. 하나님이여 구하옵나니 이번만 나를 강하게 하사 나의 두 눈을 뺀 블레셋 사람에게 원수를 단번에 갚게 하옵소서"(사사기 16:28). 이 기도는 '엔학고레'의 기적을 맛보기 직전 역시 죽음과 같이 고통스러운 갈증을 못 견뎌 울부짖은 탄식의 기도-"주께서 종의 손을 통하여 이 큰 구원을 베푸셨사오나 내가 이제 목말라 죽어서 할례 받지 못한 자들의 손에 떨어지겠나이다"(사사기 15:18)-의 연장선상에 있다. 첫째 기도는 이미 적들을 크게 무찌른 뒤 승리를 거두고 자신의 개인적 육신이 겪는 갈증으로 인한 고달픔이 동기가 되었다. 반면 둘째인 동시에 마지막 기도는 모든 인간적 욕망이 마무리되는 지점에서 나실인과 사사로서 자신의 정체성을 회복하고자 하는 최후의 몸부림으로 드려진다. 전자의 기도가 죽음이 고통스러워 피하고자 하는 탄식의 절규였다면 후자의 기도는 차라리 자신을 원수들과 함께 담대하게 죽게 함으로써 영웅답지 못한 생의 치욕을 멈추고 싶다는 어조였다. 이것은 거의 자살과 다를 바 없는 죽음의 방식인데 하나님은 놀랍게도 머리가 자라는 동안 감옥에서 치욕을 감내하면서 근신한 삼손의 기도에 즉각 응답한다. 그는 그 신전의 두 기둥을 무너뜨려 그곳에서 삼손의 재주를 구경하기 위해 모여든 블레셋 족속을 단번에 멸절시켜버린 것이다.

들릴라라는 이국적인 아름다움이나 성적인 매개체 없이도 이 마지막 장면에서 숭고한 비극의 에로티시즘이 탐지되는 것은 자신이 죽음의 주체가 되는 치열한 방식 때문이다. 자신의 언어(기도)가 죽음의 신호가 된 것은 앞서 자신의 진심을 담은 비밀의 언어로써 자신의 체포와 수욕을 감내하고자 한 사랑의 치열성과 상통한다. 비록 그의 죽음이 그 머리털이 다시 자라기까지 유예되지만 그는 가장 무기력했을 때 다시 회생하여 상황을 반전시키고 경계선상에 선 고독한 영웅의 무거운 족쇄를 벗어던진다. 하나님이 이 영웅의 비장한 최후를 자살의 방식이 주는 신학적 부담을 무릅쓰고 용인했다는 점에서 이는 신학을 벗어난 미학의 영역에서 자리매김되어야 할 사건이다.

이 하나님의 구원사에 유다 백성들은 무기명의 군상으로 장막의 뒤에 숨어 눈치나 보는 비겁한 엑스트라에 불과하다. 그런 그들을 향해 하나님이 조건 없는 아가페의 사랑을 드러내어 구원사를 이룩하기 위해 삼손을 희생양으로 삼으셨던 것일까. 그렇다면 그건 이미 삼손의 예정된 비극이라는 '전제조건'이 개입된 이야기 아닌가. 그와 같이 고독한 남성영웅이 제 민족에게도 소외당한 채 적국에서 홀로 고군분투하면서 비참한 최후를 맞이하기까지 그에게 일상의 구원은 외려 온전한 아가페의 틈새에서 온전치 못하나마 그의 차갑고 굳은 근육을 달래준 이국종 여인들의 보드랍고 따스한 살을 통해 체감되지 않았을까.

그것은 자신의 두 눈을 비용으로 치를 것을 예감하고서도 포기할 수 없는 한 고독한 영웅의 향유였다. 그 여인들의 에로틱 기제들이 펼쳐놓은 정서적 위안물 가운데 그는 일상의 감각 속에 구원받을 수 있었을 것이다. 그러나 그 가시적인 위안물이 허망하게 사라진 자리에 삼손은 아무것도 보이지 않는 몸의 감각으로 자신의 육신 너머 손을 흔드는 영원의 자취를 느꼈을까. 그렇다면 그 모든 에로스의 여정은 삼손이 고독한 영웅의 상을 완성하기까지 요청되는 성장통의 과정이었을 것이다. 그러나 그 에로틱 에너지는 적어도 삼손의 삶이 전하는 과정의 진정성에 비추어 하나님이 당신의 구원 섭리를 전개하는 아가페의 동력과 마냥 껄끄럽게 길항하지 않는다. 이렇듯 에로스의 열망이 죽음처럼 독하게 깃드는 사례를 삼손은 비극적으로 보여주었다. 그 사랑의 미로가 삼손이 일탈적으로 사귄 이방 여성들과의 불가피한 연정 관계, 그 미묘한 곡절을 통해 가장 극적으로 현시된 것이다.

---

1 삼손 설화의 여러 측면들을 분석심리학의 관점에서 연구한 논문이 있어 주목된다. 박종수, "삼손설화에 대한 분석심리학적 이해," 「한국기독교신학논총」 53(2007), 29-55. 여기서 삼손 이야기는 "이스라엘 공동체가 성장해 가는 과정을 보여 주는 자화상"으로 전제되고 블레셋과의 대치상황에 벌어지는 그 전반적인 사건은 하나님이라는 '자기'(self)에서 이스라엘이라는 '자아'(ego)가 분화되면서 발생하는 일시적인 혼란 양상으로 해석된다. 삼손 개인의 특이성은 나실인으로 격리되어 엄마라는 '자기'에서 '자아'가 건강하게 분리되지 못한 채 뒤섞여 혼란스럽게 동거하는 상태, 곧 정신의 탄생 이전 상태에서 연유한 것으로 설명된다. 이러한 처지에서 들릴라라는 캐릭터는 삼손의 '아니마'가 투사된 존재로 엄마상인 동시에 연인상으로 대입된다.

매력의 교육,
구애의 학습

룻과 나오미의 연대, 보아스와 룻의 연민

매력의 심리학, 구애의 정치학

성적인 매력은 요즘처럼 '쭉쭉빵빵'의 몸매와 '식스팩'의 근육이 대세처럼 보이는 세속에서도 간단치 않다. 그 상대가 누구이고 보는 눈의 주인이 누구인지에 따라 다양하고 세밀한 골짜기로 갈라지기 때문이다. 규범화된 매력은 그것대로 대중의 환호와 부러움의 대상이 되지만 그 매력이 개성 없이 기계적인 성형의 다듬질로 도배된 경우라면 얘기가 달라진다. 매력은 화끈하게 자신의 모범적인 면상과 몸매를 들이댐으로써 발산되기도 하지만 수줍은 듯 식물성의 고요한 포즈로 자신을 축소하는 방식으로 은근하게 달구어지기도 한다. 다수가 열광하는 앞면의 얼굴과 볼록한 가슴과 근육의 선과 달리 어떤 이는 뒷모습이 아름답다. 어떤 이는 머리카락의 윤기로, 어떤 이는 거문고소리처럼 굵고 나지막한 목소리로, 또 어떤 이는 다소곳한 한순간의 표정이나 몸짓으로 제 매력을 인상적으로 드러내며 상대방의 시선을 끌기도 한다. 그러고 보면 매력은 시간과 정서의 산물로 심리적인 교육의 대상이 될 수도 있을 듯하다. 물론 여기에는 외모뿐 아니라 한 인간의 내면적인 감정과 심리적인 욕구, 웅숭깊은 품성의 요소도 개입한다.

사회적 약자인 여성의 입장을 대변해보면 대체로 성적인 매력은 남성과의 관계에서 제 존재의 값어치를 상승시키고 평가하는 중요한 흡인력이다. 그래서 화장술과 의상술을 통해 자신을 아름답게 가꾸려 하는 의욕이 다부지게 지속된다. 이것이 어디 여성만의 경우겠는가 마는 동서고금을 막론하고 아름다움의 고양이 여성들에게 유난히 지속적인 열정의 대상이 되는 것도 사실이다. 매력의 동기는 따라서 전염성이 강하다. 화장술이나 의상술뿐 아니라 특정한 표정과 제스처 역시 자신이 모방적으로 흠모하는 대상의 것이 이즈음 대중매체를 징검다리 삼아 신속하게 번져나가는 현상을 우리는 경험한다. 매력의 증폭, 확산 현상은 일차적으로 그 매력을 통해 자기를 드러내고자 하는 본능적 욕구의 발로로 봐야 한다. 나아가 자기 현시적 욕구의 이면에는 그 매력을 통해 자신의 아름다움에 대한 관심을 끌고 짝을 찾아 관계를 맺고 안정된 가정을 이루고자 하는 현실적 동기도 포함되어 있다. 물론 그것이 가정을 목표로 하는 것만은 아니다. 가령 매춘부가 고객 관리 차원에서 자신의 매력 포인트를 그 최대치로 갈무리하려는 의도도 있을 터이다. 이처럼 이성간의 성적인 매력은 심리적인 인력과 척력의 상호작용을 통해 한 개인과 이성적인 다른 개인이 서로 밀고 당기면서 관계의 원근 구도를 형성해나간다. 결혼과 가정으로 낙착되는 이성간의 매력은 이후 출산과 양육의 과정에서 많이 풀어지면서 종결점이 되기도 하지만, 때로 '낯설게 하기' 식의 도발적인 실험으로 상대방에게 심히 낯선 타자의 매력을 발견하기도 한다.

객관적으로 아리따운 아내를 두었으면서도 누가 봐도 훨씬 떨어지는 미모와 교양의 상대방에게 이끌려 새로운 연인을 찾아나서는 심리의 이면에 대해 풍설이 만연하다. 일각의 연애학자들은 그 낯섦의 아득한 매력에 대해 풍성한 의미를 부여하며 설명한다. 요즘 인터넷 용어로 유행하는 '밀땅'이란 이성관계의 대상자들이 서로의 매력을 역동적 심리의 동선을 타고 발산하면서 구애의 정치적 전략을 정당화하는 개념이다. 사랑이 고무줄놀이라는 그 통속적 전승이 이미 이러한 이성적 인간관계의 사밀하면서도 노회한 욕망의 회로를 짚어주었던 것이다. 심지어 성교육이 제도적으로 활성화되지 못했던 전통사회에서는 시집가는 딸을 위해 전수된 어머니의 경험 교육이 그나마 최소한의 밑천이 되었다. 그래서 그들은 자신의 몸을 원하는 남편에게 언제 어떻게 그 몸의 매력을 드러내고 또 어떤 사유로 그 매력을 접으면서 상대방으로 에로틱 정치에 관여하도록 만드는지 복잡한 개념과 이론이 없이도 일상의 경험으로 터득해나갔던 것이다.

이즈음 이러한 매력의 심리학을 구애의 전략으로 극대화하여 실제로 남녀의 짝을 지어주는 전문 업소들이 '연애공작소'라는 이름으로 영업을 하고 이런 계통의 소재를 영화로 만들어 〈시라노 연애조작단〉이라는 작품이 나오기도 했다. 이 모든 현상을 부정적인 관점에서 보면 인간의 삶이 결국 연극에서 시작해서 연극으로 끝나는 것처럼 허망하게 비친다. 그런 인간의 얼굴은 고작해야 가면 뒤의 가면처럼 위장된 모습으로 낙인찍히기 십상이다. 그렇다면 인간의 성적인 매력과 이로써 교접하는 연애의 과정이란 것도 결국 객관적인 골상학과 이목구비 배치의 기하학이라는 하부

구조 위에 구축되는 연출의 기법 이외에 아무것도 아니란 말인가. 미숙하고 성급한 사람은 사랑의 순수성을 옹호하면서 저런 식의 연극은 사랑의 타락이라고 주장할 것이다. 타락한 세상에서 그러한 매력의 학습과 구애의 기술을 지극히 인간적인 현실로 수락하는 사람은 보다 섬세한 자기 매력의 극대화 노력과 정교한 심리적 조종술의 향상에 분발할 것이다. 그러나 이도 저도 못되고 데면데면하게 제 앞가림하면서 평범하게 이성을 만나 두루뭉술하게 어울리며 살아가는 이들에게 사랑은 그냥 생활의 일부로 순수의 꿈과 욕망의 때를 두루 아우르는 대상일 뿐이다. 더군다나 각박한 시절에 신산한 살림의 역정 가운데 남편을 잃어버린 상처의 경험을 지닌 자라면 새로 시도하는 사랑이란 게 얼마나 버거우면서 또 얼마나 신선한 도전이 될 수 있을지 두말 하면 잔소리다.

나오미와 룻의 생활 역정

룻기의 시대적 배경은 "사사들이 치리하던 때"라고 이 책의 맨 처음에 명백히 밝혀두고 있다. 이 사사시대의 특징에 대하여 사사기는 맨 마지막에 다음과 같이 종합 진단을 내린다. "그 때에 이스라엘에 왕이 없으므로 사람이 각기 자기의 소견에 옳은 대로 행하였더라"(사사기 21:25). 지파연합체로 느슨하게 모인 공동체의 질서가 이 정도였다면 그들이 사는 땅의 상태도 평화롭고 풍요로운 것과는 거리가 멀었을 듯싶다. 그래서 사사시대의 룻과 그 가족이 맞닥뜨린 현실은 흉년과 기근이었다. 유다 땅 베들레헴에 살던 엘리멜렉과 나오미의 가족은 그

외중에 먹고살 식량을 구할 길이 없어 인근의 모압 땅으로 이민을 떠났다. 그러나 모압이라고 형편이 녹록한 게 아니었다. 살고자 떠난 그 이방에서 나오미는 남편 엘리멜렉을 잃고 거기서 가정을 꾸려준 두 아들 말론과 기룐이 모두 죽는 비운을 겪었다. 남편과 두 아들이 왜 죽었는지, 그 이유가 질병이었는지 사고였는지, 독자들에게는 알려지지 않는다. 다만 이러한 끔찍한 집안의 불행에 대해 뒤늦게 나오미의 입술을 빌어 '여호와의 손이 나를 치셨다'라고만 나올 뿐, 왜 치셨는지에 대해서는 묵묵부답이다. 엄연한 현실은 나오미가 모압에서 얻은 두 며느리 오르바와 룻과 함께 달랑 남겨지게 되었다는 것이다. 두 아들이 부실했는지 아내와 함께 10년을 살았지만 그들 모두 자식이 없었다. 그렇다고 나오미의 판단에 자기가 재가하여 다시 자식을 낳기에는 너무 늦은 나이였을 것이다. 그녀가 그렇게 하여 설사 남아를 낳는다 해도 그 어린 아들을 키워 이미 장성한 두 며느리와 짝을 지어주는 형사취수제를 적용하기도 어려운 상황이었다. 나오미는 현실적인 활로를 찾는 방향으로 합리적인 용단을 내리기 위해 심사숙고해야 했다.

고대의 농경사회에서 가족 구성원으로 여성들만 남아 있다는 건 그들이 특수신분이 아닌 한 중대한 생존위기의 상황이었다. 남자들의 가부장적 신분뿐 아니라 그들의 근육에 주로 의존하는 농경 및 목축의 노동이 자식들, 특히 남아 자식수로 한 집안의 경제력을 가늠하는 형편이었기 때문이다. 더군다나 과부만이 세 사람씩 모여 사는 가구의 모습은 주변의 시선에 비추어 볼썽사납거나 그나마 이웃으로부터 기대되는 동정어린 구제조차 받기 어려워질 우려가 있었다. 게다가 나오미의 두 며느리는 아직 젊은

편이라 얼마든지 새 남편을 만나 제 모국에서 새 인생으로 새롭게 출발할 수 있는 여지가 있어 보였다.

나오미는 꽤 인간적인 덕성을 지닌 여자였던 것 같다. 그녀는 두 며느리를 모압에서 방면해주고자 하였다. 청상의 과부가 된 것이 내심 딱하고 안쓰럽게 느껴졌던 것이다. 특히 그들이 이러한 불쌍한 신세로 전락한 것이 자신의 죄업과 무관치 않다는 생각에서 그들에게 새로운 희망을 주고자 했을 것이다. 그래서 나오미는 두 며느리에게 "여호와께서 너희에게 허락하사 각기 남편의 집에서 위로를 받게 하시기를 원하노라"(1:9)고 축복하면서 입을 맞추었다. 그 입맞춤은 축복의 기원이란 메시지와 함께 그동안 함께 살았던 가족의 온정을 기리며 헤어지는 작별의 뜻이었다. 나오미는 그들을 딸과 같이 여기며 그들의 미래를 이와 같이 배려했다. 며느리들도 착한 심성이었는지 이런 시어미를 향해 눈물을 흘리며 '어머니의 백성'에게로 함께 돌아가겠노라고 간청했다. 그러나 나오미의 끈질긴 설득 끝에 첫 며느리 오르바는 모압 땅에 남게 되고 둘째 며느리 룻은 단호한 동행에의 의지를 꺾을 길이 없어 함께 베들레헴 고향으로 돌아가게 된다.

룻이 떠날 것을 권면하는 나오미의 명령에 저항하면서 제 시모에게 바친 고백은 시대를 초월하여 심금을 울리는 충실성의 전범을 보여준다.

내게 어머니를 떠나며 어머니를 따르지 말고 돌아가라 강권하지 마옵소서. 어머니께서 가시는 곳에 나도 가고 어머니께서 머무시는 곳에서 나도 머물겠나이다. 어머니의 백성이 나의 백성이 되고 어머니의 하나님이 나의 하나님이 되시리니 어머니께서 죽으시는 곳에서 나도 죽어 거기 묻힐 것이라.

만일 내가 죽는 일 외에 어머니를 떠나면 여호와께서 내게 벌을 내리시고 더 내리시기를 원하나이다(룻기 1:16-17).

무모할 정도로 강인한 룻의 이 충실성은 삶과 죽음을 공유하는 운명공동체의 화신 그 자체이다. 더구나 그녀는 동일한 신 여호와 하나님을 경배하는 신앙적 통일성까지 서원하면서 시모와 동고동락하려는 뜻을 강력하게 피력했다.

고향 베들레헴은 다행히 푸근했다. 그곳의 주민들은 이웃나라로 이민을 떠났다가 되돌아온 나오미를 향해 박대하지 않았다. 풍족하게 떠난 이민생활이 완전히 풍비박산의 상태로 종결된 상황이었는데도 말이다. 재산은 고사하고 남편과 자식마저 잃은 채로 되돌아온 터라 비아냥거리는 소리를 들을 만했건만, 그런 능멸의 반응은 보이지 않는다. 그 대신 나오미의 자기성찰이 그 귀향의 변으로 등장한다. 전능자 하나님의 징벌로 인해 자기의 신세가 그리 박복해졌노라는 것이었다.

역이민으로 다시 정착하면서 때마침 보리추수철이 시작되었고 나오미의 과부 가족은 이삭줍기로 낯선 이국땅에서 첫 노동을 시작한다. 그런데 룻이 이삭을 줍게 된 밭은 우연히도 시부인 엘리멜렉의 친족이자 그 지역의 유력한 지주였던 보아스의 밭이었다. 보아스는 그 노동의 현장에서 룻을 처음 대면한다. 그녀를 '딸'이라고 부른 것이 단지 촌수의 등급에 의거한 것인지 아니면 그녀와의 나이 차이가 워낙 커서 그렇게 불렀는지 확실치 않다. 여하튼 보아스는 룻에게 곡식을 베는 자를 따라 방해받지 않고 이삭을 줍도록 허락할 뿐 아니라 목이 마를 시 마실 것을 무료로 제공받도록 은혜를 베푼다. 혹여 일하는 소년 일꾼들이 집적거릴 것을 우려했는지 그는 그들로 하여금 룻을 건드리지 말라고 단단히 명령까지 내린다. 이러한 관대한 은혜의 저변에는 보아스가 이미 룻에 관한 이야기를 듣고 그녀가 시모 나오미에게 바친 극진한 효성과 공경에 대해 받은 나름의 깊은 인상이 작용했을 것이다. 보아스와 룻의 첫 대면은 이처럼 지주와 일꾼도 못되는 친족과 이삭줍기 여인 사이의 은혜와 감사로 채워진다. 여기서 은혜라는 게 개인적인 호의이다. 그것은 하나님의 은혜이기에 앞서 타인의 감동적인 삶의 형적에 대한 인상적인 반응로서의 호의이다. 그런데 그 호의는 출발점이지 종착점이 아니다. 호의에서 시작한 그 원초적 감흥은 좀더 진화하여 인간적 신뢰로 발전하고 그것이 이성적인 관심의 에너지를 연료 삼아 매료와 구애의 상황으로 진전될 조짐을 보인다.

보아스와 룻의 짝짓기

첫 만남의 과정은 꽤 길었다. 룻이 이삭줍기의 노동에 바쳐진 시간이 더 길었을 텐데, 룻기의 저자는 그 육체 노동은 대강 넘어가고 보아스와 룻의 첫 만남이 진행된 과정을 자세하게 묘사한다. 룻의 감동적인 이야기를 상고하며 그녀를 축복한 보아스에게 룻은 적극적인 자세를 보였다. 그녀는 그 호의의 끝자락을 붙잡고 다부지게, 그러나 매우 상냥하고 겸손한 자세로 자신의 의지를 표현한다. "내 주여 내가 당신께 은혜 입기를 원하나이다. 나는 당신의 하녀 중의 하나와도 같지 못하오나 당신이 이 하녀를 위로하시고 마음을 기쁘게 하는 말씀을 하셨나이다"(룻기 2:13). 이것은 아무런 세상물정 모르는 소녀나 처녀의 입에서 나올 수 있는 말이 아니다. 과부로서의 룻이 집안의 어른인 보아스에게 입고자 하는 은혜, 그 온정어린 호의는 보리이삭 정도에 국한될 리 없었을 것이다. 룻은 최대한 자신을 낮춰 '하녀' 만도 못한 처지로 겸비한 자세를 보이면서 보아스가 베풀어준 일차적인 호의에 담긴 '위로'와 '마음을 기쁘게 하는 말씀'의 소중함을 읽어낸다. 보아스의 호의적인 은혜에 대한 룻의 답례는 이렇듯 상대방의 행동을 언어화하면서 그것의 의미를 표현해주는 꽤 웅숭깊은 매력의 포석을 작동시키고 있었던 셈이다.

이러한 룻의 인사에 대해 보아스는 식사자리에 룻을 초청하여 떡을 건넨다. 떡을 초에 찍으라는 말로 음식을 먹는 방식까지 일러준다. 룻은 이 식사교제의 자리에서 볶은 곡식을 배부르게 먹고 남을 정도로 보아스로부터 관대한 물질적 은혜를 받는다. 룻의 충성된 행실에 대한 보아스의 호감은 룻에게 이삭줍기를 허락했고, 룻의 겸손하고 적극적인 자기 표현에 반응하여 보아스는 다시 식사초청으로 환대한다. 이 첫 만남은 보아스가 룻을 위해 이삭을 줍도록 허락하되 곡식 다발에서 조금씩 흘려주어 룻으로 하여금 넉넉하게 챙기도록 특혜를 베푸는 선에서 일단락된다.

예상 외로 많은 보리를 주워온 룻을 보고 나오미는 자초지종을 물어 정황을 파악한다. 산전수전 겪어낸 나오미가 보아스를 통해 나타난 이 은혜의 정치적 의미를 간파하지 못했을 리 없다. 아니나 다를까. 나오미는 보아스가 룻에게 보인 그 특혜에 가까운 호의 속에서 룻에 대한 그의 인간적인 감동과 별도로 남성으로서의 관심을 읽어냈다. 먼저 보아스의 그러한 선대에 대하여 복을 빌고 "그 사람은 우리와 가까우니 우리 기업을 무를 자중의 하나"(룻기 2:20)라는 말로써 룻에 대한 그의 호의에 근거하여 나오미는 그와 같이 유력한 가부장을 통한 집안의 부흥을 기획한다. 이로부터 시작된 기획의 첫 대목은 이른바 매력의 교육이었다. 그것은 곧 구애의 정치적 전략이었으니 나오미는 룻의 섹슈얼리티를 기업을 이을 매개로 활용한다. 그 전략의 첫 단추는 룻이 보아스 집안의 하녀들과 함께 머물면서 그의 밭에서만 이삭을 줍고 다른 밭에서 사람을 만나지 말라는 충고였다. 그것은 보아스에게 룻이 보이는 독점적 관심의 표현이었다. 아울러, 이는 보아스가 룻의 이러한 관심을 역시 독점적으로 인식해달라는 암묵적 메시지였다. 이런 식으로 나타난 '눈도장'의 동역학은 룻과 보아스의 관계가 단순히 땅 주인과 그 하녀보다 못한 이삭줍기 여인의 수준이 아니라 그 이상으로 심화된 은혜의 관계로 상승되길 기대하는 데 있다. 룻이 이러한 충고를 무시하고 이삭을 더 줍기 위해 다른 밭으로 이동하여 웃음을 흘리고 다른 주인의 호의를 구하는 식으로 나갔다면 보아스의 반응은 달라졌을 것이다. 그것은 룻의 관심이 단지 보리이삭이라는 물질적 소유의 풍족함에만 머물 뿐, 그 은혜를 베풀어주는 보아스로 향한 인간적 우애나 이성적 친밀성과 거리가 먼 표시로 비쳤을 터이기 때문이다.

학습된 매력이 구애의 결실로!

룻의 이삭줍기는 보리이삭과 밀이삭을 줍는 활동으로 추수기간 내내 계속되었다. 룻은 시모 나오미의 조언대로 보아스 집안의 하녀들과 함께 머물면서 이 작업을 꾸준히 수행한 것으로 보인다. 그동안 룻과 보아스가 여러 차례 안면을 익히면서 서로 간에 친밀하게 길들여지는 과정을 거쳤으리라고 추정할 수 있다. 그러한 점진적인 길들이기(taming)의 과정을 통과한 뒤 나오미는 룻에게 결정적인 제안을 한다. 그것은 명목상 "안식할 곳을 구하여 너를 복되게 하"(룻기 3:1)는 계획이었다. 다시 말해 더 이상의 구차한 더부살이가 아니라 듬직한 가부장을 만나 가정을 이루고 그로부터 자식을 얻어 당당한 가문으로 회복되길 도모하려는 것이었다. 이를 위해 나오미가 중시한 것은 타이밍과 장소였다. 보아스가 타작마당에서 보리를 가부르는 날밤이 디데이였다.

이를 위한 룻의 준비는 매력을 위한 단장이었다. 먼저 목욕한 다음 기름을 바르고 의복을 입는 여성으로서의 준비는 자신의 여성적 매력을 극대화하여 보아스의 남성적 호의를 덧입고자 하는 구애의 전략으로 나타났다. 대체로 남성 위주의 가부장사회는 남성에 의한 주도적 구애가 보편적이다. 동물의 세계에서도 사자나 공작의 경우를 통해 보듯 수컷의 화려한 털과 날개 시위로써 암컷에게 자신의 매력을 어필하는 방식으로 구애를 한다. 그러나 여기서 다급한 쪽은 보아스가 아니라 룻과 나오미였다. 룻과 나오미는 공동운명체로서 집안의 유력한 보아스를 통해 기업을 보고자 하는 목적의식이 뚜렷했다. 그들에게는 활용할 자산이 룻의 여성적 매력 외에 없었다. 그녀의 인생역정에서 시모에게 보인 충성된 효심의 서사는 이미 보아스에게 각인된 사실이었을망정 새로운 매력이 될 수 없었을 것이다. 그러한 현실적 판단이 룻을 목욕과 향유, 여성적 의상으로 단장시키는 방법으로 나타났다.

그 타이밍은 절묘해야 했다. 보아스 앞에 언제 나타나야 룻의 성적인 매력이 극대화될 수 있는지 나오미는 철저하게 계산한 듯 보인다. 나오미는 룻에게 훤한 대낮이 아닌 밤중에 보아스가 타작노동을 마치고 먹고 마시기를 다 하기까지 그 앞에 나타나지 말라고 했다. 타작을 방해하는 폐를 끼칠 수도 있고, 남의 식사자리에 초청 없이 불쑥 등장하는 것도 실례가 되기 때문이었다. 때는 바야흐로 보아스가 식사를 마치고 잠들기 위해 눕는 시점이었다. 룻은 나오미가 시키는 대로 보아스의 잠자리 발치 이불을 들고 거기 누웠다가 밤중에 놀라 깨어난 보아스에게 자초지종을 아뢰고, 보아스는 룻이 자신을 통해 기업을 무르기를 원하는 의지를 확신하게 된다. "당신의 옷자락을 펴 당신의 여종을 덮으소서"(룻기 3:9). 이 한 마디에 룻은 보아스를 향한 자신의 뜻을 피력한 것이고 그를 남편으로 맞고자 하는 뜻을 담아 우회적으로 구애 겸 청혼을 한 셈이다. 그러나 보아스는 공동체의 규범을 중시하는 사람이었다. 룻의 기업을 무르는 자격요건에 자기보다 더 가까운 친족이 있었기에 보아스는 이 장애물을 먼저 제거해야 했던 것이다. 이를 위해 그는 공동체의 중론을 거치는데, 마침내 그 당사자의 권리/의무 포기에 근거하여 공동체의 축복을 받으며 룻을 아내로 취하게 된다.

보아스가 룻의 구애 겸 청혼에 대해 "네가 가난하건 부하건 젊은 자를 따르지 아니하였으니 네가 베푼 인애가 처음보다 나중이 더하도다"(룻기 3:10)라고 응답한 걸로 미루어 룻에게 보아스는 아버지와 딸만큼 나이 차이가 많이 나는 연상의 파트너였음에 틀림없다. 룻이 처음 베푼 인애는 물론 시모 나오미를 향한 것이었다. 이제 나중에 보아스를 향해 베푼 인애는 나이든 자기와 같은 사람에게 자기의 소중한 여성을 주는 결단을 이른다. 그동안 룻에 대한 보아스의 친밀한 관심에도 불구하고 그는 자신의 높은 연령으로 인해 냉큼 그녀에 대한 관심을 이성적인 친밀감으로 표현할 기회를 얻지 못했을 것이다. 그러나 보아스는 룻을 향해 이렇게 말함으로써 그녀를 더 이상 하녀가 아닌 자신의 가족으로 받아들일 준비를 한 것이다. 나아가 그는 룻을 그 잠자리에서 성급하게 취하여 성관계를 갖기보다 남의 눈에 띄지 않도록 은밀하게 돌려보냄으로써 공동체의 다른 성원들에게 구설수를 타지 않도록 매우 신중하고 현명한 처신을 하였다. 더구나 그는 룻을 빈손으로 돌려보내지 않고 겉옷에다 보리를 여섯 되 담아줌으로써 마치 결혼지참금을 전달해주듯 활수한 혜택을 베푼다. 즉흥적인 에로스의 발동보다 겸손한 연민이 앞서는 대목이다.

이스라엘의 전통적 관례에 의하면 남자가 없어 대를 잇지 못하는 친족을 위해 그의 토지를 사서 기업을 무를 최측근의 당사자가 이 권리를 포기할 경우 자기 신을 이웃에게 벗어주어 증거로 삼았다. 이 방식대로 보아스는 장로들과 백성들을 증인으로 삼아 엘리에젤 가문의 모든 상속과 관련된 책임과 권리를 이양받음으로써 공동체의 축복을 받으며 룻과 공식적인 혼인관계를 맺는다. 이에 반응하여 공동체의 증인들은 보아스와 룻의 관계를 통해 보게 될 상속자를 "다말이 유다에게 낳아준 베레스의 집과 같게 하시기를 원하노라"(룻기 4:12)고 축복했다. 이로써 베들레헴의 부락공동체는 보아스와 룻의 관계를 시아버지와 며느리의 관계처럼 비칠 수 있는 금기의 허물을 벗고 합법적이고 당당한 부부관계로 공인해준 셈이다.

단아한 아름다움의 에로틱한 여운

마침내 공인된 부부로서 관계의 일단락을 보기까지 보아스와 룻은 물론 나오미도 긴 심리적인 긴장을 지탱해왔다고 볼 수 있다. 아무리 룻이 시모에게 충심을 다했다고 할지라도 그녀가 보아스의 눈에 들어 여성인 아내로 맞아들이기까지 그녀는 충분한 매력이 있어야 했다. 젊음이 하나의 매력이 될 수 있지만 그의 수하에는 가부장의 권리로 제 여자를 만들 수 있는 적잖은 젊은 소녀들이 있었다. 모압 출신으로서의 이국적 매력이 어떠했는지, 그녀의 신체적인 특징과 인상 등과 관련하여 룻기는 아무런 정보도 주지 않는다. 그러나 보아스를 향해 "내 주여 내가 당신께 은혜 입기를 원하나이다"(룻기 2:13)라고 당당하게 자신의 마음을 밝힌 것을 보면 그녀는 굳세고 당당한 제 뜻을 온유하고 겸손하게 밝힐 줄 아는 센스 있는 여자였음을 짐작할 수 있다.

그러나 그 초보적 인상만으로 충분하지 않았다. 그녀의 매력은 노련한 나오미의 지시대로 교육되었다. 그것은 에로틱한 그녀의 여성적 매력에 대한 독점적 소유의식을 보아스의 시선에 각인시켜 그의 독점적 관심을 압박하는 방식으로 추진되었다. 수많은 그저 그런 여인들 중의 하나가 아니라 오로지 당신의 호의적인 은혜를 갈구하는 사람이란 인상을 배타적으로 심어주려는 전략이었다. 그녀의 매력은 동시에 단장한 이성으로서 단호한 구애의 움직임으로 구체화되었다. 그녀의 은밀한 접근과 동침에의 도전은 보아스를 향해 청혼의 메시지를 동반함으로써 한 이불 밑에서 몸을 맞댄 상태로 친밀한 소통의 결과를 낳았던 것이다.

우리는 룻의 이 아름다운 연애담을 통해 성적인 매력이 남녀의 미묘한 심리적 긴장을 통해 어떻게 교류되는지, 구애의 절차가 섹슈얼리티의 요소와 함께 어떻게 제도적인 공증을 밟아나가는지, 그 모든 과정에서 교육되고 학습되는 연애의 심리학과 정치학을 엿볼 수 있다.[1] 이 이야기에서 그 기획을 총괄한 주동자는 나오미였다. 룻과 보아스가 그녀의 각본에 따라 배우로 무대의 연기를 담당한 셈이다. 물론 그 모든 과정에서 룻과 보아스의 심리가 상세하게 묘사되지는 않는다. 그들의 연기를 그저 한 집안의 상속자를 얻기 위한 눈물겨운 정치적 투쟁으로 볼 수도 있다. 그러나 명시적으로 드러나지 않았다고 해서 존재하지 않았다고 보는 것은 룻과 보아스를 감정을 뺀 인간 로봇으로 만드는 격이다. 그 세밀한 남녀의 감정은 룻기의 표면으로 돌올해 있지 않다. 이 책의 초점이 한 늙은 남자와 한 젊은 이방인 과부 여인의 연애담에 있는 것이 아니었기 때문이다. 그렇지만 거기에는 전통사회의 평범한 낭만적 연애에 머물지 않고 당대의 관습을 아우르면서 그 관습의 바깥으로 나아가려는 친밀감의 구조변동이 탐지된다.

'친밀성의 구조변동'이란 화두로 현대인의 섹슈얼리티를 주제 삼아 분석한 앤소니 기든스에 의하면[2] 섹슈얼리티는 그 자체로 고립되고 신비적인 세계에 머물지 않는다. 그것은 기실 연애, 사랑, 결혼, 가족, 외로움, 증오, 수치심 등 일상생활의 다양한 감정들과 제도들이 뒤얽힌 관계망 속에 자리한다. 낭만적 사랑이란 환상에 빠진 에로티시즘의 미학은 전통사회의 환경이 제공한 평범한 가족관계로 낙착될 뿐이다. 그러나 자연환경에 의해 결정되는 섹슈얼리티는 오늘날 피임과 시험관 아기 등을 통해 얼마든지 통제하고 조정 가능한 자율적 선택의 문제로 변환되는 추세이다. 이러한 섹슈얼리티를 특징지어 앤소니 기든스는 '조형적 섹슈얼리티'(plastic sexuality)라고 칭한 바 있다. 이처럼 관습이나 자연의 명령에 의거한 전통사회의 친족관계를 벗어나 관계 외적인 것에 구애되지 않은 채 그 내부의 준거 체계에 따라 유지, 변화되는 관계를 그는 '순수한 관계'(pure relationship)로 정의한다.

그렇다면 이에 비추어 보아스와 룻의 사랑, 룻과 나오미의 의리는 다분히 불순한 관계인가? 그들의 관계에는 분명 기업을 무른다는 고대 이스라엘 전통에 따른 관습의 명령이 개입한다. 이를 매개로 그들의 관계를 공동체적 차원에서 공인하는 제도적 절차도 중시된다. 그런데 그들은 유다와 다말처럼 아버지와 딸의 관계로 보일 법한 외양을 띠고 있었다. 부녀나 시부와 며느리의 성적 관계를 금기시했던 당대적 규범에 의하면 이 모든 기묘한 외양에는 분명 파격의 요소가 있었다. 그 파격을 파격적으로 승인한 것이 당대의 기업 무르기 관행이었다는 점은 매우 아이러니한 현상이다.

그러나 룻과 나오미가 사적인 은혜를 매개로 호의적인 특수 관계로 엮이고 나오미가 기획하여 주도한 매력의 교육과 구애의 학습 과정이 그들을 예외적인 남녀관계로 이끌었다는 사실은 그 관계 자체의 독특성을 드러내준다. 물론 신학적인 관점에서는 그들을 통해 하나님의 언약을 담지할 다윗의 조부 오벳을 낳게 된 사건이 중요하였을 터이다. 그러나 신학 이전에 실제로 몸을 부대끼며 한 이불 밑에서 낯선 타인의 존재를 긴장하면서 느껴야 했을 당사자들에게는 그들의 만남이 당대의 관습을 넘어섬으로써 그 관습에서 자유로운 관계로 진전되기를 갈망했을 특별한 숨결이 느껴진다. 그 관계에 한 오라기의 순수성을 그 연애의 기념비적 휘장으로 걸

처주어도 지나치지 않을 듯하다. 그 관계의 무르익음을 향해 룻과 나오미와 보아스가 서로 극진해지고 신중해지며, 마침내 단아한 아름다움의 여운을 피워 올린 인간적 에로티시즘의 열정이 감지되기 때문이다.

---

1 물론 룻기의 해석적 관점은 단순하게 남녀의 연애담으로만 국한되지 않는다. 이 이야기에는 보아스와 룻의 남녀 간 연애 이야기뿐 아니라 착한 사람들에 의한 착한 이야기, 다윗의 족보이야기, 여성 사이의 연대 이야기 등의 다양한 관점이 포개져 있다. 한편 여성주의 독법으로 거칠게 이 이야기의 저변을 파헤쳐보면 "룻기는 하나도 아름답거나 서정적이지 않은 단편소설이요, 한 이국 여자의 생존 투쟁이 서정과 로맨스의 이름으로 포장되어 우리 앞에 거칠게 던져진 이야기"라는 진단도 나온다. 룻을 "성공한 이주노동자요, 당당한 글로벌시민"으로 규정하여 그 생존투쟁을 부각시키는 것은 오늘날의 시각을 역으로 투사하여 너무 각박하게 룻기의 한 구석을 과장한 것처럼 보이지만 그렇다고 그런 구석이 전혀 없는 것도 아니다. 룻기의 해석적 스펙트럼에 대한 개관과 예의 대안적 고찰로는 유연희, "글로벌시민 룻의 달콤살벌한 성공기," 「한국기독교신학논총」 62(2009), 57-78 참조.
2 앤소니 기든스/배은경·황정미 옮김, 『현대 사회의 성, 사랑, 에로티시즘: 친밀성의 구조변동』 2판 (서울: 새물결, 2003).

7장

벌거벗은 육체와 시선의 에로티시즘

다윗과 밧세바의 어긋난 시선

은근함과 적나라함 사이의 육체

롤랑 바르트는 『텍스트의 즐거움』이라는 자신의 책 한 대목에서 에로틱한 순간을 틈새의 미학으로 포착한 적이 있다.[1] 이를테면 화끈하게 다 노출되는 자리가 아니라 특정 신체 부위의 한 틈새가 열리고 닫히는 아스라한 순간이야말로 에로틱한 감흥을 유발한다는 것이다. 가령 윗도리와 아랫도리의 옷이 만나는 배꼽 부위에서 위아래의 옷이 스치면서 벌어지고 다시 또 닫히는 그런 순간의 여운 속에 에로티시즘의 미학이 발생한다는 논리다. 여기서 바르트는 텍스트의 미학에 초점을 맞춰 활자의 검은 부위와 그것들을 배경에서 뒷받침해주는 흰 종이의 여백 사이에 일렁이는 독서체험의 에로틱한 의미를 탐구하는 데 관심을 보인다. 마찬가지로 텍스트의 의미가 모호한 상태에서 투명하게 열렸다가 다시 컴컴하게 닫히는 역동적인 순환관계 속에 끊임없는 '의미화'(signification) 과정이 펼쳐지는 것일 테다. 이러한 맥락에서 에로틱한 육체의 아름다움은 흔히 말하는 은근하며 다소곳한 매력을 일컫는다. 특히 굴곡이 많은 여체의 아름다움 역시 다양한 옷차림과 화장술로 감추고 드러내는 그 역동적인 순환과 변용의 장치 속에 다각도로 드러난다고 보는 것이 통상적인 인식이다.

그렇다면 우리사회에 풍성하게 번식하는 포르노 문화의 이면에는 어떤 세속적 이치가 작동하는 것일까. 그것은 한마디로 적나라한 육체의 전시장이다. 거기에 에로티시즘의 건강한 가치가 발현되기 어려운 것은 그 적나라한 나신의 집중적인 조명과 과장된 욕정의 극대화 연출로 인해 그 부끄러운 육체가 숨거나 변신할 그늘과 틈새가 제거되기 때문이다. 조명 아래 환하게 드러나는 발가벗겨진 투명한 육체의 천연덕스런 표정과 풍경 속에는 보는 자의 시선을 의식하여 제 시선의 권리를 포기한 물화된 한 점의 고깃덩어리만이 넘실거린다. 그것은 푸줏간에 전시된 고깃덩어리처럼 팔리기 위해 전시된 육체이고 자신의 성적 파트너와 시청자의 욕망에 철저히 예속된 소외당한 신체이다. 그럼에도 불구하고 아름다움의 정점을 추구하는 예술 장르로 누드화가 여전하고 나신에 대한 환상적인 기대가 줄어들지 않는 까닭은 무엇일까. 거기에 육체의 욕망에 감추어진 또 다른 비밀이 있다면 그것은 침묵의 원근법이다. 우리의 시선에 포착되는 피사체로서 벌거벗겨진 몸이 기이하게 자신을 감추는 포즈로 뒤틀리거나 원근의 거리 조율을 통해 아무리 다가서도 소유하거나 조종할 수 없는 고정된 화폭의 이미지로 침묵할 때 그 낯선 대상은 아득한 아름다움의 한 순간으로 재생되는 에로틱한 경험을 선사한다.

적나라한 나체에 대한 환상적인 기대와 동경은 미학적 원근법의 차원에만 국한되지 않는다. 그것은 우리가 태어났을 때의 발가벗은 생명체에 대한 원시적 갈망과 잇닿아 있다는 게 내 잠정 판단이다. 마치 어린아이들이 컴컴한 구멍을 찾거나 만들어 거기에 숨는 유희적 행동을 보임으로써 이른바 '자궁회귀 콤플렉스'를 드러내듯이, 누구나 자궁에서 아무런 인공의 의상 없이 벌거벗은 천연의 상태로 양수 속에 떠다니며 놀던 때의 기억을 추체험하려는 욕망을 간직하고 있다. 특히 정신적인 상처가 심하고 세상살이의 억압이 고달파질수록 유년기로의 회귀 충동과 함께 무의식 속에 이러한 퇴행적 정서가 심해진다. 자신이 터진 양수를 타고 자궁 밖으로 벗어나 벌거벗겨진 몸으로 세상에 태어났을 때의 울음을 기억하는 신체는 제 나신의 두려움과 함께 그 직전의 행복감을 이율배반적으로 그 세포 속에 각인해두고 있는 것이다.

여기에 에덴의 첫 인간들이 모두 아무런 거리낌 없이 나체로 행복하게 어울려 살았다는 신화적 동경이 개입한다. 아담과 하와가 발가벗고도 부끄러움을 몰랐다는 기술은 문명의 도래 이전에 원시적 인간들이 동물적인 수준의 성 인식 상태에서 자족했다는 역사적 기억을 투사한 결과일 수 있다. 그러나 동시에 이는 인간이 태아로 존재하거나 또는 발가벗겨진 어린 생명으로 태어나 자라면서 자신의 벗은 육체에 대해 아무런 자의식 없이 본능적인 욕구 충족에 죄책감을 모르던 아득한 경험의 서사적 재구성으로 볼 수도 있다. 실제로 하나님이 만든 아담과 하와가 장성한 남녀가 아니라 어린아이였다면 타락 이후의 관점에서 보더라도 그들의 벌거벗은 몸이 하등의 수치심을 유발했을 리 만무하다.

어쨌건, 오늘날에도 나체촌의 자연주의자들이 의복에 의한 신체 자유의 속박문제에 대해 제 목소리를 높이거나 누드 시위나 각종 예술의 이름을 붙인 퍼포먼스가 여전히 일각에서 성행하는 현실이다. 그 가운데 에덴의 벌거벗은 인간을 향한 꿈은 여전히 세속화된 형태로 재현되고 있다. 더구나 그것이 미학적 차원에서 예술적인 형상화 작업을 통해 다채롭게 우리의 시선을 끈다면 나체의 에로티시즘을 외면하는 것만이 능사가 아니다. 차라리 나체의 특이한 아름다움을 분석하여 그것을 갈구하는 자의 시선과 보여주기 위해 벗은/벗겨진 대상의 이미지 권력 사이에 가로놓인 역학관계를 파악하는 것이 더 낫지 않을까?

보는 자의 시선과 보이는 자의 권력

보는 것은 말하는 것, 글 쓰는 것 등과 다른 차원의 행위이다. 그것 역시 자신을 표현하고 욕망을 드러내는 행위라는 점에서 말과 글의 행위와 유사한 점은 있다. 입을 벌리고 손가락을 움직이기 위한 다분히 의도적인 예비동작과 달리 눈은 그저 고개 돌리는 대로 따라가서 보이는 것을 볼 뿐이다. 그런데 말이나 글과 달리 보는 자의 시선은 감추기의 대가이다. 눈앞의 대상을 보면서도 초점을 희미하게 분산시켜 보지 않는 것처럼 은폐하기 쉽고, 상대방을 속속들이 관찰하면서도 전혀 그 티를 내지 않고 시선을 소리 없이 거둘 수도 있는 것이다. 망원경과 선글라스는 이러한 시선의 은폐를 도와주는 대표적인 보조 장치들이다. 멀리서 상대방이 누군가에 의해 보이는 걸 의식하지 못한 상태에서 그를 보면서 일거수일투족을 살피는 망원경이야말로 보는 자의 은밀한 쾌락을 증폭시켜주는 관음의 상징이다. 선글라스의 메시지도 명료하다. 그것은 시선이 흔적을 남기지 않고 바깥의 타자를 투시하면서 자신의 속내를 보여주지 않으려는 의도를 내포한다.

선글라스가 배타적 장소성과 결합할 때 그것은 가령 자동차의 코팅된 유리창으로 진화해나간다. 자동차의 실내에서 바깥의 행인들을 얼마든지 보고 관찰할 수 있지만 그들이 차 안의 운전자를 전혀 알아볼 수 없는 비대칭의 관계가 발생한다. 이러한 구조를 감옥에 실현한 것이 미셸 푸코의 이론화를 통해 널리 알려진 '판 옵티콘'의 구조이다.[2] 감옥의 한 가운데 높은 탑 위에 자리한 둥근 공간의 은폐된 장치는 모든 죄수들의 일거수일투족을 면밀히 살피고 파악하는 권력의 감시적 기능을 표상한다. 이러한 감시와 처벌의 체계는 오늘날 검찰의 피의자 심문 공간에 적용되어 나타나기도 한다. 거기에서 진행되는 피의자의 모든 언행과 동선이 바깥의 시선에 의해 관찰되고 녹음되지만 실내의 피의자는 그 바깥의 정황을 전혀 보지 못하는 상태에서 실내공간의 심문 담당 검사와 바깥의 일방통행의 시선에 의해 이중적인 감시의 대상이 되는 것이다.

눈이 영혼의 창이라는 고전적 정의를 수용한다면 그 시선의 행위는 오로지 상대방이 그 눈길의 근원을 추적하여 자신의 눈으로 포착함으로써 그 시선과 정면으로 마주칠 때만 발각된다. 더구나 친숙한 대상에게 온정 어린 마음으로 시선이 꽂힐 때와 달리, 전혀 낯선 대상을 향하여 호기심어린 탐구의 의도가 표출될 때나 제 욕망을 채우는 상상의 볼모로 삼고자 할 때 그 시선의 교차는 일종의 권력관계를 유발한다. 이러한 시선의 교차 현장에서 누가 누구를 보는지와 자신을 보는 그 누구를 보는지 여부, 또 누가 자신을 보는 누군가의 시선과 의도를 보는지 여부 등에 따라 다양한 관계의 함수가 태동된다. 나아가 그 교차하는 시선이 어떤 장소에서 발원되는지도 중요하다. 높은 자리와 낮은 자리, 권위 있는 장소와 평범한 장소, 실내와 실외, 중심과 변두리 등과 같이 그 시선이 자리한 장소의 상하관계는 보는 자들 사이의 권력적 우열관계에 영향을 끼치기 때문이다.[3]

어떤 보는 행위는 시선으로 대상을 탐하는 행위에 가깝다. 가령, 아담과 하와 앞에 놓인 선악과는 그들에게 먹음직하기 이전에 보암직한 매력을 풍겼다. 눈에 보기 좋은 음식이 먹기에도 좋다는 속설을 반영하듯, 그들에게 시선의 대상은 욕망을 자극하여 마침내 하나님의 명령을 위반하면서까지 그것을 탐하여 따먹는 실수를 범하게 하는 동인이었다. 단순히 보이는 데서 그치지 않고 어떤 대상을 향해 지속적으로 투시하고 반복적으로 관찰하면서 그것을 욕망의 대상으로 내면화하는 것은 시선이 곧 소유 욕구의 충족에 복무하는 측면을 반영한다. 이 점을 비판적으로 짚어내면서 요한일서는 '안목의 정욕'이라는 이름을 붙이고 있다. 그 욕망은 눈의 감각을 통해 발생하고 시선의 집중을 통해 증폭되며 확산되는 성질을 가지고 있다. 앞서 논의한 인간의 신체를 그 대상으로 삼을 때 시선의 욕망은 나와 다른 성의 인간이 벌거벗은 나신을 향해 유난히 민감해지는 경향을 드러낸다. 특히 이 시대에 창궐하는 시선의 폭력적 욕망이 강하게 집중되는 현상은 남성의 시선이 여성의 나체를 향해 투여하는 열정적인 에너지에 관한 것이다. 이즈음에는 여성의 매력적인 신체가 부위별로 다채롭게 분절되어 눈, 코, 입, 머리털, 목선, 가슴과 다리는 물론 허리와 쇄골, 허벅지, 뒤태까지 기이하게 전시되는 풍조이다. 그래서 부위별로 대상을 특정하여 그 사람이 무슨 미인인지 딱지를 붙여주곤 한다.

　이러한 현상을 부추기는 요인은 단순히 남자의 관음증적 시선이 강화된 탓만이 아니다. 자본주의 체제의 쾌락적 속성이 여성의 섹슈얼리티에 대한 상업주의적 판촉 전략을 더욱 공교롭고 치밀하게 발전시켜나가는 현금의 추세도 벗겨진 여성 신체에 대한 집요한 관심의 열기를 다 설명하지 못한다. 어떤 경우에는 여성의 에로틱한 육체가 하나의 신성한 이미지가 되어 가히 여신급의 수위에서 아름다움에 목마른 다중의 시선을 집중시키며 거기 함몰하게 만드는 권력의 역할을 수행하기도 한다. 이른바 이미지 권력은 이처럼 보고자 하는 자와 보이길 갈망하는 자 사이에 교차되는 시선의 욕망을 통해 발생하고 증폭되며 복잡하게 분기하는 것이다. 그것이 팽팽한 긴장 속에 대칭적인 균형을 유지할 때 에로틱한 에너지는 강화되지만 비대칭의 폭력적 억압의 시선으로 튕겨져 나오면 그것은 타락하고 파괴적 에너지로 변질된다.

　가령, 특정 대중스타의 아름다운 몸매와 신체 조건이 그 아름다움의 매혹을 통해 이미지 권력을 창출하는 경우를 떠올려보자. 그는 그것을 바라보고 상상력 속에서라도 소유하길 원하는 다수 대중의 선망 어린 시선을 붙들어두는 대가로 이런저런 행사나 기획을 통해 막대한 돈을 벌고 명성을 누리게 된다. 시선의 권력이 보려는 자와 보여주고자 하는 자 사이에 원만하게 작동되는 경우이다. 그러나 그가 무슨 도덕적 비리를 저지르거나 거짓으로 감추어둔 성형수술 전력이 발각되기라도 하면 신체적 용모에 변함이 없음에도 불구하고 벼랑 끝으로 추락하기도 한다. 이는 그러한 권력의 긴장관계가 허물어져 보는 자의 은밀한 관음적 욕구가 훼손되기 때문이다. 반면 자신의 신체가 남들에게 아름답게 보이는 걸 좋아하면서도 특정한 개인의 배타적 안목의 정욕에 포로가 되길 원치 않는 경우, 그의 시선은 자기를 보는 자의 시선을 거부할 권리가 있다. 그런데도 자신의 몸을 뚫어지게 쳐다보면서 시선으로 그 대상의 몸을 더듬으며 상대편에서 쏘아대는 저항의 시선을 눙쳐버린다면 여기에도 시선의 비대칭은 발생한다. 이는 또 다른 측면에서 상대방의 욕망을 왜곡시키는 폭력의 현장이다.

다윗의 시선과 밧세바의 나신

예기치 않은 아름다움의 대상을 향한 우발적인 시선에는 정녕 죄가 없을까. 그 시선의 우발성이 여러 우여곡절을 거치면서 그 시선의 주인공으로 하여금 "내가 죄악 중에서 출생하였음이여, 어머니가 죄 중에서 나를 잉태하였나이다"(시편 51:5)라고 고백하게 만든 사건이 있었다. 이스라엘의 성군으로 알려진 다윗이 바로 그 주인공이다. 그는 양 치는 목동으로 음악을 사랑한 시인이었다. 그런 그가 이스라엘 왕국의 총아로 부상하게 된 것은 저 유명한 골리앗과의 싸움에서부터다. 그는 블레셋의 거인 장수 골리앗을 여호와의 이름으로 대적하여 물맷돌을 던져 쓰러트린 희대의 소년 용장이었다. 이후 사울 왕가는 뜬금없이 대중의 인기를 한 몸에 받게 된 이 영웅을 매우 불편하게 생각하였다. 마침내 사울 왕이 잇따른 무리수로 인심을 잃고 하나님의 버림을 받게 되면서 전쟁에서 아들 요나단과 함께 비참하게 죽게 되자, 다윗이 그를 이어 이스라엘 왕국의 2대왕으로 등극한다. 사울의 위협을 받으면서 광야로, 이방 지역으로 쫓겨 다니며 우거할 당시, 그는 사회에서 버림받은 소외층을 결속하여 대권을 향해 도약하던 민중의 지도자였다. 왕이 되어서도 야전 현장을 누비면서 이웃 나라들과의 교전 상황 속에 늘 부지런한 지휘관으로 활약하던 그였다.

그러다가 왕국이 기틀을 마련하고 자리 잡아가던 어느 날이었다. 그는 군대장관 요압의 지휘로 이스라엘 군이 암몬과의 싸움에서 큰 승리를 거둔 뒤 랍바 성을 공략하려고 하던 때 혼자 예루살렘 성에 머물러 있었다. 모든 부하들을 다 보낸 뒤 혼자 머물게 된 객관적인 경위와 다윗 개인의 심리적인 동기는 베일에 가려져 있다. 부하들 측에서 그만하면 왕국이 안정되었으니 왕께서는 그만 옥체를 보전하시라고 참전을 만류했을 가능성이 있다. 다윗의 몸 상태가 좋지 않아 자기 스스로 잠시 쉬고자 했는지도 모른다. 혼자서 머물 때에도 몸가짐이나 행동이 흐트러지지 않는다는 것은 쉬운 일이 아니다. 그래서 동양의 고전 중용과 대학에서는 군자는 혼자 있을 때도 삼가는 태도를 지녀야 한다며 '신독'(愼獨)의 교훈을 밝힌 바 있다. 다른 사람이 보거나 듣거나 하지 않고 혼자 거할 때에도 도리에 어긋나는 생각이나 행동을 하지 않는 마음가짐과 태도를 일컫는 이 경구는 오랫동안의 야전활동을 통해 단련된 다윗에게 매우 요긴한 교훈이었을 것이다. 홀로 예루살렘에 머물던 그는 역시 우발적인 동기로 왕궁의 옥상에 올라가게 되었다. 아마 그 자리는 높은 자리였을 것이다. 그 높은 곳에 올라 그는 예루살렘의 도성을 두루 살펴보면서 그동안 힘들게 이룩해온 왕국의 현 상태를 조용히 점검해보고자 했을까. 아울러, 왕국이 나아갈 앞날의 진로를 찬찬히 가늠해보고자 했을 가능성도 있다.

그런데 세 번째로 우발적인 해프닝이 이어진다. 왕궁 근처 한 집에서 한 여인이 목욕을 하고 있었다. 때는 저녁이었고, 바야흐로 황혼이 깃드는 시간의 경계지점이었다. 낮과 밤이 교차하는 이 시간대에 식욕이 동할 테니 식사를 하고 서서히 안식을 준비해야 했다. 그녀가 왜 높은 지점에서 훤히 노출되는 그런 곳을 목욕장소로 택했는지 이 역시 확인하기 어려운 대목이다. 혹자는 다윗과 밧세바의 이어지는 간통 사건에서 밧세바의 혐의를 물고 늘어지면서 그녀에게 절반의 책임을 지우려 한다. 다윗이 사는 왕궁에서 훤히 보이는 자리에 욕조를 두고 목욕을 할 정도로 매우 치밀하게 자신의 아름다움을 그의 시선에 들게 만들기 위한 사전 기획을 했으리라고 추측하면서 말이다. 그러나 다윗이 하필 왕궁의 옥상에 그 시각 올라가리라고 그녀가 예상했을 가능성은 희박하다. 당시 다윗의 궁궐 구조와 인근의 주택 배치 구도를 정확히 알 수 없기에 단정하여 말하기는 곤란하다. 그러나 밧세바가 그저 주변의 이웃들에게 자신의 벗은 몸이 노출되지 않도록 바깥을 주로 의식하였을망정 위의 공간에서 은밀히 자신을 투시하고 있을 감추어진 시선에 전혀 신경 쓰지 못했을 수도 있다. 그녀가 실내의 밀폐된 공간에서 목욕을 하지 않고 바깥으로 나왔다면 이는 당시 상수도 시설의 물 공급 상태와 연관되거나, 또는 무더운 여름의 높은 기온 탓이었을지 모른다. 또 한 가지 확실한 것은, 뒤늦게 확인되는 사실이지만, 그녀의 목욕이 월경 후 자신의 부정한 몸을 정결하게 씻는 매우 시기적절한 행위였다는 점이다.

다윗이 이 목욕하던 여인의 나신을 무심코 응시한 시선이 치명적인 인연으로 발전하게 된 핵심 동인은 그녀가 그의 눈에 심히 아름답게 보였다는 것이다. 그녀가 평상시에 다윗의 눈에 비쳤더라면 그저 대강의 용모만 파악되었을 것이다. 그런데 다윗의 시선에 포착된 그녀는 벗은 몸이었다. 더구나 황혼녘에 감도는 어스름한 공간의 채도를 감안할 때 목욕하는 그녀의 벗은 몸은 꽤 황홀하게 비치지 않았을까. 더구나 왕궁 옥상과 궁성 밖 개인 주택에서 밧세바가 목욕하던 자리의 거리가 원근법의 신비감을 증폭시켜 그녀의 나신을 심히 에로틱한 실체로 부각시켜주었을 것이다. 그녀가 다윗의 시선을 의식하지 못하고 있는 동안 그녀의 목욕하는 동작은 매우 자연스럽고 적극적이었을 테다. 월경 기간 내내 찜찜한 몸의 감각을 다 떨쳐버리고 앞으로 전쟁에서 돌아올 남편을 맞을 준비를 하는 기대감도 내심 작용했겠다. 혹여 그녀가 목욕하던 중 자신을 내려다보던 다윗의 먼 시선과 희미하게 마주쳤을 경우, 그녀는 제 몸의 아름다운 자태가 풍기는 이미지의 권력을 본능적으로 직감하고 짐짓 태연하게 목욕을 마무리하였을까. 아니면 당혹스런 심사로 허둥지둥 몸을 숨겼을까. 분명한 사실은 다윗의 시선이 내리꽂히던 자리는 높이 있었고(왕궁의 옥상), 자신의 나신을 드러내고 목욕하던 자리는 땅위의 낮은 자리였다는 것이다. 이처럼 대상과 시선의 비대칭과 불균형은 이 두 사람의 관계가 순탄하지 않으리라는 복선을 깔아준다. 시선과 나체를 매개로 태어난 에로틱한 순간의 감각이 점점 더 그 내막을 확인해가면서 살인까지 부르는 탐욕의 빌미가 되었던 것이다.

다윗은 멀리서 심히 아름답게 보이던 그녀를 가까이서 확인하고 싶어했다. 그녀의 아름다운 나신은 그녀의 신상정보와 함께 눈에 보이지 않던 영역까지 노출되기에 이른다. 그녀가 엘리암의 딸이라는 가계의 혈통과 용병으로 차출된 헷 사람 우리아의 아내 밧세바라는 가족관계까지 보고된 것이다. 다윗은 임금의 권력을 내세워 이미 목욕을 하여 월경 후 부정을 씻은 그녀와 왕궁에서 동침한다. 이후 밧세바의 동선은 매우 수동적인 것으로 비친다. 그녀는 남편이 있는 몸이면서도 다윗의 동침 시도에 거부의사를 표하지 않았다. 왕의 위엄에 눌려 마지못해 응했는지, 아니면 그를 통해 앞으로의 신분 상승을 노렸는지 알 수 없는 노릇이다. 이후 자신의 임신 사실을 왕에게 고한 것을 보면 다윗에게 자신을 책임질 것을 은근히 주문한 형색이 역력하다.

그런데 이후 다윗은 이 책임을 모면하기 위해 내내 비굴하고 편협한 속내를 드러낸다. 그 일차 음모는 본 남편 우리아를 불러 그녀와 동침하게 함으로써 그 태아의 씨를 자신과 무관한 남편의 씨로 떠넘겨 밧세바와의 동침을 없었던 일로 만들려는 심산이었다. 그러나 우리아는 우직한 충신이었다. 그는 전장에 머물고 있는 상관과 동지들을 놔두고 자기 혼자 집에 가서 먹고 마시며 아내와 함께 잠자지 않겠노라고 과잉이라 할 정도의 충성심을 보인 것이다. 결국 뒤집어씌우기 작전이 실패로 돌아가자 다윗은 극단적인 수단을 강구하여 우리아를 제거하는 음모를 꾸민다. 최전방에 우리아를 배치하여 극렬한 싸움판에 휘말려 죽게 하라고 요압에게 밀서를 써서 보낸 것이었다. 그 음모대로 우리아는 적진에서 싸우다 죽고 밧세바는 죽은 남편을 위해 애곡한 뒤 다윗의 애첩이 된다. 이 모든 행위는 물론 이웃의 아내를 탐내지 말라는 계명을 어긴 것이고 하나님이 보시기에 악행으로 규정되었다. 득달같이 나단 선지자의 질책과 심판의 경고가 이어졌다. 다윗의 금식과 회개 기도에도 불구하고 밧세바가 분만한 첫 아이는 태어난 지 얼마 안 되어 죽는다. 이후 다윗은 하나님의 긍휼을 기대한 미련을 접고 밧세바와 동침하여 솔로몬을 낳는데, 하나님이 모든 다윗의 죄과를 용서하신 증표로 그 둘째 아들을 사랑하셨다고 한다. 억울하게 죽은 우리아의 목숨이 그 정도의 대가로 해소된 것이다. 남편을 잃고 자신의 몸을 외간남자에게 의탁한 밧세바의 처지도 그리 좋아 보이지는 않지만 그 뒤로 왕비가 되고 왕자를 생산하였으니 웬만큼 보상을 받았다고 할 수 있다.

여기서 주목할 만한 초점은 다윗이 여인의 아름다움에 매혹되어 그녀를 사랑하고 그런 연유로 자신의 아내로 맞이한 경우가 밧세바 이전에 없었다는 사실이다. 그녀의 첫 아내 미갈은 사울이 다윗을 정치적으로 견제할 목적으로 건네준 일종의 정략적인 미끼였다. 결국 미갈은 다윗과 사울의 적대 관계가 깊어지면서 라이스의 아들 발디라는 다른 남자에게 넘겨졌다. 또 다른 아내 아비가일이 다윗의 아내가 된 내력도 정략적 동기란 점에서 다를 바 없었다. 미련한 나발의 처신과 대조되는 그녀의 지혜를 다윗이 칭찬한 일은 있었지만 아비가일이 남자로서 느낀 여성의 매력과 별 상관이 없었으리라는 심증이 짙다. 왜냐하면 그녀를 통해 나발의 많은 가산을 취함으로써 앞으로 자신의 정치적 기반을 닦는 밑천으로 활용할 수 있었기 때문이다.

그러나 밧세바는 달랐다. 그녀는 발가벗은 몸으로 다윗의 시선에 포착된 심히 아름다운 여성적 매력의 화신이었다. 그녀는 단순히 얼굴이 아닌 벗은 몸으로 자신의 아름다움을 한 순간 드러냄으로써 전혀 다른 운명의 길을 가야 했다. 다윗은 야전사령관으로 누비던 전장에서 벗어나 왕궁에 머물던 어느 저녁, 우발적인 세 차례의 계기가 맞물리면서 아름다운 여성을 자신의 감각으로 받아들였다. 이로써 그는 그 대가를 톡톡히 치러야 했지만 전혀 새로운 종류의 아내를 맞이하게 되었다. 이후로도 그 후유증은 이어져 솔로몬으로 왕권이 이양되는 과정에서 다윗은 그의 후반부 생애를 통틀어 숱한 내분과 갈등, 골육상잔의 고통을 경험해야 했다.

시선의 권리와 소통적 에로티시즘

다윗이 무심코 왕궁 옥상에 올라가 던진 한순간의 시선은 결과적으로 역사의 많은 변수를 뿌려놓았다. 아름다운 여인이 벌거벗은 몸으로 목욕하던 눈부신 나신을 쳐다본 대가는 그녀의 남편을 죽이는 음모를 거쳐 새로운 역사를 만들어가는 솔로몬의 등장을 예고하였다. 문제는 다윗의 그 시선이 우발적이었긴 하지만 쌍방 간의 소통을 부추기는 눈맞춤으로 이어지지 않고 일방적인 시선으로 높은 데서 낮은 곳으로 꽂혔다는 데 있었다. 그가 멀리서 희미하게 목격한 그 아름다움의 순간을 짧게 간직하고 고개를 돌리지 않은 것은 그녀의 그 에로틱한 아름다움을 제 권력으로 소유하려는 탐욕으로 발전하였다. 물론 밧세바는 우여곡절을 거쳐 다윗의 아내가 되었고, 다윗의 입장에서 그녀는 최초로 여성적 아름다움을 매개로 맺어진 아내였다고 볼 수 있다. 그렇지만 그 이후 이어지는 비극적인 사태와 혼잡하게 얽힌 가족사는 다윗이 권력으로 얻어내고 길게 소유한 것의 대가로 그 우발적인 계기에 찾아온 에로틱한 순간의 감흥을 상실하였음을 보여준다.

누구나 바라보고 싶은 것을 볼 권리는 가지고 있다. 보는 자와 보이는 대상과의 관계에서 그 당사자가 누구이든 시선은 불가피하고 필연적이다. 그것은 사랑의 교감을 위해서도 필요하고 상대방의 시선에 응답하기 위해서도 필요하며, 제 자신의 내면을 응시하는 태도로서도 필요하다. 자크 데리다는 사진 속의 인물들이 가지는 시선과 그것을 응시하는 자의 시선을 교차시키면서 거기에 '시선의 권리'라는 이름을 부여한다.[4] 바라보는 자이든, 사진 속에 보이는 자이든, 혹은 작품 속의 이미지에 내재된 시선이든, 그것은 하나의 독립적인 주체로 작동하고 있다는 것이다. 그것들이 만나 의미를 창출하는 과정으로 발돋움하려면 소통적인 만남이 요청된다. 그렇지 못한 채 일방적으로, 특히 높은 자리의 권력을 매개로 꽂히는 시선은 폭력을 부르기 십상이다. 설사 우발적으로 제공되는 벗은 몸의 매력이 에로틱한 감흥을 유발하더라도 그것이 에로티시즘의 미학 속에 유의미한 비중으로 자리하는 것은 순간적인 틈새로서만 유효하다. 그것이 소유지향적인 지속의 차원으로 확산되어가면 에로틱한 이미지는 파괴적인 에너지로 돌변하여 주변의 모든 관계를 왜곡시키는 변수가 된다.

벌거벗은 나신이 치명적인 매력을 동반하는 경우가 많지만 그것이 모든 인간사의 현실에 적용되는 것도 아니다. 마치 진열장의 마네킹처럼 벌거벗은 채로 타인의 시선의 욕망을 채워주기 위해 소비되는 생명도 있는 것이다. 그런가 하면 헐벗을 대로 헐벗은 상태에서 입어야 할 의복마저 박탈된 남루한 인간의 벌거벗은 신체가 기아로 찌든 지구촌의 구석구석에 고통스럽게 횡행하기도 한다.

벌거벗은 아름다운 여체의 대표적인 사례로 다윗의 시선에 포착된 목욕하는 밧세바를 꼽는다면 자신이 챙길 수 있는 유일한 생존의 기관으로 벗은 몸을 보여준 또 다른 인물이 신약성서 마가복음에 나온다. 그는 익명의 청년으로 겟세마네에서 기도하던 예수 근처에 숨어 있다가 예수를 체포하던 사람들에게 발각되자 도망치는데 다급한 나머지 벗은 몸에 임시로 걸친 베 홑이불마저 버리고 나체로 달아났다. 마치 기형적인 토르소처럼 마가복음 14:51-52에 짧게 등장했다가 사라지는 이 불가사의한 청년의 정체에 대해서는 구구한 학설이 많다. 그가 예수의 마지막 만찬 자리에서 세례를 받았던 인물이든, 그 장소를 제공한 여주인의 아들 마가 요한이든, 이 복음서의 저자가 자신의 모습을 이야기 속에 끼워 넣어 가공한 인물이든, 이 청년은 예수가 붙잡힐 당시 도망친 연약하고 소심한 제자들을 표상한다. 그가 청년으로 등장하지만 그 청년의 나신이 여기서 당당한 근육질의 몸매로 묘사되지 않는다. 그는 원래 벌거숭이 상태로 있다가 급하게 홑이불을 두른 채 그곳에 숨어 있던 자이다.

여하튼 예수의 위기 상황과 맞물려 그는 엉겁결에 쫓기는 자가 되었다. 밤중이라 수치심이야 어느 정도 가려졌겠지만 그는 자신의 벗은 몸을 아랑곳하지 않을 정도로 다급했다. 그에게는 붙잡히지 않고 살아남는 것이 최종 목표였다. 따라서 그의 벗은 몸은 차라리 헐벗은 생명에 가깝다. 밧세바의 벗은 몸이 헐벗은 몸이 되지 않도록 방어해준 것은 다윗의 권력과 그로부터 제공된 왕국의 후광이었다. 따라서 벗은 나신이 에로티시즘의 매개가 되는 데는 이러한 사치와 낭비의 요소가 필수적으로 끼어든다. 밧세바에게는 그것이 있었지만 겟세마네의 그 청년에게는 그것이 없었다. 오히려 제 수치를 가려주는 유일한 홑이불조차도 던져버릴 정도로 그는 불쌍한 몰골이었다. 체포당한 예수와 도망쳐버린 제자들, 컴컴한 산기슭의 외진 공간에서 이 청년의 벗은 몸은 정체가 수상한 용의자로 주목받았을망정 하등의 미학적 감흥을 풍겨내지 못한다. 그에게 시선의 권리는 철저히 박탈당한 채 일그러진 초상으로 텍스트에 박혀 다만 후대의 독자들이 던지는 수상한 시선들을 남세스레 견뎌낼 뿐이다.

시인 오규원은 자신의 한 시집 제목에 "가끔은 주목받는 생이고 싶다"라고 썼다. 자본주의 세상의 물신 풍조를 비판하면서 소외된 개체의 쓸쓸한 정서를 대변하는 이 문구는 체계의 억압을 무릅쓰고 당당한 주체적 시선을 확보하고 싶어 하는 자들에게 복잡한 심리적 반향을 일으킨다. 타인의 시선에서 철저히 소외된 상태로 일평생 한 번도 주목받지 못하는 대상의 쓸쓸함은 비단 벌거벗은 육체에만 국한되지 않는다. 사회의 중심에서 벼랑 끝으로 밀려나 변두리에 지천으로 널려 있는 헐벗은 생명들은 마치 조르조 아감벤이 조명한 고대 로마의 '호모 사케르'(homo sacer) 같다.[5] 이런 신체는 금기처럼 두려움의 대상으로 여겨지면서 동시에 누구나 합법적으로 학대하고 살육해도 무방한 비인간의 짐승처럼 취급된다. 그러나 그럴수록 아름다움에 대한 선망과 갈증도 깊어진다. 자신과 다른 매혹적인 이성의 벌거벗은 몸에 대한 환상도 쉽사리 포기되지 않는다. 아름다운 '그대'의 부드러운 육체에 제 살을 섞기 어려운 금기의 경계선상에서 흘깃 시선을 돌려 제 육체의 결핍을 보상받고자 하는 욕망도 끈질기다. 이따금 그 경계를 넘어 과감하게 위반을 감행하고 시선의 권리를 통한 에로틱한 순간의 감흥을 탐욕의 소유로 바꾸려는 자는 다윗이 걸었던 고통스런 가시

밭길을 감수해야 한다. 더구나 벌거벗은 육체의 깊은 아름다움에 굶주린 이 시대 다수의 영혼들은 다윗과 달리 큰 권력을 휘두르는 왕도 못되지 않는가.

---

1 롤랑 바르트/김희영 역,『텍스트의 즐거움』롤랑바르트전집 12 (서울: 동문선, 1997).
2 미셸 푸코/오생근 역,『감시와 처벌: 감옥의 역사』(서울: 나남, 2003) 참조.
3 한국에서 시선의 권력을 민감한 욕망의 주제로 받아들여 문학작품 속에 형상화한 대표적인 작가는 최수철이다. 특히 그의 단편소설〈시선고〉는 이 방면에서 푸코와 데리다 등의 포스트구조주의자들의 시선 권력 이론을 일상적 인간관계에 적용한 뛰어난 성취로 읽힌다. 하일지의 『경마장 가는 길』(서울: 민음사, 2005)은 작품의 밀도는 떨어지지만 은밀한 관음증적 시선을 에로틱한 열망의 표현으로 간주하여 이성의 신체 부위를 섬세하게 탐하는 방식으로 제시한 바 있다.
4 자크 데리다·마리-프랑수아즈 플리사르/신방흔 옮김,『시선의 권리』(서울: 아트북스, 2004).
5 조르조 아감벤/박진우 역,『호모 사케르: 주권 권력과 벌거벗은 생명』(서울: 새물결, 2008).

8장

침묵의 섬김과
신학적 존재론

아비삭의 부재하는 현존

롤리타와 은교를 건너 아비삭으로

영화 〈은교〉(정지우 감독 작, 2012)의 파장이 은은했다. 이 영화 덕분에 박범신이 쓴 소설 『은교』도 꽤 주목을 받으며 판매실적을 올린 것으로 보인다.¹ 불우한 집안의 여고생 은교가 저명한 시인 이적요의 집 울타리를 우연히 넘어들어 와 운명적인 만남을 예고한다. 의자에 기대 잠든 모습을 훑어가는 카메라의 시선은 곧 유명한 시인이었지만 늙은 몸을 아쉬워하던 이적요의 시선이었다. 통속적인 삼각관계는 그 위대한 시인 이적요와 작가로서의 재주는 젬병이었지만 스승의 작품을 자기 것으로 위장하여 대중작가의 명성을 얻은 그의 제자 서지우, 또 그 두 남자를 매개하며 오락가락하는 은교 사이에 형성된다. 이 세 사람은 각자가 결핍된 것을 상대방에게서 발견한다. 그리하여 그들은 자신에게 부재하는 매력을 서로 탐하고 경계하고 질시하면서 마침내 오해와 파탄의 관계로 치닫는다.

시인 이적요의 삶은 그 이름자 그대로 '적요'한 늘그막의 권태 그 자체이다. 아무도 찾지 않는 자기만의 성채 안에서 글을 쓰며 고독한 시인의 길을 가지만 내면적으로 싱싱한 청춘의 삶을 향한 동경이 잠재되어 있다. 그 동경의 촉수를 자극하는 은교가, 어느 나른한 오후, 의자에 몸을 맡기고 말간 얼굴의 고요함과 하얀 다리를 드러낸 채 잠들어 있었던 것. 이적요의 적요한 내면풍경은 은교의 이 고요한 오수의 침묵과 만나 점점 격렬한 풍랑을 일으켜간다. 은교는 아비 없이 불안한 가정에서 자라왔는데 어미마저 가끔 신경질적인 폭력으로 이 감수성 예민한 소녀를 구박한다. 그의 순수한 심신 속에는 상실한 부성의 권위에 대한 갈증이 있다. 은교의 이 결핍과 갈증은 더러 시라고 하는 언어의 최상급 권위에 대한 동경으로 번져 이적요의 품 안에 의탁하는 동기가 된다. 이적요와의 만남을 통해 은교는 자신도 모르는 사이, 할아버지의 응석받이처럼 천진하게 뛰어놀고 재잘대면서 이적요의 적요를 깨는 뮤즈(Muse)의 화신이 된다.

그런데 시인 이적요에게는 은교의 싱싱한 젊음을 선선히 응대하고 영접할 젊은 육체가 없다. 그 부재하는 신체의 젊음은 이적요의 문학적 재능을 선망하고 질시하는 제자 서지우의 몫이다. 그는 오해의 힘으로, 또 자신의 젊은 신체로 그 둘 사이에 끼어들어 착란의 상황을 조장한다. 은교는 자신을 아름답게 묘사해준 소설작품의 저자가 서지우라고 착각하여 그의 젊은 신체에 의탁하여 제 외로운 몸을 달래며 성적으로 깊이 관계한다. 서지우도 그녀의 몸을 탐하면서 제 명성의 권력을 제 맘껏 휘두르며 즐거워한다. 이 사실을 알아챈 이적요는 서지우가 자신의 작품을 가로채 거짓으로 꾸며 받게 된 문학상의 수상 자리에서 제 늙음을 변호하며 이렇게 토로한다. "너의 젊음이 너의 노력으로 얻은 상이 아니듯이 내 늙음도 내 잘못으로 받는 벌이 아니다."

자신이 지니지 못한 것을 얻기 위해 결핍에서 발단된 충족의 질투가 마침내 관계의 파탄을 초래하는 이야기의 결말 부분에 이르면 몸도, 젊음도, 아름다움도, 문학의 상징적 위엄에 의탁한 권위도 다 헛된 것처럼 인식된다. 모든 내막이 사실대로 드러나고 은교가 자신의 아름다움을 발견한 진짜 저자가 누구인지 알아챈 이후에도 시인 이적요의 육체는 술과 태만으로 늘어져 은교의 더 싱싱해진 젊은 몸을 구할 수도, 받아줄 수도 없다. 꽃다발을 가지고 찾아와 옛사랑의 추억을 기리는 은교의 고백 앞에서도 그저 몸을 돌려 묵묵히 외면할 뿐이다. 이적요의 관점에서 신체적 젊음의 결핍이 왜 아름답고 싱싱한 여인의 몸을 갈구하게 되는지, 또 그것의 좌절이 어떤 각성을 유발하는지 이적요의 마지막 침묵에 담긴 메시지를 미루어 짐작할 수 있을 뿐이다.

나이 지긋한 성인, 특히 남자 성인이 나이 어린 미성년의 여자를 아름답게 바라보고 탐하는 종류의 성적 취향을 일러 흔히 '롤리타 콤플렉스'라고 말한다. 이 용어는 원래 러시아계 미국작가 블라디미르 나보코프(Bladimir Navokov, 1899-1977)의 작품으로 1954년에 발표된 소설『롤리타』에 그 연원을 두고 있다.[2] 이 작품에는 중년 남성 험프리가 사별한 재혼녀의 12세 딸 롤리타와 벌이는 대범한 로맨스가 다루어진다. 그 도발적인 사랑의 실험은 쉽게 예상되듯 당대의 관습에 반하는 도주극 끝에 파탄을 맞게 된다. 이 작품은 이후 1964년 스텐릭 큐브릭 감독에 의해 영화로 만들어졌는데 여기서도 주인공 남자는 글을 쓰는 주인공으로 등장한다. 글이 잘

써지지 않는 권태로운 일상의 비생산성이 롤리타라는 발랄한 소녀의 때 묻지 않은 아름다움에서 영감의 원천을 발견한다는 식의 서사 구도가 저변에 깔려 있다. 이 문학예술의 캐릭터가 심리복합의 대명사로 확대된 배경은 일본의 애니메이션 산업이었다. 일본인들이 좋아하는 만화영화의 주인공이 주로 귀엽고 청순가련한 소녀의 이미지와 결부되다 보니 이를 동경하는 심리에 '롤리타 콤플렉스'라는 말을 붙여준 것이다.

성서에도 롤리타나 은교 캐릭터에 상응할 만한 인물이 하나 나온다. 바로 아비삭이다. 그녀는 다윗의 말년에 그의 쓸쓸한 육체를 달래기 위해 차출된 동정의 아리따운 소녀이다. 물론 아비삭과 다윗의 인연에 대해 성서는 자세한 이야기를 늘어놓지 않는다. 성적인 암시를 최대한 절제하고 배제하려는 신명기 편집자의 의도가 매우 강렬하다. 그 기묘한 요약과 침묵 속에 다윗의 만년에 어떤 사연이 만들어지고 감추어졌던 것일까.

기묘한 침묵의 정체

아비삭의 맨 처음 등장과 관련하여 성서는 다음과 같이 진술한다.

다윗 왕이 나이가 많아 늙으니 이불을 덮어도 따뜻하지 아니한지라. 그의 시종들이 왕께 아뢰되 우리 주 왕을 위하여 젊은 처녀 하나를 구하여 그로 왕을 받들어 모시게 하고 왕의 품에 누워 우리 주 왕으로 따뜻하시게 하리이다 하고 이스라엘 사방 영토 내에 아리따운 처녀를 구하던 중 수넴 여자

아비삭을 얻어 왕께 데려왔으니 이 처녀는 심히 아름다워 그가 왕을 받들어 시중들었으나 왕이 잠자리는 같이 하지 아니하였더라(열왕기상 1:1-4).

열왕기상하를 편찬한 신명기 사가가 짧게 서술한 이 이야기를 후대에 제사장 신학을 중심으로 왕들의 일대기를 재편찬한 역대기 사가는 생략해 버렸다. 거기에 의도성이 있었을 거라는 심증이 간다. 이스라엘 역사에서 그나마 가장 신실한 모범적인 왕으로 꼽히는 다윗이었기에 특히 제의적 정결을 중시하는 역대기 사가의 관점에서 만년의 늙은 몸을 의탁할 아비삭 같은 동정녀를 구한 이야기가 별로 탐탁지 않았을 가능성이 크다. 집안 단속 잘못하여 각종 분란을 일으키고 밧세바와의 격렬한 스캔들로 그만큼 곤욕을 치렀으면 이제 만년은 그냥 깨끗하게 늙어 조용히 조상들에게로 돌아가길 기대했을 법도 하다.

그런데 열왕기상의 첫대목에서 다윗은 아비삭과 함께 등장한다. 그의 부인 밧세바가 엄연히 살아 있는 시점이었다. 당시 왕은 늙은 몸에 온기가 식어 이불을 덮어도 추울 정도로 체력이 허약해진 상태였다. 혈기가 약해지니까 심리적으로 적잖이 위축되었을 것이다. 이에 신하들이 왕을 위한 방책을 고안하여 젊은 처녀의 몸을 통해 그녀를 다윗의 신체적 난로로 삼기 위한 기획을 추진한다.[3] 이러한 제안에 다윗이 가타부타 무슨 대꾸를 했는지 성서 기자는 침묵한다. 암묵적 동조였을까? 강한 동의를 했지만 다윗의 체면을 살려주기 위해 저자가 생략한 것일까? 추론컨대 그는 적어도 강한 반대 의사를 표명하지는 않았을 것이다. 왕의 반대를 무릅쓰고 신하들이 왕의 신상과 관련된 일을 함부로 처리하기란 거의 불가능했을 터이기 때문이다.

그 결과 전국적으로 사람을 보내 알아보게 하고 마침내 심히 아리따운 용모를 지닌 수넴 지역의 젊은 여자 아비삭을 구해 다윗의 침실로 데려와 수종들게 한다. 왕의 식은 몸을 덥혀줄 인간 난로가 필요했다면 반드시 여자일 필요는 없었을 텐데, 왕의 품에 눕는 역할이라서 여자를, 그것도 왕의 위엄과 권력을 표상하는 심히 아름다운 젊은 여인을 구한 것이었다. 그녀의 정확한 나이를 확인할 길이 없지만 매우 젊은 10대 중·후반의 순수하고 젊은 동정녀로 상상된다. 그녀가 20대를 넘었다면 나름의 기지를 발휘하여 다윗을 매개로 권력의 지형을 파악한 연후 마치 밧세바가 솔로몬을 통해 구현했던 왕비의 자리를 노리려는 의지가 발동했을지도 모를 일이다. 그녀가 가만히 있어도 그녀를 부추기는 친인척이나 주변의 삐딱한 신하들이 왜 없었겠는가.

그러나 그녀는 침묵하는 위치에서 조용히 제 몫의 역할을 감당한 것으로 기록되어 있다. 그녀가 왕의 침상에서 수종들면서 구체적으로 어떤 역할을 했는지 불분명하다. 애당초 목표대로 왕의 품에 누워 그의 몸을 따뜻하게 했을까. 아니, 눕다니? 이건 번역의 오류이거나 유머일까. 왕의 품에 아비삭이 누웠다면 다윗의 몸 앞부분과 아비삭의 몸 뒷부분이 만났을 텐데 이런 희극적인 체위가 어디 있단 말인가.[4] 더군다나 아비삭은 남자 경험이 전무한 동정녀 아니었던가. 그런 그녀가 다윗의 노구를 깔아뭉개듯 적극적인 동작을 취하며 그의 몸 위에 누울 수는 없었을 것이다. 그런데도 눕는 동작이 오류나 유머가 아니라 사실적인 묘사였다면 단 하나 예외적인 가능성이 있다. 그것은 다윗의 품을 향하여 거꾸로 눕는 것이다. 즉 자신이 먼저 침상 위에 누우면 풍성한 경험을 통해 여성의 몸에 익숙했을 다윗이 그의 몸 위로 가슴을 대면서 엎드리는 체위가 가능하다. 이는 성관계의 정상체위로 매우 야릇한 상상을 불러일으키는 선택인데, 이를 의식하였음인지 화자는 즉각 아비삭이 "왕을 받들어 시중들었으나 왕이 잠자리는 같이 하지 아니하였더라"고 다윗을 엄호하는 발언을 한다.

그렇다면 이런 추론이 가능하다. 아비삭이 음식 시중, 목욕 시중, 배변 시중 등과 같이 일상적 용무를 도와주었고 다윗의 몸이 한기를 느껴 오한이 올 때 그의 몸을 펼쳐 다윗을 안아주고 품어주었으리라는 것이다. 그녀가 수줍어하는 여자로서 소극적으로 몸을 사렸다면 다윗이 보다 적극적으로 그녀를 불러 침상에서 품고자 했을 것이다. 특히 기온이 떨어지는 밤에 이런 인간 난로가 필요한 법인데, 이런 일이 대낮에 국한해서 있었다는 것은 논리적인 가능성이 떨어진다. 그렇다면 여기서 다윗의 품에 아비삭이 제 몸을 벗은 채로 또는 옷을 입은 채로 안긴 사실이 주야간의 시간대와 무관했다고 짐작할 수 있다. 그러나 잠자리를 같이 하지 않았다는 것은 함께 잠을 자지 않았다는 의미보다 둘이 성관계를 갖지 않았음을 의미하는 뜻으로 취해야 한다.

물론 이 대목에서 저자가 쓴 내용을 액면 그대로 접수하기 곤란한 의혹의 시선이 없는 건 아니다. 그들이 몸을 섞어 성적인 관계를 맺고 안 맺고의 일은 지극히 사적인 일인데 누가 그걸 보고 확인해줄 수 있었겠느냐는 것이다. 물론 조선왕조 때 왕가의 후사를 걱정하는 조정의 신하들이 임신을 위해 좋은 날을 택일하여 측근에서 왕의 성관계 기술까지 코치해주는 과장된 예를 영화에서 보여준 적이 있지만 그런 것을 다윗과 아비삭의 관계에 적용할 수 있을지 의문이다. 이 두 사람이 잠자리를 같이 하지 않았다는 진술은 두 가지 가능성의 출구를 열어놓고 있다. 한 가지는 다윗이 아비삭과 잠자리를 갖지 않은 것이 아니라 갖지 못했을 가능성이다. 그 당시에 비아그라 같은 성욕촉진 캡슐이 있었을 리 만무하다. 다윗에게 아비삭은 곁에서 바라만 보고 추울 때 품에 안는 것만으로 족한 대상이었을지 모른다. 굳이 성관계를 위한 잠자리를 목표로 축 쳐진 성욕을 되살리려 안간힘을 쓰는 것은 번거롭고 귀찮은 일이었을 것이다. 아마 몇 차례 시도하다가 제대로 이루어지지 않은 터라 포기했을 가능성도 배제하기 어렵다.

혹여 다윗이 일부러 그녀와 잠자리를 같이 하지 않았다면 거기엔 자신이 젊은 날에 즉흥적인 성적 충동으로 저지른 밧세바와의 관계로 인한 심리적인 후유증 때문이었을 것이다. 그것은 다윗의 일생에서 가장 힘들고 후회 막급한 사건이었다. 관련 시편이 읊조리는 구구절절의 회개 기도가 암시하듯, 그는 하나님 앞에서 자신의 과오에 대해 가장 치열한 심정으로 통회하였고 그 후유증으로 첫 아이가 죽는 징벌을 온 몸의 고통으로 감내해야 했다. 다윗은 아비삭의 아름다운 신체를 통해 젊은 날 자신의 눈을 현혹했던 밧세바의 벌거벗은 몸을 떠올렸을 것이다. 그렇다면 아비삭의 눈부신 아름다움은 자신의 철지난 과오를 재차 비추어주는 거울의 자리가 아니었을까. 문제는 거의 죽음에 근접한 다윗의 늙은 몸과 그 정신의 깊은 곳에 이처럼 깊은 성찰의 내공이 깃들어 있었는가 하는 점이다. 다윗을 인간의 평범한 욕망과 동떨어진 특별한 초인의 모델로 삼지 않는 한 상정하기 매우 어려운 가능성이다.

또 한 가지의 가능성은 저자 또는 사료 제공자가 다윗의 사후 대통을 이어 왕이 될 솔로몬과 그의 모친 밧세바의 눈치를 상당히 봤으리라는 것이다. 특히 여성인 밧세바는 자신의 젊은 시절 생각에 아비삭의 등장을 매우 민감하게 예의주시하였을 공산이 크다. 실제로 이 두 사람은 서로 만나 시선을 교차한 적이 있었다. 솔로몬의 배 다른 아들 아도니야가 스스로 왕을 자처하여 나라의 정세가 혼란할 때였다. 늙은 다윗도 모르는 이 위중한 사태에 대해 나단을 통해 정보를 제공받은 밧세바는 나단의 재촉에 따라 다윗의 침실을 찾아 형편을 아뢰고 자기와 솔로몬의 다급한 사정에 도움을 청하였는데 바로 이 자리에 아비삭이 있었다. 그러나 그녀는 잠시 이름만 비친 채 아무런 대사가 없다. 처음부터 그랬다. 그녀는 다윗의 인간 난로로 뽑힐 때부터 그 옆에서 이런저런 시중을 들던 과정에서나 또 그 이후 밧세바와의 미묘한 긴장상황이 불거질 만한 자리에서도 내내 침묵으로 일관하였다. 이 침묵이 참으로 기묘하지 않은가. 그녀는 혹 벙어리였는가? 그녀는 그저 아름답고 싱싱한 몸으로만 말하는 여인이었던가. 아니면 시녀처럼 비천한 그녀의 신분이 그녀를 그 침묵의 수렁 속에 방치해버린 것인가.

아비삭과 에로틱 신체의 존재미학

아비삭의 존재를 대변하는 그 기묘한 침묵의 정체를 밝히기 전에 먼저 다윗이 그녀를 자기 침실에 수종자로 용납한 배경을 좀 치밀하게 따져볼 필요가 있다. 다윗이 누군가. 그는 역전의 용사 아닌가. 하나님과의 관계도 매우 역동적이고 역설적인 부대낌과 화해의 과정을 거친 적이 많았고, 그의 정적 사울을 비롯하여 자식들과의 불화도 끝까지 이어졌다. 그가 만년에 아비삭의 체온에 의지해 살아가던 때도 아노니야의 반기로 인해 불안한 정국이 형성되던 상황이었다. 사람은 나이 들면서 대략 50대를 고비로 자신의 욕망에 대한 성찰의 족쇄가 가속도를 받으며 풀려간다. 2,30대에 자신이 부끄럽고 추하다고 생각한 일을 거침없이 해치워버리면서 별로 수치를 느끼지 않는 내성도 생긴다. 거기에는 여러 가지 요인이 작용할 텐데, 여성의 경우에는 출산과 양육의 고된 경험이 주된 변수이다. 이에 비해 남자의 경우에는 먹고살기 위해 이 세상의 일터에서 이런저런 눈치 보면서 견뎌내야 하는 억압과 분노어린 현실이 그런 자기성찰의 족쇄를 느슨하게 풀어놓으며 심신을 무디게 한다.

 남녀 공통적으로 또 다른 중요한 자기 해빙의 심리적 동기는 늙음과 죽음에 대한 공포의 자의식이다. 자신의 늙음을 민감하게 의식하면 할수록 그 늙음의 화석 안에 갇힌 지나간 제 청춘의 날들에 대한 아쉬움은 짙은 그림자를 드리운다. 그러나 시간은 불가역의 창조 질서와 함께 한 생명을 계속 앞으로만 밀어붙인다. 마침내 쇠락하는 생명의 끝자락에 벼랑같이 대기하고 있는 죽음이 점점 더 가까워 옴을 직감하면서 웬만한 생명들은 체면불구하고 자신의 욕망이 시키는 심부름에 충실하게 복무하는 성향을 드러낸다. 늙어가면서 수면 욕구는 줄어들고 성욕은 감퇴하지만 식욕은 더욱 왕성해지는데 늙은이들이 아귀다툼으로 먹는 데 집착하는 본능적 욕구는 앞으로 먹을 날이 얼마 남지 않았다는 긴박한 자의식과 결부되어 있다.

　먹고 노는 것에 넉넉한 이른바 잘난 사람들은 어떻게 그 늙음과 죽음의 두려움을 달래려 하는가. 그 한 가지 선택은 늙은 배우자를 버리고 젊은 육체를 불러들여 제 쇠락한 육체를 달래보려는 것이다. 특히 욕망의 도발적인 표출에 능숙하고 경제적인 역량이 있는 남성들이 이런 방향으로 도전적 모험을 시도하곤 한다. 이즈음 노인들이 어린아이들의 육체를 탐하여 온갖 성추행과 성폭력의 스캔들을 만들어내는 사회심리적 저변에는 이러한 인간의 암울한 육체적 실존을 제 정신력과 신앙심으로 제어하지 못하는 연약한 인간의 현실이 자리하고 있다. 따라서 고대의 왕국시대에 왕의 권력이 지닌 절대적인 위상을 감안할 때 늙은 왕이 죽음에 근접할수록 젊은 여체를 탐하려 하는 것은 지극히 당연한 코스였다. 우리나라 역사에서도 이런 사례는 간간이 엿보인다. 영조대왕이 나이 66세로 늙어 맞이한 젊은 아내는 불과 15세의 정순왕후였다. 영조의 아들 사도세자보다 열 살이나 어린 나이였다. 다윗 역시 고대의 명망 있는 군주로서 자신의 고단한 공생애를 정리하고 은퇴를 앞둔 시점에서 이런 젊음을 자기의 것으로 욕망할 자유는 아무도 어쩔 수 없는 희망사항 아니었을까. 그 욕망의 구체적인 표현방식이야 상상만이 허락되는 모호한 미지의 세계일망정 그는 그동안의 온갖 회한 어린 삶의 무게를 내려놓고 아비삭의 젊은 생명이 풍기는 향기로써 마지막 위안과 향유의 시간을 갖고자 하지 않았을까. 그 본능적 욕구의 코스를 따라가자면 다윗은 마땅히 아비삭을 나름대로 완상하며 즐겼을 것이다.

　그러나 아비삭은 정순왕후와 달리 정실 아내로 관계를 맺지 않았다. 그녀는 혈통을 매개로 한 가족관계와 무관하게 자유로운 존재였다. 그러나 그 자유가 다윗의 처신과 응대에 따라 그녀를 애매한 위치에 놓이게 하였을 가능성이 크다. 이렇듯, 죽음을 앞둔 다윗에게 자유로운 존재 아비삭은 늙음과 죽음이라는 실존의 수렁 앞에서 다윗의 종말을 달래며 위로하는 가녀린 생명이었다. 반대로 시각을 아비삭으로 옮겨놓고 보면 그녀의 침묵어린 존재는 거의 신비롭기까지 하다. 그녀가 한 말은 아무것도 없고 다만 침묵 가운데 빛을 발하는 심히 아리따운 그녀의 신체만이 눈부신 형국이다. 조금 과장하자면 그녀는 아름다움으로서의 존재 그 자체였고, 그녀에게 부과된 그 존재 지향적 역할은 다윗에게 체온을 나누면서 함께 있음만으로도 지극한 섬김을 실천하는 신비의 후광을 풍길 정도다. 그녀는 묵묵하게 한 사람의 곁을 지켜주는 수종의 행위로써 제 삶의 흔적을 역사에 드리웠다. 그녀가 궁중에서 흔해빠진 파워게임의 빌미가 되어 뭔가 작당을 벌일 만한 유혹이 없지 않았을 텐데 그녀가 다윗을 벗어나 한눈을 팔며 그런 궁정 스토리를 만들어나간 흔적은 전무하다. 그녀는 다윗의 존재와 함께 희미한 빛을 발한 달과 같은 여인이다.

 요컨대, 그녀의 에로틱한 신체는 오로지 빛을 반사하면서 차가운 생명에게 제 젊은 신체의 따스한 온기를 나눠준 수동성, 그 식물적인 수동성의 미덕으로 빛을 발한다. 그러나 그 빛은 희미한 빛에 불과하여 사람을 주눅들게 하거나 억압하는 빛이 전혀 아니다. 그녀는 도무지 그 아리따움을 과시하여 교태를 부림으로써 다윗의 늘그막 육체를 미혹하는 제2의 밧세바가 되길 거부하였다. 물론 그녀의 처신이 그러한 자율성을 띠었다면 그렇게 되기까지 거기 개입한 다윗의 영향이 전혀 없지 않았을 것이다. 그녀의 심히 아름다운 신체에 에로틱한 미학이 있다면 그것은 자신의 몸을 필요로 하는 대상과의 거리가 너무 가깝지도 않고 너무 멀지도 않게 적절한 원근법의 감각으로 격조 있게 존재하는 한 동정녀의 존재 미학이다. 오로지 몸으로 말하되 그녀의 그 침묵하는 몸의 아름다움은 눈부신 빛을 뿜어내길 거부하면서 침침한 다윗의 침상을 지킨 희미한 등불로 머물렀던 것이다. 그녀가 아직 어렸기에 그녀의 그런 몸은 조숙한 아름다움으로 칭송받을 만하다. 하지만 그녀는 그런 아름다움으로 자신의 여성성을 치장하여 왕권을 통한 신분 상승이라는 권력의 사다리로 삼기보다 그 소유 지향적 탐욕의 유혹을 제어하고 평범하면서도 고결한 하나의 인간이길 꿈꾸었던 것은 아닐까. 심히 아름다운 젊은 여인의 에로틱한 신체가 그 빛의 채도를 조율하여 존재미학에 이르는 길을 아비삭의 침묵이 품고 있었다면 너무 과장된 평가일까.

아비삭의 신학적 존재론

베일 속의 아비삭이 다시 이름만으로 등장한 것은 다윗이 죽은 뒤였다. 다윗은 자신의 사후 치러야 할 일들을 유언하면서 아비삭에 대해서는 아무 말도 남기지 않았다. 그녀의 침묵은 다윗의 침묵으로 응대되었다. 다윗은 후계자 솔로몬을 불러 자신의 권위를 거슬러 사적인 보복으로 유능한 장수를 살육한 요압과 자신을 저주한 시므이를 처단해줄 것과, 자신에게 은덕을 베푼 길르앗 바르실래의 아들들에게 선대할 것을 유언했다. 반면 한동안 스스로 왕이 되어 국가기강을 어지럽힌 솔로몬의 배다른 아들 아도니야에 대해서는 아무 말도 남기지 않았다. 그가 반역자였음에도 불구하고 다윗은 더 이상 부자지간에 피를 보는 비극을 자초하고 싶지 않았을 것이다. 그러나 솔로몬에게는 아도니야야말로 언제든지 자신의 왕좌를 위협할 만한 가시 같은 존재가 아닐 수 없었다. 그런데 아도니야 스스로 그 가시를 제거할 만한 빌미를 제공했다. 그는 자기 부친 다윗의 만년에 침실을 지키며 수종들었던 절세미녀 아비삭의 아름다움에 마음을 빼앗긴 모양이었다. 왕이 되어 권력을 휘두르지 못할 바에야 다른 식으로 자신의 쾌락을 추구하고 싶었던 것이다. 그 대상이 바로 아비삭이었다. 어느 날 아도니야는 뜬금없이 이런 청탁을 솔로몬의 어미 밧세바에게 가지고 왔다. 밧세바는 이를 '작은 일'로 여겨 흔쾌히 들어주겠노라고 장담했다. 여기서 모자의 이해관계가 엇갈린다. 어미 밧세바에게 아비삭은 복잡한 심경을 자극하는 존재일 수밖에 없었다. 남편의 만년에 옆에서 그의 품을 독차지한 젊은 미녀가 아니었던가. 밧세바에게 아비삭은 충분히 질투의 대상일 수 있었다. 그렇다고 그녀를 명분 없이 내치거나 제거할 수도 없었다. 왕궁 안에 두고 함께 어울려 살기엔 참 어색하고 버거운 상대가 아닐 수 없었다. 따라서 밧세바에게는 제3의 묘안을 들고 찾아온 아도니야의 그 제안이 기특하게 여겨졌을 것이다. 이와 달리 솔로몬에게 그 청탁은 눈엣가시 같은 아도니야를 제거할 결정적인 호기였다. 그는 더 이상 어미의 품에 놀아나는 응석받이가 아니었다. 그 제안을 단호하게 거절하면서 그는 정권에 반역한 요압과 아비아달의 반열에 아도니야를 위치시키며 아비의 침실 난로를 탐한 아도니야를 향해 하나님께 맹세의 형식으로 칼을 날렸다. 솔로몬이 보기에 아도니야의 청탁은 아비 다윗의 왕권에 대한 능멸인 동시에 그를 적통으로 계승한 자신의 권위에 대한 도전이었다. 다윗의 정서적 온기를 몸에 체현한 아비삭을 자기 여인으로 만들어 앞으로 또 무슨 꿍꿍이를 벌일지 모른다는 노회한 정략적 판단이 작용했을 가능성도 없지 않다.

아도니야가 솔로몬이 보낸 칼에 제거된 뒤, 아비삭의 동정은 다시 영원한 침묵 속에 묻힌다. 그녀가 이후 솔로몬의 치세기간에 어디서 어떻게 살았는지, 무슨 생각과 감정을 품고 지냈는지, 이후 왕권의 핵심 인물인 솔로몬과 밧세바 등과의 관계는 어떠했는지 아무런 기록이 남아 있지 않다. 대략 추정컨대, 그녀는 왕궁에서 다윗과의 짧은 동거를 추억하면서 동정녀로 밋밋한 나날을 보냈을 가능성이 있다. 혹은 밧세바의 질투와 억압 속에 비극적인 생의 종말을 맞았을 가능성도 배제할 수 없다. 가장 바람직한 출구는 아비삭이 그 미모가 시들기 전, 적절한 배필을 만나 궁궐 밖에서 일가를 이루면서 그간 다윗에게 착한 일을 한 대가로 하나님의 보응을 받는 것이었을 텐데 이런 독자의 바람과 기대가 제대로 실현되었을지는 미지수다.

이렇듯 그녀는 침묵으로 등장하여 그저 아름답고 싱싱한 몸과 따뜻한 체온으로 묵묵히 수종들다가 다시 침묵 속으로 사라졌다. 그녀는 처음부터 소유될 수 없는 아름다움의 화신인 양, 다윗도 아도니야도 그녀를 철저히 차지할 수 없었다. 그녀는 그저 권력의 차출을 받아 궁궐에서 아무 군소리 없이 늙은 생명을 보양하며 위로하는 존재로서 섬기다가 사라졌을 뿐이다. 비록 왕궁과 권력자라는 억압적인 환경의 뉘앙스를 주기는 하지만, 그런 그녀의 생애는 마치 바람처럼 등장했다가 아브라함을 축복한 뒤 바람처럼 사라진 멜기세덱의 아우라를 공유하고 있는 것처럼 보인다. 멜기세덱이 살렘 왕의 신분으로 나름의 위용을 갖추고 저 바람과 같은 궤적을 보여준 것과 달리 아비삭은 내내 침묵하는 수종자의 겸비한 존재성으로써 또 다른 바람의 행로를 암시하는 인물이었다.

아비삭은 그렇게 가벼운 자유의 존재를 체현하면서 그 에로틱한 아름다움의 가치를 존재론적 맥락에 기입한 표상처럼 느껴진다. 그런 그녀를 소유의 대상으로 탐한 아도니야는 그녀를 단 한 번도 품에 안아보지도 못한 채 죽음이란 비용을 치러야 했다. 다윗은 그녀를 제 품에 안았지만 그녀를 자신의 여자로 만들기 위한 그 어떤 법규적인 조치를 취한 적이 없었다. 그녀를 그저 의지 삼아 차가운 몸을 따뜻하게 달구어주고 체온을 나누는 지극히 동물적인 온정의 반려자로 여겼을 따름이다. 그 이면에 감추어진 남녀로서의 특별한 정사가 있었는지는 확언하기 어렵다. 기록의 당사자는 그것을 부인한다. 또 다윗이 그런 정력을 과시하기엔 너무 몸이 늙은 상태였고, 밧세바를 취할 때의 괴로운 기억도 부정적으로 작용했을 가능성이 있다. 물론 아비삭이 다윗의 품에 눕는 그 기묘한 체위에 대한 상상은 충분히 에로틱한 여운을 남긴다. 그러나 그것이 전부이다. 침묵의 존재는 시종일관 침묵의 존재로 일관하다가 한시적인 동반자의 충실성을 표상한 채로 역사의 무대 저편으로 사라졌다. 마치 사라지기 위해 잠시잠깐 이 땅을 밟은 아름다운 순수의 전형인 양, 그녀는 그렇게 은밀하게 존재하고 은밀하게 일하는 하나님의 동선을 닮아 있다. 혹은 십자가상의 예수를 안타까이 쳐다보며 슬퍼한 여성들의 식물성 현존과 묵묵한 동반의 이미지를 연상시켜주기도 한다.[5] 그래서인지 그녀는 은교나 롤리타와 달리 늙은 육체 앞에서도 별 아쉬움을 주지 않고 그녀의 아름다움은 탐욕적 소유를 매개로 통렬한 비극의 탄식을 흘리지 않는다.

---

1 박범신,『은교』(서울: 문학동네, 2010).
2 Vladimir Nabokov, *Lolita* (Penguin Books, 2006).
3 이는 이른바 '접촉 마법'(contactual magic)이라는 원시적 종교의식의 잔존 형태로 젊은 육체의 건강과 체온이 늙은 왕에게 전달되리라는 믿음에 근거한 것이었다. 이러한 사례는 요세푸스의 증언대로 당시 의학적 처방의 한 형태로 알려져 있었고 로마시대 대표적 의사였던 갈렌(Galen)의 기록에 따르면 헬라의 의술로도 활용되었다고 한다. 존 그레이/한국신학연구소 옮김,『열왕기상』(천안: 한국신학연구소, 1992), 126-127; James A. Montgomery, *A Critical and Exegetical Commentary on the Book of Esther* (Edinburgh: T. & T. Clark, 1976), 71-72 참조.
4 이런 연유로 NIV 같은 일부 영어번역본에서는 본문의 문구를 "왕의 곁에 누워"로 의역하지만 이는 올바르지 않다. 좀더 문자적으로 번역하면 본문은 "당신의 가슴에 그녀를 눕게 하여"가 된다.
5 이와 관련하여 유진 피터슨은 본래 고대의 풍습을 좇아 왕의 양기를 북돋기 위해 소모품으로 간택한 어린 처녀 아비삭이 오히려 다윗의 마지막을 아무런 사심 없이 지켜낸 점에 주목하면서 이를 예수의 십자가 죽음을 묵묵히 지켜낸 여인들이 추후 부활의 증인으로 활약한 점에 빗대어 조명한 바 있다. 일종의 영적인 해석 또는 영감적인 인식에 근거한 통찰이라 하겠다. 유진 피터슨/이종태 역,『다윗: 현실에 뿌리박은 영성』(서울: IVP, 1999), 255-270 참조.

9장

발견과 예찬으로서의 사랑

아가의 담대한 에로티시즘

신체의 아름다움에서 부끄러움 지우기

창세기의 에덴 이야기에 의하면 최초의 인간 아담과 하와는 벌거숭이로 살았다고 한다. 옷을 걸치지 않은 맨몸으로 자신을 노출하면서도 전혀 부끄러움이나 거리낌이 없었던 것으로 묘사된다. 그들에게 선과 악의 개념이 없었기에 마치 동물처럼 옷이라는 문명의 가리개가 불필요했기 때문이다. 그들의 몸은 삶을 둘러싼 제반 자연환경과 마찬가지로 이미 충분히 자연화된 상태로 하나님이 보시기에 선하고 아름다운 피조세계의 일부였을 것이다. 그러나 하나님의 명령을 어긴 그들에게 선악간의 관념이 주입되자 자기들의 벗은 몸에 대한 부끄러운 자의식을 갖게 되었다. 무화과나무 잎사귀를 엮어 치마를 만들어 성기 등의 치부를 가리는 행동이 곧 이어졌다. 왜 하필 그들이 가려야 한다고 생각한 치부가 성기였을까 의문이 생긴다. 이는 후대의 문명화된 인간들이 성적인 행위를 특별하게 여기면서도 성기에 규율된 금기의 질서를 공변된 체계로 인식하게 된 사정이 반영된 결과였을 것이다. 이와 관련하여 사색을 깊이 한 일부 영지주의 섹트나 오늘날의 이단종파에서 뱀과의 성교 운운하며 선악과 사건을 해석하는 것도 바로 그 '치부'의 기원과 무관치 않으리라 여겨진다.[1]

인간의 신체발달 및 자아형성 과정에 비추어볼 때 치부의 정체는 갓난아기로 태어난 인간이 그 신체가 발육되고 정신적인 숙성을 거치면서 생겨나는 자기의식의 진화 과정과 밀접히 연관되어 있다. 라캉이 조명한 대로 인간은 거울단계의 상상계로 진입하는 생후 6개월에서 18개월 내에 거울에 비친 대상의 타자화를 통해 '자아'를 형성하게 되고 언어와 상징기호의 지배를 받는 상징계에서 '주체'의 탄생을 경험하게 된다. 이 두 영역을 조율하는 것이 실재계로 이는 주체와 타자의 갈등에서 발생할 수 있는 폐제(foreclosure)와 도착증을 벗어나 정상적인 사회인으로 살 수 있게 한다. 이러한 인간의 정신발달 단계를 인류 문명의 행로에 대입해보면 다양한 욕망을 지닌 인간들의 충돌로 빚어지는 복합적인 갈등 상황을 조율하기 위한 사회적 통제장치로 여러 가지 금기의 규율이 만들어졌음을 추론할 수 있다. 따라서 인간이 옷을 입는다는 것은 단순히 추위와 같은 기후 환경에 적응하는 과정의 결과물 이상의 의미를 지닌다. 그것은 벌거벗은 몸을 가리면서 그 몸의 아름다움을 외면화하는 문화적 표상인 셈이다.

물론 그 껍데기의 장식물은 사랑을 나눌 때 다 벗겨지고 벌거벗은 남녀가 만나 적나라한 감각적 동선을 보이면서 몸을 섞는다. 거기에도 창세기의 흔적으로 부끄러움의 자의식이 전혀 없을 수 없지만 그 교합하는 남녀의 몸은 서로를 길들여가면서 더욱 더 신체의 아름다움과 그것이 매개하는 욕망을 표현하는 데 담대해져간다. 그것을 정당화하면서 익숙해지는 가장 용이한 방법은 자신의 유아기를 상상하는 일이다. 벌거벗은 몸으로 엄마의 젖을 빨며 실컷 먹고 맘대로 배설해도 괜찮았던 시절, 자궁의 양수 속을 떠다니던 추억을 따뜻한 목욕물에서 추체험하면서 욕망대로 울고 웃고 발버둥쳐도 다 용납되는 시절이 웬만한 사람들에게 다 있었다. 바로 그 시절의 안전 장치속에 숨을 때 무의식의 기억을 제 몸의 감각 속에 되살리며 마음대로 표현하고 쾌락을 극대화하는 것이 유일한 순간적 목표가 되는 성애의 자리가 그래서 가능해진다. 다시 창세기의 이야기 구도로 돌아가면 이는 아담과 하와가 선악과를 따먹기 이전의 순수 자연의 단계로 회귀하는 수순일 것이다. 이사야가 메시아의 도래를 예언하면서 그의 구원을 통해 회복될 이상적인 삶의 목가적 풍경 속에 암소와 곰, 사자와 소의 상극적 적대관계를 유희적 공생관계로 뒤집어 묘사하고, 특히 어린아이와 독사의 화목한 어울림을 덩달아 제시한 것은 결코 우연이 아니다. 아담과 하와를 유혹했던 뱀을 등장시켜 그들의 가린 치부를 교합하여 출산한 어린아이와 만나게 함으로써 화해의 무드를 조성하고 있기 때문이다. 벌거벗은 하와와 뱀의 만남이 파국으로 치달은 선례의 서사 구도를 뒤집어 다시 벌거벗은 하와의 후손인 어린아이가 독사의 굴에 손을 넣고 장난을 치는 회복된 에덴의 꿈을 현시하고 있는 셈이다.

신체의 아름다움에 깃든 무의식적 수치감은 이렇게 묵시적 환상과 구원의 꿈을 통해 순간순간 반성의 대상이 되고 극복되곤 한다. 그것이 개인적인 몸의 체험을 통해 이런 자기 극복의 경로를 밟는 것은 사랑의 분위기가 농밀하게 익어가는 성애의 자리이다. 성적인 에너지가 달아오를 때 제 감각 속에 들어오는 사랑의 대상은 모든 것이 선하고 아름답게 피어난다. 사랑의 이름으로, 오로지 에로스의 충일한 욕망으로, 상대방의 아름다움을 발견하여 예찬하고 기리며 대화하는 몸의 향연은 이런 예외적인 출구를 통해 가능해진다. 구약성서에서 아가는 이러한 사랑의 가능성을 놀라운 관능의 언어로 표현하여 신적인 사랑의 경지를 상상할 수 있게 만들어 주는 매우 특이한 작품이다. 잠언이 제시한 현숙한 아내와 방탕한 음녀의 이분법을 넘어, 또 전도서가 죽음 같이 쓴 존재로 묵살한 여성의 존재를 가로질러, 나아가 율법의 전통을 강조하며 예언자들이 엄격하게 규율한 성적 금기의 구속까지 벗어난 지평에서, 아가는 수치의 기원을 되짚어 해체하며 그 상흔을 치유하는 대안가치와 대항문화의 선봉대로 활약한다. 가히 파격적인 언어와 선정적인 스타일이라 할 수 있다. 아가의 존재는 사랑과 관련된 온갖 금기에 물음표를 제기할 만큼 그 미학적 심리적 파장이 대단하다. 물론 이러한 통찰이 가능해지기까지 해석의 곡절과 씨름이 있었다.

아가에 대한 산만한 말들

이 작품에 대해서는 예로부터 지금까지 복잡한 해석상의 말들이 무성했다.[2] 아마도 구약성서 중에서 본문에 대한 해석이 가장 복잡하고 다양한 책이 바로 아가일 것이다. 아가의 기원과 배경, 저자와 연대, 문학적 형식과 성격, 나아가 신학적 의미와 의의 등에 이르기까지 그동안 다채로운 이론과 의견 개진이 있어왔다. 이른바

'전통적인' 관점에 따라 이 책은 하나님과 그의 백성 이스라엘의 사랑에 대한 비유적인 노래로 지어진 것이라는 믿음이 강했다. 이른바 전형적인 알레고리의 독법이다. 특히 타굼(Targum)이나 미드라쉬 라바(Midrash Rabbah)와 같은 유대교 문헌은 출애굽과 가나안 입성, 군주제의 확립에서 포로기와 회복기를 아우르는 장구한 이스라엘의 민족사를 담아낸 역사적 알레고리로 이 책을 해석했다. 이러한 신적인 사랑의 관점은 기독교 신학계에도 일찌감치 영향을 끼쳐 이 책이 하나님(또는 그리스도)과 교회(또는 그리스도인)의 사랑을 형상화한 것이라는 입장이 대세를 이루었다. 그 연대와 관련해서도 솔로몬의 저작권을 인정하면 매우 오래된 포로기 이전의 시점을 추정할 수 있겠지만 대다수 학자들은 기원전 5세기경 페르시아 제국의 치세기 또는 그 이후 기원전 3세기경의 헬레니즘 시대를 꼽는다. 후자의 경우, 여기에 사용된 언어와 문체가 그 증거로 채택된다. 특히 관계대명사 '쉐'(she)의 사용이나 정원을 뜻하는 페르시아어 '파르데스'(pardes, 아가 4:15)의 용례가 그렇다.

역사비평의 도래와 함께 아가서는 새로운 배경사적 지식과 함께 해석의 신기원을 맛보게 된다. 고대근동의 자료에 입각한 종교사비평의 분석에 의해 아가의 내용이 먼저 시리아 지역의 혼인식 풍습인 일주일간의 잔치 장면과 구조적인 연계성이 있다는 해석이 제출되었다. 20세기 들어서는 수메르-아카디아의 탐무즈(두무지) 신과 이쉬타르(이난나) 여신의 신화적 배경에 연유하고 있다는 주장이 제기되기도 하였다. 가령, 남성을 목자와 왕으로, 여성을 신부와 자매로 묘사하는 대목이나 연인을 자신의 밭이나 정원으로 함께 데려가고 싶다는 초청의 언사들이 유사점으로 지적되었다. 이러한 근거 아래 '신들의 혼인'(sacral marriage) 이야기의 기본 구도가 아가에도 반영되어 있다는 주장이 제시된 것이다. 그런가 하면 기원전 14-12세기에 생산된 이집트의 사랑노래 수집물과의 비교 연구가 시도되었는데 그 결과 두 문헌 자료 사이에 유사한 점이 적지 않다는 점이 확인되었다. 물론 아가의 대화적 문체와 달리 고대 이집트의 사랑노래 네 편이 독백의 형식이라는 차이점은 분명하다. 하지만 연인관계가 오빠와 누이의 어휘로 묘사되고 있다거나 풍성한 칭송, 간절한 동경, 상세한 신체적 매력의 묘사, 자랑 등의 형식들에서 공통점도 뚜렷하다. 특히 촉각, 시각, 청각, 후각 등의 다양한 감각을 동원한 언어적 특징이나 공간적 배경의 분위기 등이 유사한 점으로 드러났다. 그러나 이러한 유사점이 일방적인 영향의 결과로 비롯된 것인지, 남녀의 사랑 경험에 드러나는 보편적 요소로 간주할 만한 것인지는 판별하기가 쉽지 않다.

아가에는 가장 아름다운 노래라는 최상급의 찬사가 붙어 있다. 랍비 아키바는 다른 책을 성소에 비유하면서 아가를 일러 지성소와 같다고 상찬하였다. '솔로몬의 노래'라는 또 다른 이름이 붙은 것은 이 책에 솔로몬이라는 이름이 여섯 차례 등장하기 때문인데(1:5, 3:7, 9, 11, 8:11-12), 그렇다고 솔로몬이 직접 화자로 나서는 것은 아니다. 그는 3인칭으로 지시되고 있거나 기껏해야 호격으로 한 차례 언급될 뿐이다. 혹자는 이 책의 저자를 여성으로 추측하기도 한다. 여성이 남성에 비해 차지하는 비중도 크고 발언의 점유율도 비교적 높기 때문이다(53% vs 34%). 더구나 여성들의 고유한 경험과 세밀한 감정이 매우 생동감 있게 표현되고 있는 점도 그 가능성을 높여준다. 그렇다면 저자의 여성성이 이 작품에 녹아 있다는 전제 아래 여러 추론이 가능하다. 작중 여성 화자가 과수원에서 일하느라 얼굴이 햇볕에 그을린 술람미 여인이라고 볼 때 그녀가 평범한 가문이나 비천한 노동계층에 속한 어린 딸 또는 흑인 계통의 여자였을 것이라고 추론할 수 있다. 반면 포도원을 소유한 점이나 왕궁의 혼인식 행진을 묘사한다든지 수입 양념, 과일, 향수 등을 언급하는 대목을 보면 상당한 위상을 지닌 귀족층이나 식자층의 여성으로 볼 수도 있다. 솔로몬의 연애행각과 연계시켜 본다면 그가 취한 수많은 여인들 중에서 유일하게 진심어린 애정을 쏟은 이방 여인을 이 작품의 주인공으로 설정했을 가능성도 있다.

'전통적' 해석의 관점을 벗어나면 이 작품의 의도와 성격과 관련해서도 흥미로운 추리가 가능하다. 앞서 언급한 대로 이 작품을 상실한 에덴의 회복이란 견지에서 조명한 학자는 여성신학자 트리블(Phyllis Trible)이다. 그녀는 에덴에서 하나님 명령의 불복종으로 인한 타락과 실낙원 이후 불평등하게 굴절된 남녀관계가 아가에서 회복되는 비전을 보여주고 있다고 주장한다. 그런가 하면 이 작품의 서사를 이끄는 인물이 남성이 아닌 여성이란 점에 착안하여 아가를 당시 가부장체제의 결혼 지향적 남녀의 애정관을 거부한 일종의 대항문화적인 응답으로 보는 시각도 있다. 그도 그럴 것이 이 작품에서 남녀의 성애를 화려하게 노래하면서도 그것의 목표는 성실한 어머니나 아내가 아니라 '사랑' 그 자체이다. 이 이야기의 흐름은 사랑하는 남녀가 결혼으로 골인하여 자손을 많이 두고 사는 통상적 해피엔딩이 아니라 다시 남성을 찾는 데서 종결된다.

이러한 대항문화적 관점은 여성주의 비평의 관점과 종종 연계되어 아가를 당시 이스라엘의 가부장체제에서 양산된 모든 문학과 문화에 대한 비평의 산물로 보기도 한다(안드레이 라콕). 특히 아가의 언어들이 여성을 긍정적으로 묘사하고 있는 점에 비추어 여성을 현모양처나 음녀의 이분법으로 몰아세워 낙인찍은 구약성서의 다른 책들에 대한 성찰의 공간을 제공한다는 주장이다. 가령, 전도서(7:26)가 여자를 죽음처럼 쓴 존재로 묘사한 대목을 교정하거나 예언서들이 벌거벗은 여성을 내세워 이스라엘의 타락상을 지적한 문학적 폭력의 상처에 대한 치유 기능을 아가가 수행한다고 본 것이다. 이러한 비평적 관점이 얼마나 아가의 본래적 맥락에서 저자나 화자의 입장을 대변하고 있는지는 의문이다. 그렇지만 이 작품의 여성 주체가 매우 강렬하게 돌올해 있는 것만은 사실이다. 그녀는 남자 연인과의 성적인 사랑을 당당하게 예찬한다. 남자의 시각으로 자신의 신체적 아름다움을 적극 긍정하도록 유도하고 그 휘황한 묘사에 그녀는 공감한다. 또한 그 두 연인은 서로를 자신의 것으로 받아들이며 서로의 애욕을 향하여 헌신적인 갈망을 드러낸다. 남자 연인이 3인칭으로 종종 언급되는 데 비해 여성 주인공이 자신을 항상 1인칭으로 드러내며 말하는 것도 여성주체의 특징을 강화시켜준다.

이러한 여성 주도적 시선에 반하여 아가가 제시하는 여성상을 남성의 애욕이 빚어낸 허구적 산물로 평가 절하하는 시각도 존재한다(클라인스). 자신의 성적 아름다움을 이처럼 과시적으로 드러내고 표현할 줄 알았던 여성상은 이스라엘의 역사를 통틀어 도저히 존재할 수 없었다는 것이다. 이처럼 아가의 분방한 여성 화자를 가공상의 인물로 보면 아가는 남성의 선정적인 욕구에 부응하는 차원에서 제작된 문학작품으로 격하된다. 이를테면 남성 가부장체제의 주역들에게 성적 욕구를 북돋아주면서 포르노그래피적 상상력을 부추기고 이로써 당시 불평등했던 남녀관계를 은폐하려는 의도마저 드러내고 있다는 주장이다. 그 연장선상에서 아가는 열심히 남자를 쫓아다녀도 결국 허망한 그리움으로 종결되는 열정적 사랑의 위험을 경고한 것이라는 해석도 도출되었다. 마찬가지 맥락에서 아가는 그 사상적 기저가 결코 가부장주의를 벗어나지 못한 채 여성의 욕구와 가부장주의의 이념적 한계 사이에 긴장감을 부각시킨다는 어중간한 입장도 있다.

이러한 주장과 연계된 지점에서 아가의 문학적 형식을 사랑 '노래'가 아닌 '드라마'로 규정하고 주요 등장인물로 솔로몬과 목자, 술람미 여인을 설정하는 또 다른 해석이 흥미롭다(에발트). 이에 따르면 아가는 술람미 여인을 차지하려고 솔로몬과 목자가 법정 소송을 벌이고 있는 정황을 보여준다. 그 결과 이 여인이 솔로몬의 감언이설을 물리치고 옛 연인과의 소박한 사랑으로 충실하게 되돌아온다는 것이다. 여기에는 계급투쟁적인 사랑의 측면이 얼핏 암시되는데 그럼에도 그 사랑의 핵심 구도는 한 여자를 제 몫으로 차지하기 위해 두 남자가 다투는 치정극의 한 유형일 뿐이다. 결국 가부장체제의 세계관을 크게 벗어나고 있지 못하다는 것이다. 오히려 여성을 남성이 주도하는 사랑의 부속물로 간주한다는 점에서 이 작품에 저항담론으로서 특별히 획기적인 가치를 부여하기 어렵다는 결론이다. 그러나 불행인지, 다행인지, 이러한 해석과 주장은 다른 학자들의 호응을 별로 얻지 못하고 있다.

아가의 명쾌한 노래들

　　　　　　　　　　　　　　　　아가는 운문의 형식으로 짜여 있다. 작품의 소소한 단위와 전체적인 구조에 대하여 학자들은 다양한 분석을 제출했다. 적게는 6개 또는 8개의 단위로 쪼개고 많게는 25개 이상의 세밀한 단위로 분할하여 그 구조적 짜임새를 논하는 등 혼란스런 양상을 보이고 있다. 작품의 전반적 구성과 통일성에 대한 이러한 혼란에도 불구하고 그 내용상의 핵심적 특징은 명료하다. 아가 전체가 사랑하는 남녀 연인 사이의 대화로 짜여 있으며 그 대화의 어휘들이 다양한 시적 은유를 수반하는 발견과 예찬의 스타일로 채워져 있다는 사실이다. 특히 그 예찬의 대상이 영혼의 형이상학과 거리가 먼 신체적 아름다움에 집중되어 있다는 점도 아가만의 고유한 색깔이다. 매우 세세하게 신체의 부위를 묘사하는 아가의 시적 언어는 남녀 연인이 성애의 욕망을 향해 뜨겁게 달구어져가는 과정을 연상시켜준다. 물론 그중에서도 여성 파트너의 신체적 관능미를 세세하게 칭송하는 분량이 압도적으로 많다.

　　두 연인은 서로를 그리워하며 갈망한다. 아울러, 사랑에 깊이 빠진 두 사람은 서로의 아름다움을 다채롭게 발견하고 풍성하게 표현하며 거기에 심오한 의미를 부여한다. 서로를 향해 영탄조로 부르고 초청할 뿐 아니라 상대방의 부재시 다시 찾으며 그 부재를 근심한다. 상대방을 찾느라 병이 날 정도로 곤비해진 상사병의 증상이 엿보일 정도다. 그들은 열정적인 사랑의 거듭되는 상승 과정 끝에 서로가 서로에게 속해 있다는 사실을 확신한다. 이 사랑의 뜨거운 자리에는 주변의 친구들까지 초청받아 더불어 먹고 마시며 그 사랑을 예찬하고 기리는 잔치의 분위기가 무르익는다. 물론 두 사람만의 은밀한 사랑을 위한 침상과 거기서 나눠지는 성애의 미묘한 쾌락에 대해서도 찬미의 시구들은 풍성하게 넘쳐난다.

아가에는 주인공 남녀 외에 보조적인 캐릭터들이 등장한다. 먼저 '예루살렘의 딸들'이 몇 차례 언급되는데(아가 2:7, 3:5, 5:8) 그녀들은 직접 화자의 자리에서 주인공 여자를 향해 질문을 던지며 분위기를 전환하는 역할을 수행한다(아가 5:9, 6:1). 둘째로 여자 주인공의 오라버니들이 등장한다. 그들은 여동생의 사랑을 달가워하지 않아 그녀를 포도원지기로 삼았다(아가 1:6). 가족구성원의 반대의사로 사랑의 장애물이 생긴 것이다. 이후에도 그녀의 오빠들은 그녀를 유방이 자라지 않은 어린애로 취급하며 장차 그녀의 혼인을 위해 한 몫을 감당할 후견인으로 자처하는 부정적 캐릭터이다(아가 8:8-9). 셋째는 남자주인공의 친구들이다. 그들은 수동적인 관중으로 간단히 언급만 될 뿐(아가 1:7, 8:13), 별다른 적극적인 역할을 부여받지 못한다. 그밖에 목자들, 성안의 야간 순찰자들, 그리고 여우를 또 다른 가상의 등장인물로 꼽을 수 있다. 목자들은 여자주인공이 그들의 장막으로 찾아가 자신의 염소새끼를 먹이는 장면에서 공간적 배경을 제공한다(아가 1:8). 작은 여우(아가 2:15)는 그들의 사랑을 꽃피우는 포도원을 허물어버리는 훼방꾼을 의인화한 캐릭터이다. 성안의 야간 순찰자들과 파수꾼들(아가 3:3, 5:7)은 그녀가 사랑하는 연인의 행방을 탐문하거나 그녀를 폭행하고 겉옷을 벗기며 추행하는 폭력적인 보조 캐릭터로 등장한다.

사랑하는 이 두 남녀가 서로의 현존을 갈구하면서 그 에로틱한 열정을 심화시켜나가는 과정에서 대부분을 차지하는 것은 상대방의 존재와 그 신체적 특징에 대한 칭송들이다. 그것은 상대방의 신체를 제 즉흥적인 욕정을 충족시키는 대상으로 삼고자 하는 교묘한 감언이설이나 난폭한 유혹의 언어들이라기보다 상당한 문학적 정제를 거쳐 표현된 예의바른 칭송들이다. 그 점에서 아가의 사랑 시들은 한결같이 '예찬'의 형식에 가깝다. 그 애욕은 아직 두 몸이 합일되는 그 정점에 이르지 못한 채 미완성의 예열을 가하는 수준에서 간절함만이 증폭되는데, 바로 이 문학적 예찬을 통한 절제의 수사가 그 과격한 폭발을 지연시키는 기능을 수행한다고 볼 수 있다. 아가가 그 노골적인 신체묘사와 성애의 열망으로 포르노그래피적 수사들을 넘나들면서도 여성의 신체를 단순히 관음의 동기로 대상화하고 일회적인 욕정의 밑씻개로 이용하려는 의도를 비껴가는 것도 바로 이 예찬의 수사적 품격과 일정한 관련이 있다.

그러나 그 품격이 사랑의 완성을 훼방하지는 않는다. 그 사랑은 주저하고 망설이는 비겁한 도피나 소극적인 자위가 아니다. 외려 그 사랑은 죽음을 두려워하지 않고 죽음까지 무릅쓰는 벌거벗은 존재의 합일을 지향한다. 에로스의 욕망이 타나토스(죽음)의 욕망과 상합한다는 프로이트의 고전적 진단은 탈대로 다 타고자 하는 아가적 성애의 지표를 고스란히 반영해준다. 아가의 중요한 결론이 함축된 다음의 구절은 아가의 사랑이 겨냥하는 본질적인 목표를 잘 드러내준다. "사랑은 죽음 같이 강하고 질투는 스올 같이 잔인하며 불길 같이 일어나니 그 기세가 여호와의 불과 같으니라"(아가 8:6). 여기서 독자는 에로스의 사랑이 그 정점에서 신적인 사랑을 모사하는 특질을 간파할 수 있다. 이스라엘과 여호와 하나님의 사랑은 언약적인 관계로 부부간의 성애적 관점에서 더러 투사된다. 호세아(1-2장)와 에스겔(16, 23장)이 풍성한 사례를 보여주었고 이사야(1:21)와 예레미야(3:1) 역시 동의하는 대로, 하나님과 이스라엘은 부부간의 혼인관계로 유비된다. 언약의 주체로서 남편 하나님은 아내 이스라엘의 우상숭배를 음행으로 간주하여 매우 격렬한 질투를 발하는 신으로 알려져 있다(출애굽기 20:5). 바로 그 불같은 질투는 남녀 간의 배타적 성애와 적절히 호응하거니와, 그것은 죽음과 스올(Sheol, 지옥)의 위협조차 두려워하지 않는 뜨거운 열정의 소산이다. 인격신 하나님의 사랑이 이러한 맥락에서 성적인 사랑의 희열과 위험이라는 유비적 의미망을 확보하는 것은 그래서 자연스럽다.

담대한 아름다움과 에로틱 신학

오늘날 구약성서 학자들은 아가가 한 쌍의 남녀가 나누는 성적인 사랑을 다루고 있다는 점에 대체로 동의한다. 이것은 두 연인이 소통하는 신체적 예찬과 애정의 표현들이 구구절절 지향하고 있는 목표이다. 혹자는 이러한 사랑의 방식을 '자유연애' '프리섹스' '자연주의적' 삶의 양식으로 규격화하려는 유혹을 받겠지만 이러한 근현대적 개념이 아가의 당대로 소급되어 그 사랑의 특질을 온전히 규명하기란 어려울 것이다. 그렇지만 오늘날의 관점에서 보더라도 그 사랑의 시어들이 인간의 신체적 아름다움에 대해 담대한 표현을 서슴지 않고 있는 것은 분명한 사실이다. 선정적 관능과 노골적 구애의 에로틱한 풍경들이 속속들이 예찬의 사랑 노래 구석구석에서 풍성하게 발견된다. 특히 고대의 사랑 노래들에서 공유되는 신체적 아름다움에 대한 칭송의 문학양식

(wasf)은 아가의 성격을 규명해주는 해석의 열쇠라 할 만하다.

신체적 아름다움이 반드시 여성의 전유물인 것은 아니다. 에로티시즘의 대상으로 여성의 신체적 아름다움이 주목을 받는 것은 남성 주도의 성적인 욕망이 가부장주의의 욕구채널에 부응하여 사회화된 결과라는 측면을 무시할 수 없다. 구약성서에도 남성의 아름다움에 대한 언급이 없지 않다. 가령, "나의 사랑하는 자야 너는 어여쁘고(야페) 화창하다(나임) 우리의 침상은 푸르고…"(아가 1:16)라는 아가의 시구에서 그 아름다움의 대상은 남자 연인이다. 여기서 '나임'은 봄이 와서 자연의 생명력이 회복되는 점을 빗대어 고대 근동의 신 탐무즈나 그리스 신화의 미소년 아도니스 등에 적용되는데 그 왕성한 정력과 함께 성적인 매력을 가리키는 어휘로 알려져 있다. 요셉의 성적인 아름다움을 표현할 때도 이 어휘가 사용된다.

그밖에 구약성서에서 남성으로 아름다운 신체를 묘사할 때 거론된 인물이 몇 명 더 있다. 요셉 이후 모세가 아름다운 남자로 인정받았고(출애굽기 2:2) 사울 왕은 그의 큰 키와 준수함이 아름다움의 평가 기준이 되었다(사무엘상 9:1-2). 다윗은 붉은 피부와 아름다운 용모로 인정을 받았으며(사무엘상 17:42) 특히 그 눈의 아름다움이 부각되었다. 다윗의 아들 중 압살롬은 그 뛰어난 신체적 아름다움에서 격찬의 대상이 되었다. 풍성한 머리털까지 지닌 압살롬의 그 아름다움이 얼마나 대단했는지 "발바닥부터 정수리까지 흠이 없음이라"(사무엘하 14:25)고 평가받을 정도였다. 다윗의 또 다른 아들 아도니야 역시 준수한 외모로 기록되고 있는데, 남성의 이 모든 신체적 아름다움은 저자의 관점에 비추어 단순히 화려한 외양 이상의 의미를 지닌 것으로 봐야 한다. 이를테면 이러한 아름다운 남성의 외모가 비범한 힘과 권력, 관대한 인품과 탁월한 정치적 리더십, 지혜와 총명 등의 덕성을 기대할 만하거나 그런 품성을 지닌 증거로 인식되었다는 것이다. 물론 모든 뛰어난 외양의 남성들이 실질적으로 그런 덕성을 발현한 것은 아니었다.

이러한 남성의 신체적 아름다움의 묘사들에 비해 아가가 보여주는 여성의 신체적 아름다움의 표현들은 매우 풍성하고 그 상징적 의미가 유달리 심오하다. 아가의 화자들은 사랑하는 연인의 신체 전반을 싸잡아 한 마디로 간단히 아름답다거나 준수하다고 말하지 않는다. 사랑하는 사람의 신체를 구성하는 각각의 부위마다 특별한 의미를 지닌 아름다움의 예찬 대상이 되고 있기 때문이다. 그녀의 아름다움은 전반적으로 비둘기 같은 것으로 묘사된다. 여기서 비둘기는 순결함의 표상이거나 제물로 드려지기에 헌신적인 사랑의 상관물이 아닌가 싶다. 아가의 신체 묘사를 자연스러운 아름다움의 표현이 아니라 기괴하게 일그러진 비대칭과 불균형의 형상으로 간주하여 이를 화자의 심리적 불안을 드러내는 부정적 욕구의 징후로 읽는 시각도 있다. 이 시각에 따르면 아가의 여주인공에 대한 신체묘사는 우스꽝스럽고 기괴한 데 비해 남자의 신체묘사는 조각상 같고 고전적인 아름다움을 드러낸다. 그러나 이러한 평가는 현대의 정신분석학 이론을 과도하게 아가의 텍스트에 적용한 성급한 결론일 뿐이다. 히브리적 상상력에 근거한 아가의 심미적 감각을 오늘날의 메마른 이론으로 재단하는 것은 상상력의 장구한 전승사 가운데 얼마나 심각한 단절과 왜곡, 변용이 있었는지를 망각한 소치다.

여하튼 나름의 창의적 상상력을 동원하여 남자주인공은 사랑하는 여인을 아름답고 어여쁜 자로 자그마치 열두 번이나 칭송하면서 이어지는 신체 묘사를 통해 그녀의 아름다움을 매우 세세하고 현란하게 표현한다. '길르앗 산기슭에 누운 염소 떼 같은 머리털'(아가 4:1, 6:5), '목욕장에서 나오는 털 깎인 암양 같은 이'(아가 4:2, 6:6), '홍색실 같은 입술'(아가 4:3), '석류 한 쪽 같은 뺨'(아가 4:3, 6:7), '다윗의 망대 같이 곧은 목'(아가 4:4), '백합화 가운데서 꿀을 먹는 한 쌍의 어린 사슴 같은 두 유방'(아가 4:5, 7:3), '숙련공의 손이 만든 구슬꿰미 같은 넓적다리'(아가 7:1), '포도주를 가득히 부은 둥근 잔 같은 배꼽'(아가 7:2), '백합화로 두른 밀단 같은 허리'(아가 7:2), '상아 망대 같은 목'(아가 7:4), '헤스본 바드랍빔 문 곁에 있는 연못 같은 눈'(아가 7:4), '다메섹을 향한 레바논 망대 같은 코'(아가 7:4), '갈멜산 같은 머리'(아가 7:5), '왕을 매혹시킬 만한 자줏빛 머리털'(아가 7:5), '종려나무 같은 키'(아가 7:7) 등이 대표적인 여성 신체의 아름다움에 대한 흥미로운 묘사들이다.

이 가운데 특히 주목을 받는 부위는 '유방'인데 그것이 여성만이 지닌 감각적 매력 포인트라는 점에서 당연한 현상이다. 유방은 앞서 언급한 한 쌍의 사슴 비유 이외에도 추가로 종려나무의 열매송이(아가 7:4)와 포도송이(아가 7:8)로 비유된다. 여성의 유방이 남성의 결핍감을 증폭시키고 성적인 환상을 유발한다는 점에서 그것이 집중적인 조명을 받는 것은 자연스럽다. 이와 함께 성적인 교합의 전희로 키스의 단계에서 상당한 역할을 하는 입과 입술에 대한 언급이 빠질 리 없다. 먼저 입술의 촉감에 이르는 예비단계로 화자는 사과 냄새 풍기는 콧김을 먼저 언급한다(아가 7:8). 이어지는 입과 관련하여 남주인공은 그것이 포도주와 같은 기쁨을 준다고 노래한다. 나아가 그는 "사랑하는 자를 위하여 미끄럽게 흘러내려서 자는 자의 입을 움직이게"(아가 7:9) 할 정도로 진정된 육감을 일깨우는 예비적 터치로 입맞춤의 기능을 중시하고 있다. 마찬가지 맥락에서 "내 신부야 네 입술에서는 꿀방울이 떨어지고 네 혀 밑에는 꿀과 젖이 있다"(아가 4:11)는 표현도 성애의 전희 단계로 농밀한 키스의 경험을 암시한다.

깊은 교합으로 서로의 몸이 서로에게 속하는 단계에 이르기까지 여성의 신체는 "잠근 동산이요 덮은 우물이요 봉한 샘"(아가 4:12)으로 무궁한 신비감을 조장하고 기대감을 증폭시킨다. 이는 아가의 에로티시즘이 난폭한 포르노그래피보다 점진적인 비밀 탐구의 쾌락에 안달하는 기대와 함께 남성의 성욕을 부풀리는 환상적 효과를 겨냥하고 있음을 예시한다. 그리하여 성애를 나누는 침상과 그 주변은 다양한 향락의 보조 장치들로 충만하다. 이를테면 고혹적인 의복의 향기에서 몰약과 유향 등의 여러 가지 향품과 합환채의 향기에 이르기까지 다양한 방향제는 사랑의 환상적인 교합을 부추기는 무드 조성의 역할을 한다.

이러한 실내의 침상 묘사 외에도 아가에 등장하는 각종 동물들, 꽃과 과일의 이미지, 과수원/정원의 자연 공간은 타락 이전 에덴에서 추구되었던 희락 지향적 삶의 원형을 투사하고 있다. 식도락과 안락한 거주란 요소를 배제하는 것은 아니지만 아가는 그 모든 향유의 경험을 남녀 간의 성적인 쾌락에 집중하여 묘사함으로써 신적 창조세계의 선함과 함께 그 궁극적인 지향점이 희열에 있음을 일깨워준다. 하나님의 창조 목적이 선하다면 그 결과 역시 선한 것이 마땅하다. 여기서 히브리적 개념으로 선함은 곧 아름다움과 동의어이다. 따라서 그 결과가 하나님 보시기에 아름다운 것이었다면 그것이 타락의 결과 수많은 장애물을 낳았다 할지라도 그 아름다운 것을 회상시켜줌으로써 그 타락을 넘어 구원으로 나아가려는 희망을 재현하는 것이 급선무다.

그렇지만 하나님의 창조 행위의 선한 동기가 풍요한 성적 희락의 여유를 최대한 허용한다 할지라도 일각의 주장과 같이 아가의 성애 범주가 그룹섹스, 짐승과의 수간, 소아애(pedophilia), 모조남근을 통한 자위행위, 소변을 통한 사출, 가학/피학의 성행위, 게이/레즈비언의 동성애, 관음증과 절시증(scopophila) 등과 같은 잡다한 성적 도발행위의 미화까지 포괄하는 것 같지는 않다. 이 또한 현대인의 분방한 성적 판타지를 아가의 텍스트 속으로 과격하게 투사한 시대착오적 독법의 결과로 보인다. 고대 히브리 사회에 그러한 성적 일탈이 허용되었을 리도 만무하지만, 아가의 본래 의도가 성을 매개로 한 기성질서의 전복이나 폭력의 판타지물이었다면 이 작품에 아예 '아가'라는 이름이 붙지 않았을 것이다. 그리고 이 책이 대중의 사랑을 받으면서 그토록 장구하게 전승되지도 않았을 것이다.

사랑의 심연, 하나님의 심연

바로 이러한 통찰의 맥락에서 에로스가 구원에 이르는 지름길로 제시될 수 있다는 주장이 가능하다. 그렇다면 아가의 사랑이 추구하는 에로틱한 아름다움은 거친 타락의 현실을 가로질러 훼손되지 않은 인간의 하나 됨이란 원초적 형상을 회복하고자 하는 담대한 의욕에 잇닿아 있는 듯하다. 그것은 생명을 생명답게 하는 생명 에너지의 원천이다. 죽음과 소멸의 위협을 무릅쓰고 자신의 전부를 불태우고자 하는 헌신의 열정이 에로스의 밑자리에 창조적 생명력을 공급하는 것이다. 그 자리에 하나님의 사랑을 대입해보면 우여곡절을 넘어 지속적으로 그의 백성들을 사랑하고자 한 치열한 열정이 다분히 에로스의 신학적 미학으로 수렴될 만하다. 그것은 금기와 향유의 갈림길에서 소외된 인간의 욕망을 배제와 규율의 울타리에서 해방시켜 신선하게 순환시키는 생명 에너지의 회복과 갱신에 이바지한다.

이는 요한일서에서 간파한 대로 아무도 하나님을 본 적이 없지만 우리가 서로 사랑할 때 그 가운데 하나님이 거하신다(4:12)는 논리와 상통한다. 나아가 온전한 인간의 사랑을 구현함으로써 죽음과 심판의 형벌로 인한 온갖 두려움을 물리치고 담대함에 이른다(4:17-18)는 믿음도 이러한 맥락에 잇닿아 있다. 이 모든 기대를 현실화하는 가장 극명한 경험적 사례로 사랑에 빠져 서로의 소유가 되길 동경하고 갈망하는 에로스의 현장만한 것이 없다. 인간적 사랑의 심연에서 하나님의 사랑을 유추한다는 것은 그의 형상으로 지음을 받은 피조물인 인간의 입장에서 지당한 귀결이다.

암흑기로 불리는 중세기에 아가에 대한 관심이 대단했다는 것은 참 아이러니한 현상이다. 당시 구약성서의 그 어떤 책보다 아가의 인기가 높았는데, 가령 12세기만 해도 아가에 대한 30여 권의 주석서가 생산될 정도였다. 서구 중세를 역사의 암흑기로 보는 시각은 근래 축적된 연구를 통해 적잖이 교정되면서 균형 잡힌 해석적 조율을 보게 되었다. 주로 식자층이나 상류층에 해당되는 판단이겠지만 동시대의 사람들은 아직 훼손되지 않은 통합적인 세계관을 가지고 신적 계시와 인간의 삶 사이의 총체적인 소통에 대한 감각적 인식을 보유하고 있었다. 이는 그들이 하나님의 창조세계에 투사된 인간의 전일적 아름다움에 대한 기대를 포기하지 않고 있었다는 증거이다.

12세기 아벨라르와 엘로이즈의 그 에로틱한 비극적 사랑이 역으로 투사하듯,[3] 아가를 모사한 중세의 사랑은 심히 농염하고 감각적이었다. 그 시대의 선도자들은 영성수련의 차원에서 다양한 예술 활동을 장려하면서 심미적인 감각의 표현에 자유스럽고 나름대로 풍성한 결실을 낳은 것으로 평가받아왔다. 신적인 창조세계에서 각종 동식물이 만나 풍성한 자연계의 향연을 배설하고 일상의 고된 현실을 역류하면서 아름다운 남녀의 사랑을 추구하고자 하는 그 에로틱한 열정이 중세기의 느린 삶의 여유 속에 호소력 있게 감지되었을 법하다. 그들에게 사랑은 무엇보다 구체적인 몸의 경험으로 다가왔다. 가령, 18년 동안 아가를 가지고 86편의 설교를 한 당대의 대표적인 아가 주석가 버나드(Bernard of Clairvaux)는 아가 속에서 사랑의 경험적 요체를 다음과 같이 포착하였다. "사랑만이 그 자체로 자족적이다; 그것은 그 자체로써 그 자체를 위해 기쁘게 한다. 사랑은 그 자체로 미덕이며 그 자체로 보상이다. 사랑은 그 자체를 넘어 원인도 결과도 구하지 않는다. 사랑은 제 고유의 열매이며 제 고유의 목적이고 용도이다. 나는 사랑하기 때문에 사랑한다. 나는 사랑하기 위해 사랑한다" (Sermons 83, 4).

이러한 순도 높은 사랑지상주의의 관점은 오늘날의 오염된 에로티시즘과 어울리지 않는다고 볼 수 있다. 남녀 간의 사랑이 그 배타성을 더욱 높여가고 여러 가지 타산적인 이해관계로 얽히면서 서로가 상대방의 이용가치로 전락한 세태도 이러한 진단과 무관치 않다. 더구나 결혼이 사랑의 무덤이 되면서 사랑의 기억조차 악몽처럼 떠오르는 경우가 얼마나 많은가. 잘하면 무덤 속의 일상이 되고 잘못 나가면 치정극의 살인까지 부르는 현실에 비추어 남녀의 충일한 에로틱 사랑은 사치스럽기까지 하다. 그 변전의 단초가 어디였을까. 나는 발견의 여유와 예찬의 언어를 잃어버린 데서 타락한 에로스의 비극적 단초를 본다. 사랑하기에 앞서 사랑할 만한 사람의 아름다움을 오감으로 통찰하고 체험하며 언어와 살을 교감하는 그 예찬의 발견 지향적 모험이 무뎌진 탓이다. 그런 까닭에 이 시대의 남녀들은 사랑의 화학적 유효기간이 짧은 것을 한탄한다. 그 한탄이 버릇이 된 자리에서 사랑할 만한 사람은 사랑하는 사람으로 진화하길 그치고 사랑하는 사람과 우주만물의 의미를 흡입하여 사랑의 담대한 향연을 벌이기를 주저한다. 더 이상 내 앞에 앉은 잠재적 연인을 향해 그 머리카락의 빛깔과 질감에 신경 쓰지 않는 세대, 그 이목구비의 특이한 형상과 신체의 각종 부위에 스민 고유한 매력에 미학적 유혹의 감관을 불경시하는 세태를 그래서 이 시대의 장삼이사들은 넘어서지 못한다. 아가의 질펀한 사랑 노래, 그 담대한 에로티시즘의 향연이 더욱 갈구되는 이유가 여기에 있다.

1 영지주의 자료에서 재해석된 아담과 하와, 뱀의 상관관계에 대해서는 Elaine Pagels, *Adam, Eve, and the Serpent* (New York: Random House, 1988) 참조.
2 아가에 대한 아래의 연구사적 요약과 주요 정보들은 다음의 자료들을 골고루 참조했다. 이경숙 외, 『여성이 읽는 성서: 구약성서개론』(서울: 대한기독교서회, 2005), 235-242; 이은애, "구약성서에 나타난 인간의 아름다움," 「한국기독교신학논총」 74(2011), 5-26; 유연희, "성서의 성 (性): 에스겔과 아가의 포르노그래피," 「한국기독교신학논총」 67(2010), 53-74; Roland E. Murphy, "Song of Songs," *ABD* vol. 6, 150-155.
3 이 두 사람의 파격적 사랑에 대해서는 에버하르트 호르스트/모명숙 역, 『중세 최대의 연대사건: 엘로이즈와 아벨라르의 금단의 사랑』(서울: 생각의 나무, 2005) 참조.

10장

화대를 지불하는 창부의 틈새 진실

에스겔의 굴절된 에로티시즘

여성성과 전복적 상상력

오늘날 범람하는 여성에 대한 통상적인 이미지는 가부장체제의 산물임을 부인하기 어렵다. 곱상하고 조신하며 나약한 듯하면서도 부드러운 이미지와 언행, 단정하고 정숙한 자태에 우아함과 화사함을 두루 아우르는 외양 등등 여성에게 덮씌운 고정관념은 다양하다. 그것은 가부장의 남성적인 권위와 폭압적인 지배에 순응할 만한, 나아가 그로써 구축되는 지배질서 속에 관리될 만한 덕성들로 짜여 있다. 가령 가부장적 남성의 미덕이 진취적인 기상과 합리적 이성으로 특징지어지는 데 비해 집 안에서 자녀를 양육하며 살림을 알뜰하게 감당할 만한 여성의 포용성과 감성적 아늑함이 그 고유한 덕성으로 꼽히곤 한다. 이러한 관점에 기대면 여성의 에로틱한 관능미도 그 자체로 씩씩하게 발산하는 것은 미덕이 못 된다. 오히려 절제되고 감추어진 상태로 그 아름다움을 최대한 수줍음의 베일 속에 갈무리하는 것이 장려사항이다. 음탕한 요부와 정숙한 처자를 구별하는 기준은 이렇듯 기실 그 아름다움 자체보다 그것을 관리하고 포장하며 표현하는 방식에서 갈라지는 것이다.

여기서 한 단계 진화한 낭만주의의 관점이 있는데, 이에 따르면 여성성 자체가 신적인 경지의 구원 능력을 지닌다. 괴테가 언표하여 유명해진 경구인즉, '영원히 여성적인 것'(das Ewigweibliche)이 우리를 고양시키며 구원한다는 것이다. 딱히 '여성' 자체가 아니라 '여성적인 것'을 표 나게 강조한 것은 그 여성적인 것의 판타지를 창출한 뭇 수컷들의 욕망이다. 여성을 여린 존재, 보호받아야 할 수동적 대상으로 간주하면서 그들에게 영혼이 없는 폄하의 시선을 드러낸 전통이 가부장주의의 왜곡된 유산이었다면, 여성을 구원의 주체처럼 승격시킨 것은 동일한 이데올로기의 부드러운 변용이었다고 볼 수 있다. 전자의 입장에서 여성을 시녀나 하녀처럼 간주했다면, 후자의 관점은 여성을 여신처럼 떠받듦으로써 남성적 억압의 도피처를 확보하고자 했던 셈이다.

그러나 페미니즘의 해석학이 역사에 등장하면서 이러한 가부장주의 이념은 존폐의 막다른 길로 몰리기 시작했다. 정신분석학이 조명한 대로 여성성 안에 남성성이 기거하고 남성성 안에 여성성이 서식한다는 점에 눈뜬 것이 인식의 중요한 전환점을 제공했다. 기실 고정된 틀 속에 인식해 온 여성성과 남성성이란 것이 생래적인 체질이나 영혼의 분립된 범주가 아니라 특정 이념의 자장 안에서 사회화된 후천적 습득 결과임이 밝혀진 것도 그 전복적 인식에 힘을 보탰다. 이와 함께 여성의 에로틱한 아름다움 자체가 건강한 인간의 조건으로 상찬되는 것도 자연스러운 추세가 되었다. 이 모든 것이 근대 이후 여성의 인권 신장과 보조를 맞추면서 진보해온 결과임이 분명하다.

한편 여성이나 여성성에 대한 사회적 인식이 강고한 가부장 체제의 지배 아래 놓인 고대나 중세에는 자신의 인간적 정체를 담대하게 드러내려는 여성들의 용감한 도전이 빈번히 장벽에 부대끼며 좌절을 경험해야 했다. 그러나 이에 굴하지 않고 도발적인 소수자들은 늘 있어왔다. 가령 조선 시대의 어우동이나 황진이는 비록 상이한 스타일이지만 당대의 전통적인 여성상에 반하는 모험적인 생을 살다간 여성들이었다. 그들은 당시 가부장 체제가 규정한 여성성의 울타리를 벗어나 자신의 몸과 재기를 통해 극단의 도전을 서슴지 않았다. 그것이 당대의 주류였던 사대부 남성들의 눈에는 천박한 기생의 색기나 음탕한 간부의 타락상으로 비쳤을 테지만, 그 당사자들에게는 자유스러운 해방의 기운으로 체감되었을 법하다.

성서에도 이러한 예외적인 소수의 도발적인 몸짓은 간혹 탐지되는데, 특히 에스겔이 여호와 하나님과 예루살렘의 인연을 빗대어 표현한 비유적인 남녀관계는 과감한 성애의 어휘들을 통해 그 진면목의 일단을 보여주고 있다. 물론 그 의인화된 남녀관계는 순조롭거나 아름답지 않다. 오히려 매우 폭력적이며 과격하고 어긋난 그 궤적은 질투와 보복의 소용돌이로 어지럽다. 여호와는 남편이고 예루살렘은 버림받은 시절 그가 거둬들여 아내삼은 여자이다. 이 여자가 어렸을 때, 곧 버려진 피투성이로 발짓을 하던 그 철부지 시절은 아무런 문제가 없었다. 문제는 그가 자라나 "심히 아름다우며 유방이 뚜렷하고" 머리털이 자랐는데도 "여전히 벌거벗은 알몸"으로 살면서 불거지기 시작했다. 유방이 뚜렷한 여자가 왜 여전히 벌거벗은 채로 다녔는지 의심스럽지 않을 수 없다. 그것이 그녀의 성적인 정체성이 둔감한 탓으로 인한 불찰의 결과인지, 의도적인 자기 과시욕의 행보였는지 불투명하다. 혹여 그녀를 돌보는 남정네의 방관이나 무관심으로 인한 철부지 행동이었을 가능성은 없는지 따져봐야 한다. 여하튼 그녀의 이러한 비상식적인 행태는 전통적인 여성성의 견지에서 볼 때 자못 도발적이고 전복적인 것만은 틀림없다. 제 여자를 다른 남정네에게 뺏긴 분노의 도가니에서 여호와는 그 도발과 전복의 심층을 해명하기보다 시종일관 이 여성을 정죄하며 매도한다.

벌거벗은 예루살렘의 일생 - 에스겔 16장

에스겔 16장은 여호와의 관점에서 예루살렘의 일생을 타락한 음녀의 모습으로 묘사한다. 여기서 예루살렘은 이미 멸망당했거나 멸망당할 예정인 유다 왕국을 표상하고 있다. 구약성서에서 음녀나 음행의 이미지가 특정한 국가나 민족에게 적용될 때 그것의 함의는 대체로 하나님과의 언약적 충실성을 저버린 채 우상숭배에 몰두하는 그 성원들에 대한 비판적 메시지와 결부되어 있다. 어쨌든 이 여인은 갓난아이 시절 불우한 상태에서 '나' 여호와의 손에 입양되어 키워졌다. 그녀는 그에 의해 발견되었을 때 정상적인 신생아 입례 절차를 밟지도 못한 상태에서 버려진 근본 없는 생명이었다. 탯줄도 잘라지지 않았고 정결한 물로 씻어지지도 않았다. 그녀는 소금을 뿌리지도 않은데다가 강보로 싸이지도 않은 핏덩이에 불과했다. 예루살렘의 이런 상태가 무엇을 의미하는지 정확하게 시사점을 찾아 연계시키기란 쉽지 않다. 짐작컨대 예루살렘이 유다 왕국의 수도로 자리 잡기 오래 전 황무한 산지에 불과했던 시절을 연상시켜줄 뿐이다.

그가 그녀의 성장과 발육에 나름의 기여를 한 점을 부인하기 어렵다. 형식적으로 그는 그녀의 양육자였고 양부모 역할을 수행한 것으로 상정된다. 그녀의 성장이 매혹적인 여성적 매력을 동반한 사실은 뚜렷한 유방과 무성한 머리털로 대변된다. 심히 아름다웠다는 진술은 그런 그녀의 여성적 매력을 확실히 뒷받침해준다. 그런데 그녀의 몸은 여전히 벌거벗은 알몸이었다. '여전히'란 그녀가 어린아이였을 때를 가리키는 부사일 것이다. 이에 대한 복잡한 의문을 차치하더라도 그가 그런 그녀의 몸을 보며 '사랑할 만한 때'의 기미를 읽어내고 그녀의 몸을 자신의 옷으로 덮어 발가벗은 것을 가리는 행위는 독자들을 화들짝 놀라게 만든다. 이러한 행위는 분명 성교에 대한 완곡한 표현이기 때문이다. 양육자인 그가 양육 대상인 어린 여아를 집에 들여 키워왔다면 양부 같은 존재였을 테다. 그런데 아무리 천한 출신성분이라 할지라도 그 딸 같은 여자가 아름다운 처녀로 자라 유방이 뚜렷해졌다고 자기 옷으로 덮어 성적인 관계를 가질 수 있는가. 그 첫 관계 이후 맹세하고 언약한 것은 혼인을 암시하는데, 아비/남편의 저런 행보는 혼인예식을 치른 뒤 성관계에 들어가는 것을 합당하게 여긴 당대의 가부장적 관행에 어긋나는 일탈이다.

여하튼 이렇게 합법적인 부부로 그에게 속하게 된 그녀의 생애는 처음엔 매우 고급스럽고 화려한 여성적 단장을 하면서 제2의 탄생을 맛보는 것처럼 보인다. 그때까지 아직 몸의 피가 제거되지 않았는지 그는 그녀의 피를 물로 씻어 없애고 기름을 바른 뒤 수놓은 옷, 물돼지 가죽신, 가는 베옷,

모시옷, 패물, 팔고리, 목걸이, 코고리, 귀고리, 화려한 왕관 등이 그녀의 몸을 입히고 씌우며 장식한다. 얼핏 그로테스크하게 비치는 이러한 화려한 외양과 함께 그녀의 먹을거리도 고운 밀가루와 꿀과 기름을 포함하는 윤택한 메뉴로 짜인다. 이는 분명히 왕후의 위상에 걸맞은 수준이다. 그녀가 왕후의 위상이라면 필시 그녀를 그렇게 장식한 여호와라는 남편은 그럴 능력을 지닌 왕임에 틀림없다. 그녀의 이러한 위상 변화에 덧보태진 것은 그녀의 명성이다. 그녀는 이방인들 사이에 유명해졌다. 그런데 개구리 올챙이 시절을 망각하듯, 그녀는 자신의 불우하던 시절을 접고 이제 화려해진 모습으로 이방세계로 나아가 자신의 부귀를 통해 탈선행각을 벌이기 시작했다. 금은 장식물은 남자 우상으로 변화되었고 고운 의복은 각색의 산당이 되었으며, 좋은 음식들은 그 앞에 베풀어 향기로운 제물로 삼았다. 더구나 그녀는 그의 은택을 입어 낳은 자녀들을 우상에게 넘겨 제물로 삼는 극단적인 행위도 서슴지 않았다.

이러한 종교적 음행은 외교관계로도 확산되어 주변의 강대국 애굽 사람, 앗수르 사람, 갈대아 사람에게 차례로 제 몸을 내어주기에 이른다. 여호와의 징벌에도 불구하고 그녀는 높은 망대를 쌓아 올려 자신의 아름다움을 전시하듯 가증한 구경거리로 내어주면서 다리를 벌려 심히 음행을 일삼았다고 한다. 그 남자 파트너의 특질이 '하체가 큰' 사람으로 묘사된 것으로 미루어 그녀의 절제되지 않는 성욕은 점점 더 도발적인 폭발력을 보여준 것 같다. 그러나 그녀의 이러한 분방한 행보는 '나' 여호와의 눈에 "그 남편 대신에 다른 남자들과 내통하여 간음하는 아내"로 비칠 뿐이다.

그녀의 행음에는 여타의 창기들이 보이는 음행과 다른 특이한 면이 있다. 그녀가 남편 외에 외간남자와 정을 통하며 성교하는 것은 당대의 창녀들이 하는 짓과 다름없는데, 그 창녀들은 화대로 그 남자들로부터 돈이나 선물을 받았다. 그런데 에스겔의 여주인공 예루살렘은 자신의 정부들에게 오히려 봉사한 대가로 선물을 주었다. 자신의 쾌락을 위해 애쓴 값을 화대인 양 넉넉하게 치러준 까닭은 행음하려고 그녀를 따르는 사람들이 없기 때문이었다고 한다. 이는 곧 그녀가 더 이상 외간남자들에게 아름다워 보이지 않았고 오히려 더러운 여자로 비쳤음을 암시한다. 이 비유는 외교적인 맥락에서 남유다 왕국의 위상이 더 이상 강대국의 눈에 중요하게 비치지 않았음을 암시한다.

그의 분노는 마침내 천한 배경으로 어렴풋이 언급한 그녀의 출신성분까지 낱낱이 까발리며 그의 가족관계에 깃든 음탕한 족적을 적나라하게 고발하는 데까지 미친다. 그녀는 자신의 남편과 자녀를 싫어한 어머니의 딸이요 마찬가지의 성향을 지닌 형의 동생으로 헷 족속 어미와 아모리 족속 아비로부터 출생했다. 그녀의 형은 자신의 딸들과 함께 좌편에 거주하는 사마리아이고 그녀의 동생은 역시 그 딸들과 함께 우편에 거주하는 소돔이다. 그녀들의 타락상은 익히 알려진 바대로 가공할 만한 것이지만 예루살렘의 상태는 더욱 부패한 하극상이었다는 것이다. 그들의 죄악이 없지 않지만, 그녀의 타락상에 비하면 오히려 의로울 정도라는 진단이다. 이에 대한 여호와의 심판은 가차 없이 엄중하고 가혹하다. 불타는 분노와 질투가 그녀를 불태워 철저히 그 배신을 보복하고자 한 것이다. 그녀가 정부로 삼았던 자들, 또는 미워했던 자들까지 사방에서 불러들여 그들로 하여금 그녀의 몸을 발가벗겨 수치를 당케 하고 그녀를 돌로 치며 칼로 찌르게 하리라고 여호와는 경고한다. 화려하게 장식한 모든 것들도 다 제거하여 다시 발가벗은 어린 시절의 핏덩이로 되돌리는 형국이다. 이러한 보복의 방식이 끔찍한 것은 그녀와 정을 통하며 성적인 사랑을 나누던 파트너들이 돌변하여 그녀를 치는 위치로 돌변하기 때문이다. 이는 그녀가 그를 배반한 것을 똑같이 되돌려주는 수순으로 그녀 역시 더불어 정을 통한 남정네들로부터 철저히 배반을 당하는 경험을 하게 되는 것이다.

물론 에스겔 16장은 비극으로 종결되지 않는다. 소돔과 사마리아의 회복 메시지가 선포되고 징벌을 받은 예루살렘 역시 어렸을 때 맺은 언약을 갱신하는 절차를 밟아 그녀에게 가해진 징벌이 언약의 당사자가 여호와임을 알게 하기 위한 고육지책이었음을 밝힌다. 그러나 돌로 치임을 당하고 칼로 찔러 죽임을 당한 음부 예루살렘의 처절한 모습은 이미 소생 불가능한 상태로 의심될 정도다. 그만큼 트라우마가 깊이 새겨져 그 경악할 만한 경험의 치욕이 대단했다는 말이다. 하여 그녀가 소생한 뒤에도 '입을 열지 못하게' 된 상태이니 이는 건강한 회복이라고 부르기가 민망할 지경이다. 다만 이 비극적인 결말 끝에 남는 잔상은 그녀가 화대를 지불하면서 자신의 쾌락에 철저하게 집착한 에로틱 에너지의 여운이다.

에로티시즘의 속성상 그것이 금기를 깨면서 금기의 근본을 되묻게 하는 것이라면 우리는 페미니즘 해석학의 도움을 받아 여호와의 질투와 분노가 당시 남성 가부장 체제의 목소리로 대변된 점을 간파할 수 있다. 찢어 죽일 만큼 미운 여자의 자유분방한 행각을 그렇게 철저하게 보복하고자 하는 열정은 예나 지금이나 보통남성들의 통상적인 편집증이다. 그러나 그녀의 도발적인 자기 해체는 딸로 들인 어린 여식을 얼떨결 성교를 통해 아내로 삼은 남성을 단호히 거부하며 자신의 성적인 자유를 만끽하려는 탈인습적인 여성성의 발로로 독해할 여지를 남긴다. 더구나 자신과 잠자리를 같이한 하체가 큰 남정네들에게 그 봉사한 값어치로 화대를 지불하는 배포는 자신의 도발적인 사랑이 수동적 구걸이나 먹고살고자 하는 몸값의 청구가 아니라 욕망의 적극적 구현이라는 측면에서, 당대의 통상적인 여성 이미지와는 상당히 거리가 멀다.

오홀라와 오홀리바의 어긋난 자유 – 에스겔 23장

에스겔 23장이 16장과 다른 점은 사마리아와 예루살렘이라는 두 남북 왕조의 수도를 오홀라와 오홀리바라는 여성 이름으로 의인화한 것이다. 또한 23장은 16장의 말미에 나오는 회복의 희망을 남기지 않는 것도 차이라면 차이다. 좀더 정제된 사법적인 맥락을 끌어들여 공식적 재판의 분위기를 띄우는 것도 23장의 특징이다.

그러나 양 텍스트는 공통점이 많다. 16장과 마찬가지로 이스라엘 족속의 패역과 타락을 성적인 방종이란 관점에서 기술한다. 여호와는 그녀들의 죄악상을 남편인 자기 외에 별도의 애인들과 놀아난 적나라한 애정행각의 맥락에서 고발한 것이다. 이들 두 여인네를 정죄하며 심판하는 기소장의 형식을 빌려 여호와가 그 죄악상을 일인칭 화자의 관점에서 기술하고 있는 것도 공통점이다. 그녀들의 타락상을 특징짓는 우상숭배와 음행이 동격으로 취급되고 있는 점도 같다. 자녀들을 화제로 바치는 반인륜적인 죄악을 자행한 면도 동일하다. 게다가 양쪽 텍스트 모두 공통적으로 피

고인 여성들의 목소리는 철저히 침묵 속에 가리고 남편 여호와의 일방적인 고발과 선포만을 부각시킨다. 진노와 징벌의 초점이 사마리아보다 예루살렘에 맞추어져 있는 것도 16장의 논조와 다를 바 없다. 남편 여호와가 아내의 방종과 타락에 대한 분노와 질투로 불타오르면서도 그녀의 정부들을 불러들여 그녀에게 보복을 가하는 점도 일관된 기조이다. 그들 앞에서 그녀는 발가벗겨져 수치를 당하고 돌로 맞으며 칼로 찔리는 징벌을 겪는다. 적국의 여자들이 그녀가 겪는 이 모든 수치의 목격자로 등장하는 점도 다르지 않다.

디테일로 들어가면 오홀라와 오홀리바의 엽색 행각은 보다 적나라한 풍경을 드러낸다. 여기서 이들과 통정한 간부이자 가해자들은 이스라엘 왕국과 유다 왕국을 멸한 앗수르와 바벨론 제국이다. 이들에 앞서 애굽 역시 한때 이스라엘 왕국과 외교적 유대관계를 지닌 연고로 또 다른 애인으로 등장한다. 이러한 비유는 출애굽 이전의 이스라엘 백성들, 곧 애굽에서 노예생활을 하면서 그곳의 이방종교에 침윤된 이스라엘 역사를 반영하고 있는 것이 분명하다. 이와 관련하여 남편 여호와는 어린 시절 그 두 여인이 "행음하여 그들의 유방이 눌리며 그 처녀의 가슴이 어루만져"진 사실을 적시하면서 고발장을 던진다. 이는 16장의 묘사대로 유방이 뚜렷해지는 성장기의 변화를 이르는 듯한데, 이때부터 이 두 여인에게 음탕한 기색이 만연했음을 암시하는 대목이다.

그러나 그 당시 이스라엘 백성들은 악한 애굽 왕을 만나 노예노동에 강제 동원되어 시달렸을 뿐, 자발적으로 애굽의 우상신을 경배하고 애굽 문화에 동화된 것이 아니었다. 요셉이 죽고 나서 그들에게 조상들의 하나님을 가르칠 마땅한 지도자가 없었고 애굽의 압제치하에서 그 전통 신앙을 따라 살 만한 여건이 되지 못했다. 그런데 질투와 분노에 절은 남편 여호와는 현재의 그 두 여자들에 대한 실망이 극에 달해 그녀들의 어린 시절을 싸잡아 음행의 족적에 포함시키며 정죄하고 있다. 그녀들이 자신의 유방을 눌러달라고, 그 가슴을 어루만져달라고 청원한 것이 아니지 않은가. 더구나 그렇게 노골적으로 외간남자를 유혹하기에 그들은 너무 어리지 않았던가. 다만 힘이 없는 식민족속이라, 여호와가 강력한 후견인을 자처하여 그들을 적시에 보호하지 못했던 터라, 그렇게 무기력하게 유방이 눌려지고 가슴이 어루만져지는 수치를 겪은 것이 아니었을까.

앗수르 사람과 오홀라의 관계도 마찬가지다. 오홀라는 연약한 처지에서 앗수르 사람과 평화롭게 이웃하며 살고자 했지만, 일방적으로 침략하여 그녀를 짓누른 것은 앗수르였다. 원하지 않았는데 일방적으로 당한 것이다. 물론 신명기 사가의 입장에서 이는 오홀라의 죄악에 대한 심판이었고 하나님이 앗수르를 그 심판의 도구로 사용하였을 뿐이다. 그런데 남편 여호와의 분노는 오홀라 쪽에서 먼저 꼬리를 치고 앗수르를 사모한 것이 화근이었다고 한다. 이는 남편 여호와를 의지하지 않고 앗수르의 무력에 기대어 생존을 도모한 외교정책의 실패를 꼬집는 논조로 들린다. 오홀라가 앗수르 사람들 가운데 잘생긴 모든 자들과 행음했다는 지적은 그녀의 색기가 비범했음을 암시한다. 또한 앗수르는 유혹의 대상이 될 만했다. 오홀라가 연애하는 앗수르는 일관되게 "다 자색 옷을 입은 고관과 감독이요 준수한 청년이요 말 타는 자들이라"고 묘사되고 있다. 그런 멋진 외양과 권력 있는 남정네를 사모하고 품고자 한 음욕의 뿌리는 과거의 달콤한 사랑

경험으로 소급된다. 즉 이 모든 게 그녀가 애굽에서 그곳 사람과 동침하여 처녀의 가슴이 어루만져지면서 음란이 그녀의 몸에 쏟아 부어진 때로 소급되는 내력이었다. 남편 여호와는 이와 같이 그녀와 정을 통한 앗수르를 동원하여 그 불법적 연애의 대가를 치르게 했다는 것이다.

    동생 오홀리바의 음행은 오홀라보다 더욱 극심했던 것으로 고발당한다. 그녀에 대한 증오와 원한이 더욱 큰 까닭은 형 오홀라가 음행의 대가로 끔찍한 형벌을 받아 멸망당하는 꼴을 보고도 더욱 담대히 그녀보다 더한 음행을 저질렀기 때문이다. 오홀리바는 형이 사모했던 앗수르 사람과 먼저 관계를 갖는다. 오홀라의 눈에 비친 그대로 오홀리바가 보기에도 앗수르 사람은 "화려한 의복을 입은 고관과 감독이요 말 타는 자들과 준수한 청년"으로 연애할 만했다. 그러나 그녀는 앗수르 남정네에 그치지 않고 고향 갈대아 바벨론 사람의 형상에 마음을 빼앗긴다. 그 바벨론 사람의 형상이 "허리를 띠로 동이고 머리를 긴 수건으로 썼으며 그 용모는 준수한 자"로 다가왔던 것이다. 그를 보고 첫눈에 반하여 그녀는 사절을 보내어 관계를 트고 바벨론 사람과 정을 통하게 된다. 그 방식은 '연애하는 침상'에 바벨론 남자가 올라가 그녀를 더럽혔다는 것인데, 여기서 이 침상의 용도가 오늘날 러브침대를 연상시켜주는 듯하다. 더럽힘의 방식도 매우 엽기적인 성행위를 떠올려주는데, 그녀는 그런 방식이 마음에 들지 않았는지 첫 통정 이후 그들을 싫어하는 마음이 생겼다고 한다. '그'가 아니라 '그들'이라 함은 오홀라의 몸을 성적으로 다루어준 남정네들이 둘 이상이었음을 암시한다. 더구나 그들은 그 하체가 나귀 같고 그 정수가 말 같은 음란한 간부들이었다. 그런 그들의 과도한 성적 에너지에 질렸는지, 여럿

이 덤벼드는 집단적인 성희롱이 버거웠는지, 그녀는 그들을 싫어하였지만 그 음행을 멈추지는 않았다. 오히려 젊었을 때 유방이 어루만져지고 눌려지던 애굽 시절의 행음에의 추억을 떠올리며 그 간부들을 사랑했다는 것이다.

 이에 대한 남편 여호와의 징벌이 추상같았음은 두말할 나위 없다. 그는 그녀에 대한 재판을 법대로 추진하되 그녀가 사랑한 그 정부들의 손에 의해 난폭하게 짓밟히는 방식으로 형벌을 가한다. 특히 오홀리바의 경우 남편의 질투와 분노는 사랑하던 대적들의 손에 그녀의 코와 귀가 깎여버리는 잔인한 방식으로 폭발한다. 이 모든 곤욕을 치른 뒤에 다시는 행음의 추억을 좋게 떠올리지 못하게 될 오홀리바의 처지는, 형 사마리아가 당한 패망과 경악스런 경험의 잔을 다 마시고 취하여 그 잔의 깨어진 조각을 씹으며 자신의 유방을 꼬집는 그로테스크한 파괴적 행동으로 그려진다. 가히 공포스런 심판의 광경이 아닐 수 없다. 쾌락의 수단이었던 유방이 자기 학대의 표상으로 돌변할 때 성욕은 원수가 되고 에로틱한 아름다움은 저주의 근원으로 퇴락한다. 그녀들은 그저 멋지고 근사한 용모를 지닌 남정네에게 끌렸을 뿐이다. 그 젊은 육체의 욕망에 충실하여 호기심 어린 마음으로 한 시절 질펀한 쾌락의 모험을 향해 자유롭게 질주하였을 뿐이다. 그러나 그 자유는 어긋난 방종이었으니 그녀를 거두어준 양육자이자 보호자인 여호와가 이미 남편으로 언약되었기 때문이다. 그 언약의 파기는 서슬 퍼런 분노와 질투의 에너지를 촉발하여 폭력적인 재난을 초래했다. 그녀들을 향해 내려진 심판의 가혹함은 자극적인 섹슈얼리티 이미지와 함께 일그러진 에로티시즘의 폐허를 동반한다.

에로틱한 열정의 도가니에 들끓던 왕성한 성욕의 주인공들이 그 에로틱한 수난을 겪어나가는 모습은 아무리 신학적 정당화의 외피를 덧입혀도 가부장체제 아래 용인된 남성적 폭력의 잔혹상을 머금고 있다. 이 모든 일방적인 고발과 정죄, 심판의 과정에서 그녀들의 목소리는 아무 데서도 찾아볼 수 없다. 왜 패망한 국가와 민족의 비극이 성욕의 자유를 당당하게 추구하고 향유한 건강한 여성의 자유로 빗대어졌는지, 그녀의 몸에 피어오르던 에로틱한 에너지의 활성화가 어찌하여 음탕한 방종의 낙인 가운데 곤욕을 치르게 되었는지 본문의 행간에 질문의 싹조차 엿보이지 않는다. 그 국가와 민족의 경영을 도맡아 온갖 권력을 행사한 대부분의 지도자들이 두루 남성들이었는데도 말이다. 연약해진 남성들을 여성의 이미지로 포장하여 건강한 여성성마저 제 유방을 꼬집으며 학대하게 만드는 방식은 신적인 취향 치고 너무 조잡하지 않은가. 그 모든 저주의 언사들은 포르노그래피의 수사학을 차용하여 에로티시즘의 도발적 창의성마저 짓밟는 부정적 유산으로 남아 있다.

서슴없는 분노, 거침없는 쾌락

에스겔의 포르노그래피적 잔혹한 언사에 대한 정당화 수순으로 저자는 말미에 이러한 논평을 내놓는다. "이같이 내가 이 땅에서 음란을 그치게 한즉 모든 여인이 정신이 깨어 너희 음행을 본받지 아니하리라"(에스겔 23:48). 여기서 우리는 이 목소리의 주인공이 가부장주의 이념에 익숙한 남성이라는 것을 눈치챌 수 있다. 또 그가 주도한 여성 길들이기의 의도를 간파할 수도 있다. 남편을 둔 여성이 제 욕정에 휘둘려 음란의 유혹에 빠져들 틈새를 주지 않고 몰아붙이며 정신 차리라는 일갈을 쏟아 붓고 있는 형국이다. 그러나 국가적 차원의 우상숭배도 그렇거니와 한 가정의 음란을 초래하는 수많은 이유의 상당 부분이 가부장 남성의 무책임과 무능력에 있음을 상식이 있는 독자라면 모르지 않을 것이다. 자신의 이기적 성욕을 해소하기 위한 방책으로 창녀의 수요를 창출한 것이 가부장체제의 성산업 현실이다. 성실한 가부장의 근면한 노동으로 벌어들이는 수입으로 아내는 알뜰한 살림에 힘쓰기에도 너무 분주했다. 그런데도 아내의 희생적 헌신과 윤택한 가정의 구축이란 이상적인 모델대로 유능한 여성은 이러한 수동적 역할에 만족하면서 제 고유의 천직을 다하라는 주문이었다. 제 에로틱한 아름다움의 의미나 제 성적인 욕망의 에너지가 발산되는 창조적 형식 따위는 위험한 금기의 족쇄에 잠겨 있어야 안심이 되었다. 그렇게 되어야 건강한 가정을 유지할 수 있다는 발상도 저러한 모범 여성의 기대치에 부응한다.

    그러나 포르노그래피는 그것이 언어든 행동이든 결국 에로티시즘의 장애물이다. 이는 한 여성의 건강한 인간적 욕망을, 그것을 지어낸 창조주의 의도와 무관하게 억압하는 일이다. 나아가 이는 궁극적으로 창조주의 진의를 왜곡하고 매도하는 죄악이라 할 수 있다. 왜냐하면 남성 주도의 포르노그래피적 상상력이야말로 인간의 형상을 지어낸 창조주, 그 아름다움을 좋게 여기시는 하나님을 무시하는 반동적 기세이기 때문이다. 이는 특히 여성의 아름다움과 욕망의 에너지를 통해 생명의 고유한 멋을 드러내고 온갖 예술적 영감을 불러일으키는 소중한 기능을 무효로 돌리는 처사이다. 여성의 인간성은 남성의 인간성과 상호보완적인 관계를 맺고 있다. 여성의 욕망은 창조의 특수한 영역으로 남성의 욕망에 의해 마냥 압제되고 길들여져야 할 대상이 아니다. 그것은 그것대로 고유하게 개화되어야 할 창조신학적 정당성을 보유하고 있다. 그렇다면 왜곡된 체제 내에서 도발적인 여성성의 전복적 모험과 탈주는 이에 대한 피상적 정죄와 매도, 잔혹한 심판의 수사에도 불구하고 여호와 남편이라는 유비적 휘장으로 은폐해온 또 다른 가부장주의 이데올로기의 피사체라고 볼 수 있다.

이러한 페미니즘의 관점을 살려 보자면 포르노그래피는 에로티시즘이 남성 중심적 가부장주의 상상력에 의해 왜곡되고 타락한 필연적인 귀결이다. 그것은 타락한 여성성의 틈새 진실을 부러 외면하고 지배의 자장을 극대화하려는 또 다른 권력의지의 산물이다. 에스겔 16장과 23장에서 담대하게 제 자신의 쾌락을 추구하고 그 남편의 제도적 통제를 거침없이 벗어난 여성의 자유는, 화대를 지불받는 창녀의 고정관념을 뒤집어 자신의 쾌락에 봉사한 남성들에게 화대를 지불한 전복적인 여성성을 부각시켰다. 남편 여호와의 집요한 억압과 심판 위협에도 불구하고 그녀가 통회하고 자복하는 모습은 좀처럼 찾아보기 어렵다. 그의 불같은 질투와 분노가 위험한 수위에서 잔혹한 살의를 드러내고 있음에도 그녀는 아랑곳하지 않은 채 자신의 쾌락으로 남편의 폭력에 맞선다. 그 언약의 허울 뒤에 가려진 에로틱한 열정이 비록 엽기적인 포르노그래피의 수렁으로 퇴락할지언정 그녀는 그 언약의 상투적인 원점으로 회귀할 마음이 없어 보인다. 그 마음의 한 자락조차 내비칠 제도적인 언로가 없었기에 그녀의 틈새 진실은 이렇게 왜곡된 채널로 드러날 수밖에 없었다. 가부장 남편의 서슴없는 분노와 질투가 죽임의 협박으로 숨통을 조여왔건만 그녀의 거침없는 쾌락은 당당한 죽음의 자세로 그 모질고 잔혹한 정죄와 징벌의 과정을 통과해나갔던 것이다.

양부모로 처음 만나 자신도 모르게 얼렁뚱땅 성교를 당한 뒤 남편으로 돌변한 그 남성과의 혼인언약은 이렇게 어그러진 자유의 시발점에 불과했을지 모른다. 그 틈새의 진실을 살펴보면 모든 여성을 음란의 덫에 붙들어매서 정신 차리게 만들려는 뭇 남성들의 자폐적인 공상은 실패로 돌아갈 공산이 커 보인다. 여성신학자이자 구약학자인 유연희 박사는 에스겔 16장의 이면과 틈새에 숨겨진 여성들의 멍든 진실을 헤집어 그 처연한 탄식의 목소리를 다음과 같이 서늘하게 들려준다.

나는 남편 야훼를 너무 어렸을 때 만나 생명과 성경험과 생존을 전부 그에게 의존했다. 남편은 생활비는 풍족하게 주었지만 내게 별로 다정하지 않았고 아이들과 다정한 관계를 갖지 않았다. 아빠는 가족의 왕따였다. 남편은 내 친구들이나 친정 식구들에게도 관심이 없었다. 나는 나이도 먹고 생각이 많아졌다. 나는 남편이 준 생활비를 꼬불쳐서(15절 이하) 글로벌 사업을 했다. 나는 인물도 좋고 사업 수완도 좀 있는 편이다. 그러다가 바빌론의 무역상들(케나안, 29절)과 사귀었고, 이집트와 아시리아 남자들과도 잤다. 나는 충분히 성적 즐거움을 누렸다(36절, 히샤페크 네후쉐테크, 여성의 사출). 나는 전에 자위용 모조 남근(자카르, '남자 수컷', 17절)을 만들기도 했다. 남자들과 잘 때 나는 봉사료를 지불하고 선물도 주었다(31, 33, 34절). 그러나 남편이든 애인이든 한계가 있었다. 그래서 타종교를 섭렵했고 건물을 지어 기부도

했다(16절 등). 아이들도 나를 따라다녔다. 그리고 내 신념에 따라 아이들을 불 가운데로 지나가게 하였다(21절).[1]

---

[1] 유연희, "성서의 성(性): 에스겔과 아가의 포로노그래피," 「한국기독교신학논총」 67(2000), 62.

11장

공동체의 전위로 나선 아름다운 몸

에스더의 미인계와 정치투쟁

대중문화와 미인계의 내력

21세기 대중사회에서 아름다움은 권력의 자장을 형성하는 중요한 입자이다. 일찍이 자본과 정치적 지위가 독점한 권력의 지형은 섹슈얼리티의 정치적 활약과 함께 큰 지각변동을 보이면서 재편되었다. 특히 가부장체제의 하부구조로 공고화된 자본주의의 영향력 아래 아름다운 여성의 신체는 단순한 여성의 차원을 넘어 '여신'의 경지로 우상화되는 경향마저 보였다. 더구나 감각적인 것의 즉흥적 도발에 민감한 젊은 세대 가운데 아름다운 여성을 향한 갈망은 거의 필사적인 수위로 치닫고 있다. 가령, 특정 연예인의 특정한 신체 부위가 아름다움의 표준인 양 그것을 모방하고자 하는 각종 성형수술 열풍이나 그들이 착용한 의상이나 장신구까지 똑같이 따라하려는 세태는 아름다움의 극렬한 소용돌이가 어떠한 모방 전염을 유발하는지 잘 보여준다. 대중문화는 이처럼 아름다움을 소비하면서 지탱해간다. 감각적인 것들이 여러 갈래로 분할하여 음악이든, 이미지든, 그것을 구체적인 아름다움의 발현체로 형상화하는 역동적 퍼포먼스가 넘쳐난다. 이로써 그 상업적 소품들은 아름다움의 모델을 갈구하는 소비자들에게 점점 더 왕성하게 분배되는 추세다. 그러한 퍼포먼스의 행위는 거기에 반응하는 사람들의 위세에 비례하여 일정한 대중권력을 형성한다. 이른바 '스타덤'의 상징세계는 대중문화의 권력이 최대한 응집하여 정점을 이루면서 일구어낸 아름다움의 총화라고 할 수 있다.

물론 그 아름다움의 한가운데 아름다운 것으로 공인된 여성의 신체가 빠지지 않는다. 그들의 현란한 몸짓과 심오한 인상, 다채로운 표정을 담은 화보들이 대중들의 성적인 취향과 기호에 맞춰 최대한의 매력을 뿜어내고, 그 아름다움은 종종 실체보다 더 극적인 연기술이나 좌중의 흥을 돋구어주는 노래와 춤으로 장식된다. 첩보 및 액션 영화로 잘 알려진 007시리즈에는 빠지지 않고 매혹적인 아름다움을 뽐내는 '본드 걸'이 등장한다. 그녀의 대척점에서 악녀 역할을 하는 여인도 팜므 파탈(femme fatale)의 매력을 풍긴다. 이와 유사한 계통의 대중문화 작품들을 보면 공통적으로 치명적인 매력을 지닌 아름다운 몸이 사건의 구동축을 형성한다. 그녀가 납치되어 쫓기든, 대적을 추적하는 선봉에 서든, 그녀의 매력적인 신체는 전략의 핵심 요인으로 작용한다. 가장 깊숙한 적지의 비밀을 폭로하거나 중요한 물건 또는 사람을 쟁취할 때 계책의 통상적 수순을 이루는 것도 아름다움의 전략전술이다. 이른바 미인계(美人計)라는 책략은 위장전술로 도입되지만 그 미인이 자율적 독립성을 확보하여 때로 이중스파이의 경우처럼 피아의 경계 없이 친구의 적이나 적의 친구로 활약하기도 한다. 흥미로운 것은 서사의 극적인 반전을 위해 치명적인 미를 소유한 여인이 적과 친구의 경계를 넘어 살아야 할 운명에 처한다는 점이다. 그 운명의 극점은 대체로 비극적인 죽음이지만 승리의 축제로 종료되는 경우도 없지 않다.

가령, 리안 감독의 영화 〈색, 계〉에서 치명적인 미소의 아름다움이 돋보이는 여주인공 왕치아즈(탕웨이 분)는 정보부 대장 '이'(양조위 분)를 죽이기 위한 음모에 가담하여 적진에 스파이로 침투한다. 정작 사랑하는 사람이 있었음에도 그녀는 적과 함께 몸을 섞어 욕정을 미끼로 공작하는 일의 반복적 작업 가운데 어느덧 그의 사랑에 길들어져간다. 결국 그녀는 제 편의 사람들에게 배신자가 되었고 동시에 자기가 살려준 적의 수괴가 속한 사람들 편에 붙잡혀 처형당함으로 비극적인 종말을 고한다. 그런데 지금부터 자세히 살피게 될 에스더의 경우는 다르다. 그녀는 적국의 왕비가 되어 왕을 섬겨야 할 신분상의 법도에도 불구하고 그 왕의 권력을 남용하여 제 동족을 죽이려는 적의 수괴 하만의 계략을 퇴치하는 결정적인 공헌을 한다. 그 위태로운 과정에서 그녀의 아름다운 용모가 중요한 변수로 작용했다. 그러나 아름다움도 정치적 수완이나 전략과 만나서야 비로소 뜻을 이룰 수 있었다. 하나님의 가호도 '보이지 않는 손'으로 작용했다. 비록 법도에 어긋나는 위험한 방식이었지만, 그녀는 슬기로운 접근전략을 통해 상대 적진의 계책을 물거품으로 만들고 제 동족이 속한 공동체를 위험에서 구출했던 것이다.

에로틱 미학으로서의 정치

흔히 아름다움은 재현의 대상으로 모사되어 예술작품을 낳거나 고귀한 예찬의 대상으로 승화되곤 한다. 아름다움이 특정한 작품으로 형상화된 결과물은 플라톤적 관점에서 보면 이데아의 모사품이다. 그것은 존재하는 현상계의 한 부분을 모사한, 모사의 모사에 불과하다. 인간이 하나님의 형상을 지닌 존재로 지어진 것이 하나님의 모사품이라면 그 인간의 재능을 통해 이 세상에 존재하는 사물이나 생명의 아름다움을 표현해낸 것은 이중적 모사의 경로를 통과한 결과물이다. 그것은 지고한 순수의 대상으로 격상되어 이 세속의 진부함이나 타락한 속물들과 구별되는 경향이 있다. 그래서 아름답기에 순수한 것으로 추앙될수록 그것은 세속의 더러운 정치로부터 멀어지는 것이 좋다고 여겨진다. 아니, 순수는 그 자체로 더러운 인간의 욕망을 다루는 정치와 본래 거리가 멀다고 믿는 경향이 있다. 이런 사유로 미학과 정치는 전혀 별도의 세계인 양 인식되곤 한다. 마치 미학이 정치의 더러움을 반성케 하고 그 피로함을 탈속시키는 정화의 기제인 양 종교적 숭고함의 영역으로 편입되었던 것이다. 한때 이 땅의 현대사에도 순수/참여 논쟁이 불거져 적잖은 파장을 일으켰다. 문학을 포함하는 예술세계를 세속의 정치에 참여하는 것과 별 상관없이 자족적이고 자율적인 범주로 인식하는 부류와, 이 세속의 정치 투쟁에 참여하여 민중해방과 민족통일 등의 공공선에 기여하는 것이 옳다고 주장하는 부류가 서로 부대끼며 극렬하게 논쟁한 적이 있었다.

그러나 이는 이론과 실천의 이분법적 논쟁과 다를 바 없는 가짜 쟁점임이 드러났다. 이론의 영역에 종사하는 사람들은 그 이론을 현실세계의 경험을 연역하여 체계화한 것이고 실천 현장에 피드백 하는 것이 필수적 공정이 될 테니까 이미 현실에 참여하여 이론적으로 실천하고 있는 것이다. 마찬가지로 실천이 전혀 근거 없는 자맥질이 되지 않기 위해서는 그 실천의 대상이나 현장에 대한 이론적 구상이 필수적이니 그 안에 이미 이론을 품고 있는 셈이다. 마찬가지로 아름다움의 순수는 관념상의 모형으로서 그것이 발원한 특정한 대상이 존재한다. 그것은 이미 생활세계의 한 구성체로 현실에 참여하고 있으니 그 언어적 표현 양식이나 실천 방법의 차이에도 불구하고 순수와 참여의 가치는 유기체적으로 연계된 것으로 봐야 한다. 미학과 정치의 영역도 마찬가지이다. 아름다움이 어떤 결과를 가져오든 거기에는 그 아름다움을 뿜어내거나 이용하고자 하는 욕망을 지닌 몸의 역동적 참여가 항존한다. 또한 이로써 특정한 권력의 자장을 작동시키는 정치적 현실이 발생한다. 미인계의 상투적 책략이든, 고상한 미적 가치의 실현을 정치적 대립관계에서 추구하든, 아름다운 몸의 역동적 표현이 몰고 오는 미학적 메커니즘은 다분히 정치적인 선동력과 파괴력을 동원하여 모종의 파동을 유발하는 것이다.

여기서 미학은 이제 단순히 아름다움의 자율성을 확보하는 선에서 그치지 않고 그 자체의 동력으로 정치를 통합하고 선도하는 역할을 한다. 기존의 체계를 온존시키는 정치의 현상 유지에 가장 극렬하게 반발하고 미학적인 개념으로 새로운 정치의 그림을 그려온 근래의 대표적 사상가는 랑시에르(Jacques Rancière)이다. 그가 경험한 정치판은 억압과 착취의 부당한 식민세계였다. 그 현실을 지식의 차원에서 세세히 잘 알면서도 그 구조에 동참하는 부조리는 그에게 정치를 새롭게 인식하는 계기를 제공해주었다. 그가 경험한 착취의 정치와 그로부터의 해방은 결국 그 구조를 얼마나 과학적으로 인식하는가의 문제가 아니라 자신의 몸이 그 체제 내에서 어떤 자리를 차지하고 있는가 하는 감각의 문제였던 것이다. 따라서 미학도 어떤 형이상학적 아름다움의 모델에 대한 예술적인 승인이나 그 이론적 체계라기보다 구체적인 감각의 세계 안에 우리 몸이 관여하는 방식으로 정의된다. 그런데 예술의 사회적 유용성을 따지는 윤리적 체계나 예술 작품의 위계 및 우열을 결정짓는 재현의 체계는 우리가 몸으로 느끼는 감각적인 것과 감성적인 것을 분할하여 예술을 장르별로 파편화하고 공동체를 구획화한다. 반면 감각의 자유로운 놀이로서 예술은 모든 파편적인 분할의 시도를 거부하고 통전적 미적 체계를 통해 정치적·사회적 평등을 추구한다.[1]

그렇다면 인간의 신체가 섹슈얼리티의 발현을 통해 추구하는 정치적 동역학도 역시 미학적 정치의 측면을 고스란히 드러낸다고 볼 수 있다. 물론 여기서 미학은 자신의 아름다운 용모와 몸의 매력으로써 경계를 넘어간다는 점에서 파격적인 에로틱 에너지를 동반한다. 마치 감각적인 것의 온갖 분할을 거부하는 새로운 미학에 정초한 예술적 평등이 사회적 정치적 해방을 이끌어낼 수 있듯이, 인간의 생명정치를 방해하고 그 미적인 잠재력의 표현을 억압하는 제반 정치적 계략 또한 그 장벽에 갇히지 않는 싱싱한 에로틱 생명 에너지를 통해 타파되고 공동체 전반의 해방 공간을 확보할 수 있는 것이다. 서구사회에서 이따금 들려오는 해외토픽 중에 포르노여배우가 국회의원이 되었다는 소식이 있다. 그 당사자의 신체적 표현이 얼마나 많은 주변 사람들에게 강렬한 에로틱 에너지를 뿜어대는지 알

수 없다. 하지만 이질적인 한 전투적 여성이 노골적으로 전략화한 제 아름다움을 무기로 남성 위주의 정치공간에 몸을 들이밀어 제공하는 파격적 전시효과만으로도 에로틱한 미학적 정치의 실험은 충분히 문제적이다.

모르드개, 에스더, 하만의 권력 투쟁

앞서 잠시 언급한 에스더도 자신의 아름다운 용모로써 미학적 정치를 실천한 주인공이다. 그녀가 살던 때는 바야흐로 유다 왕국이 멸망되어 수많은 사람들이 바벨론의 이역만리 낯선 땅으로 포로로 잡혀가 살던 디아스포라의 시대였다. 거기서 조실부모한 에스더는 삼촌 모르드개의 슬하에서 양육을 받으면서 자랐다. 이때 수산궁에서 제국을 다스리던 임금은 아하수에로였다.² 당시 그의 왕비 와스디는 용모가 뛰어났기에 왕은 그녀의 아리따움을 뭇 백성과 지방관들에게 과시하고픈 욕망이 있었다. 고대 제국의 체제에서 왕비의 존재는 이렇듯 왕의 정치권력을 부드럽게 순치시켜주고 아름답게 장식해주는 에로틱 메커니즘의 기능을 수행하고 있었다. 그런데 왕비 와스디는 왕후의 관을 정제하고 왕 앞으로 나오라는 왕의 명령을 따르길 싫어하여 왕의 진노를 유발했다. 그 결과 이러한 패역한 왕비의 처신을 처벌하여 제국의 모든 아내들에게 귀감을 세우라는 신하들의 제안을 받아들여 아하수에로는 와스디를 왕비의 자리에서 폐위시켰다. 이런 민감한 조정의 상황에서 에스더가 자신의 출신성분을 가리고 오로지 그 단정한 용모로 인해 그 후속 왕비로 발탁되기에 이른다.

여기서 에스더가 자라온 고아 출신의 신분이나 유다의 디아스포라 포로민이라는 배경은 그녀가 왕비로 발탁되는 과정에서 철저히 은폐된다. 궁녀를 주관하는 내시 헤개의 눈에 띄어 그녀의 고운 용모와 아리따운 몸이 호의적인 반응을 얻었을 뿐이다. 그녀는 오로지 자신의 단정한 용모로 표상되는 아름다움의 힘에 의거하여 당시 최고 권력자의 반려자가 된 것이다. 물론 그 과정은 결코 간단하지 않았다. 적잖은 처녀 후보자들이 일년 열두 달 동안 정해진 규례대로 몰약 기름과 다른 향품을 각기 여섯 달씩 몸에 바르며 정결하게 하는 절차를 통과한 후에 비로소 왕에게 나아갈 수 있었다. 왕에게 나아가는 조건으로 그들이 요구한 것을 다 받을 수 있었지만 왕이 다시 그녀를 부르지 않으면 그녀는 내시의 주관 아래 평생 힘겨운 독수공방의 신세를 면할 길이 없었다. 에스더는 왕후 후보자의 조건으로 내건 여러 보상예우 조건에 내시 헤개가 정한 것 외에 다른 요청을 하지 않음으로써 그 겸양의 미덕이 가산점을 얻어 주변의 사랑을 받았다. 이 모든 외적·내적 검증의 절차를 통과한 뒤 왕과 동침한 에스더는 다른 처녀들보다 왕의 총애를 더 많이 받은 결과 왕후의 관을 쓸 수 있었다.

이러한 일차 관문의 통과에도 불구하고 당대의 왕비는 왕의 절대 권력에 철저히 예속된 존재였다. 그녀는 자신의 신체적 매력과 교태로 왕의 환심을 사고 그의 후손을 낳아줌으로써 그 권력의 일부를 누릴 수 있는 부대적 존재였다. 여성적 미모를 매개로 한 섹슈얼리티의 극대화를 통해서만 그 지위는 유지될 수 있을 터였다. 더구나 그녀는 오로지 왕의 명령에 따라서만 왕 앞에 등장하고 물러갈 수 있는 인형과 같은 장식적 위상 속에 감금되어 있었다. 수산궁 안에 머물면서 왕의 앞에 불려나가지 못한 지 삼십 일이나 되는 에스더의 현재 처지는 마치 '감각적인 것의 분할'로 인해 소외된 몸의 처지와 다를 바 없다. 그녀는 아름다운 작품처럼 궁 안에만 머물러야 했다. 왕의 명령에 따라 거동하지 않으면 언제 또 와스디의 전철을 밟지 않으리란 법이 없었다. 그녀는 자기 아름다움을 매개로 디아스포라의 식민백성이라는 불안한 신분에서 일국의 왕후라는 외관상 화려한 신분으로 승격되었지만 실제로는 답답한 장식품일 뿐이었다. 비록 바깥에서 안으로 들어오는 것은 허용되었지만 마음대로 바깥으로 다시 나갈 수 없는 유폐된 신세였던 것이다.

아름다움을 매개로 한 미학적 정치는 위기상황에서 빛을 발하게 된다. 에스더의 밀폐된 왕궁생활은 모르드개와의 만남을 통해 바깥세상을 접할 수 있는 소통의 창문을 확보할 수 있었다. 모르드개는 에스더와 궐내에서 종종 만나 대화함으로써 궁궐의 사정을 익힐 기회를 얻게 되었다. 특히 대궐 문에서 내시 빅단과 데레스가 왕에게 원한을 품고 암살하려는 음모를 꾸미는 걸 간파하고 왕후 에스더를 통해 왕에게 아뢴 결과 모르드개는 역모를 저지하는 혁혁한 공을 세우기도 했다. 그런데 하만이라는 신하가 왕의 권력에 기대어 전횡을 일삼던 즈음, 모르드개는 그의 명령대로 그 앞에 무릎 꿇고 절하지 않았다고 미운 털이 박혀 있었다. 이로 인해 모르드개 자신은 물론 동족 유다 백성들까지 모두 멸망당할 위기에 처하게 되었다. 눈엣가시 같은 모르드개와 그의 동족을 처단하기 위해 하만은 왕의 눈을 속여 조서를 꾸며냈고, 이를 토대로 유다 민족을 모두 진멸시킬 음모를 착착 진행시키는 위기 상황이 도래한 것이다.

이러한 절체절명의 현실에 대응하여 모르드개는 이 모든 일의 자초지종을 파악한 뒤 굵은 베옷을 입고 재를 뒤집어 쓴 채 성 중에서 대성통곡하는 퍼포먼스를 수행한다. 한편 궁궐 내의 에스더는 내시를 통해 이 통곡의 정황에 대해 자세한 경위를 전해 듣고 자신이 처한 상황 역시 모르드개에게 전달한다. 왕후로서 에스더가 처한 현실은 왕이 부르지 않았는데 그 앞으로 가면 죽게 되고 오로지 왕이 금규를 내밀어야 살 수 있는 것이었다.[3] 모르드개는 에스더가 자신의 생명과 신분만을 중히 여기고 동족의 위기를 외면할까 우려한 나머지 매우 강력한 도전적 언사로 에스더를 압박한다. "너는 왕궁에 있으니 모든 유다인 중에 홀로 목숨을 건지리라 생각하지 말라. 이 때에 네가 만일 잠잠하여 말이 없으면 유다인은 다른 데로 말미암아 놓임과 구원을 얻으려니와 너와 네 아버지 집은 멸망하리라. 네가 왕후의 자리를 얻은 것이 이 때를 위함이 아닌지 누가 알겠느냐"(에스더 4:13-14). 이 말을 들은 에스더는 이중의 위기상황에 놓이게 된다. 왕에게 부름 없이 나아가면 자기가 죽을 수 있었고, 그렇다고 방 안에서 제 일신의 안위만 도모한다면 자기를 키워준 모르드개와 모든 유다 동족들이 멸망당할 터였기 때문이다. 이 모호한 상황 가운데 에스더는 하만의 음모에 대항하여 과감하게 왕에게 호소하여 모르드개와 유다 백성들을 위한 헌신적 용기를 발휘한다. 그녀는 먼저 수산의 모든 동족들에게 삼 일 주야로 금식을 요청하고 자신 또한 시녀들과 금식한 뒤 규례를 어기고 왕에게 나아가기로 작심하였다. 혹여 일을 그르치더라도 "죽으면 죽으리이다"라는 단호한 결의와 함께 믿음으로 모험을 감수하기로 한 것이다.

에스더의 지략은 그녀의 아름다운 용모에 더해져 큰 힘을 발휘한다. 그녀는 수산궁 안팎으로 함께 연대할 수 있는 모르드개와 동족들과 합력하여 금식이라는 간절한 방식으로 정신적인 무장을 하였다. 나아가 그녀는 예복을 입고 매우 사랑스럽게 몸을 단장하여 왕에게 접근하였다. 에스더의 아름다운 자태에 매혹된 왕은 그녀에게 접근을 허락하는 표로 금규를 내밀어 만지게 하고 나라의 절반이라도 주겠다며 허세를 부렸다. 왕이 그토록 에스더에게 매혹된 것은 한 달이나 그녀의 몸을 가까이 하지 않은 격조함도 작용했을 것이다. 그러한 결핍의 거리가 격절의 강도를 심화하였고 이에 비례하여 정욕의 강도를 높이는 결과가 생겼으리라고 추측해볼 수 있다. 더구나 그녀의 아름다움은 왕의 시선을 빼앗고 그의 마음마저 깊이 매료시킬 만했다.

그러나 에스더의 미인계는 왕의 그 허세를 냉큼 받아 챙기는 직설적 교태와 거리가 멀었다. 그녀는 나라의 절반이라도 주겠다는 호기어린 제안에 왕을 위해 베푼 잔치에 하만과 함께 왕림해달라고 역제안을 한다. 여기에는 사적인 원한으로 음모를 꾸민 하만을 공적인 자리에서 꼼짝달싹하지 못하게 엮어 처리하려는 역전의 음모가 숨어 있다. 마침내 잔치 자리에서 기세등등하던 하만의 음모가 폭로되었고 모르드개를 매달아 처형시키려던 기둥에 그 자신이 매달려 처형을 당하는 극적인 반전이 이루어졌다. 반대로 모르드개는 왕을 암살의 위기에서 구해준 공로가 뒤늦게 확인되어 높임을 받았고 유다 백성들은 위기에서 구원받는 역사가 이루어졌다. 치열하던 권력 투쟁이 이렇게 모르드개의 용기와 에스더의 미인계, 또 그녀의 그 침착한 기지 덕분에 순조롭게 해소된 것이다. 이런 흐름 속에 화자는 서사의 말미에 부림절의 기원에 대한 설명과 함께[4] 아하수에로 왕과 모르드개 치세기의 번영과 태평성대를 기리면서 해피엔딩으로 대단원의 막을 내린다.

공동체의 전위로서의 아름다움

에스더의 미인계는 바깥에서 안으로 침입하여 위장한 스파이의 미인계와는 여러 면에서 다른 점이 있다. 물론 그녀는 자신이 유다 출신 포로민 성분임을 감추고 궁에 들어가 왕후로 등극하였다. 그러나 그녀가 왕을 시해하거나 무슨 흉악한 음모를 꾸미기 위해 계략적으로 들어와 그 자리에 앉은 것은 아니었다. 그녀는 그저 아름다웠기에 내시의 마음에 들어 여러 왕후 후보자들 중 한 사람으로 뽑혔을 뿐이고, 아름다운 용모에 마음씨마저 겸양한 미덕을 갖춰 왕후로 선발되었을 따름이다. 적당한 타이밍에 그녀는 몰살의 위기에 처한 자기 동족을 풀어달라며 왕에게 간청하였고, 그 와중에 당당히 유다 민족 출신의 제 정체를 노출하고서도 이로 인한 불이익을 받지 않았다.

그녀의 아름다움은 유다 민족의 디아스포라 공동체에서 일궈낸 정치적 전위로서 그 의미가 매우 특출하다. 주지하듯, 바벨론 포로기의 디아스포라 공동체는 희망 없는 생존의 하한선에서 정처 없는 세월을 감내해야 했던 이스라엘 역사의 가장 취약한 기간이었다. 그 낯선 이역만리 이방의 땅에서 소수민족으로 살아남기 위해 그들은 온갖 억압적인 현실을 감내해야 했다. 그나마 외지에서 공동체로 살아남는 최선의 길은 왕을 위시한 집권 세력 가운데 제 동족의 일부를 유력한 지위에 올려 외곽에서 공동체를 측면 지원하는 방편이었다. 훗날 페르시아의 아닥사스다 왕 치세 당시 술관원으로 입조한 뒤 왕의 신임을 얻어 민족해방의 기수가 된 느헤미야가 그 대표적인 인물이다. 에스더는 왕을 최측근에서 보좌하는 왕후로 간택되어 이러한 임무를 수행한 여성 지도자였다고 볼 수 있다.

성서의 관련 본문은 에스더가 왕후 후보자로 간택되어 일 년 동안 자기의 몸을 온갖 향품으로 정결하게 단장하면서 어떤 심리적 상태에 놓여 있었는지 전혀 설명하지 않는다. 부모 없이 친척 집에서 자란 처지에서 왕후가 될 수 있다는 꿈만으로 그녀는 자기의 아름다운 몸이 지닌 상품적 가치를 높이는 데 마냥 쾌재를 불렀을까? 아니면 남의 나라에 끌려와 억압받으며 사는 처지에서 부모까지 잃고 유다 사람으로서 소중한 정조마저 이방인에게 바쳐야 한다는 굴욕감에 몸을 떨었을까? 이러한 양 극단의 상상은 에스더 이야기에서 사실성을 띠지 못하는 듯하다. 그녀는 자신의 감정적 사치를 누릴 여유가 없었던 것으로 보인다. 그녀는 욕심 없는 겸양한 처신으로 내시 헤개의 마음에 들어 궁궐 내의 왕실 측근들에게 일단 호의적인 분위기를 조성하였다. 유다 동족이 멸절의 위기에 처한 상황에서도 그녀는 생사의 고비에서 단호한 결심을 할 만큼 강단이 있었다. 왕에게 접근하면서도 그녀는 나라의 절반을 주겠노라며 호기를 부리는 왕 앞에서 조신한 언행으로 사태를 반전시킬 기회를 얻을 수 있었다.

에스더에게 그녀의 여성성은 자신의 개인적 행복을 위해 여유 있게 누릴 만한 호사스런 에로틱 에너지가 아니었다. 그녀의 아름다운 몸은 개인의 소유물이 아니었던 것 같다. 그것은 조실부모한 때부터 제 외로운 몸을 맡아 아버지처럼 양육해준 모르드개의 은혜에 대한 보답의 도리를 다해야 하는 밑천이었고, 멀리는 타국에 포로로 붙잡혀 모진 고생을 함께 해온 동족들이 무고하게 살육당할 위기의 순간에 도움의 손길을 베풀어야 할 구원의 끈이었다. 그 모든 반전의 역사는 그러나 저절로 쉽게 찾아오지 않는다. 그들은 삼 일간 주야로 치열하게 금식하며 애통하는 자세로 하나님 앞에 간구하는 신앙의 토대 위에 똘똘 뭉쳤다. 나아가 에스더는 예복을 입고 최대한 자신의 몸을 아름답게 치장함으로써 왕의 환심을 단번에 살 만큼 치명적인 매력을 준비해야 했다. 아름다움의 사랑스런 매력이 특정한 임계점에 이르지 못할 때, 그리하여 왕이 에스더에게 금규를 내밀 만큼 환심을 얻지 못할 때, 그녀는 당장 폐위당한 와스디 꼴이 날 수밖에 없는 가슴 떨리는 순간이 아닐 수 없었다. 그러한 내면의 긴장을 떠안고 왕에게 접근하는 에스더의 외양과 몸짓은 기묘하게 에로틱한 기운을 발한다. 그것은 아무것도 가진 것 없고 아무런 뒷배가 없는 연약한 여인이 강인한 용기로써 공동체의 전위를 자처한 생명 에너지의 정치적 시위였기에 감동적인 미학의 순간을 자아낸다.

흔히 여성에게는 조국도 이념도 없다고 한다. 남자에게 의탁한 종속적인 몸으로, 제 욕망의 실현 수단이든, 제 사랑의 성취 도구이든, 그 단일화된 감정의 폐쇄회로 가운데 제 몸에 생명의 씨앗을 줄 남자 자체가 나라가 되고 이념이 되는 까닭이다. 실제로 통상적인 경우 고대의 비빈처첩들이 온갖 암투를 벌이며 눈물겹게 구축하고자 한 유일한 존재의 기반은 왕 앞에서 제 신체의 매력을 극대화하여 교태를 부리고 왕의 씨를 받아 튼튼한 왕자를 낳는 것이었다. 그렇게 가부장왕국의 틈바구니에서 이른바 '내명부'의 권한이라도 잘 챙겨 제 입지를 살리는 것이 최선의 선택이었다. 왕의 그늘에서 제 일신과 가문의 안돈을 추구하면서 대부분의 왕실 여성들은 이와 같은 섹슈얼리티의 당대적 인습에 충실하였다. 그렇게 확보하여 자기 몸 안에 결실한 왕의 씨가 그녀들에게 곧 국가이고 유일한 이념이었던 것이다.

그러나 그것이 대다수 왕실 여성들의 통속적인 길이었을망정 유일한 여성성의 길은 아니었다. 에스더의 존재가 그 대표적 반론의 증거이다. 그녀는 왕의 씨를 받아 왕자를 생산하는 데 몰두하기 위해 자신의 몸을 단장한 것이 아니었다. 그녀가 내명부를 독점하는 권력의지를 발휘하여 궁궐의 여타 처첩비빈들과 궁녀들을 압도적으로 지배하는 정치적 야욕을 품은 증거도 찾아보기 어렵다. 그런 야심을 실현하기 위해 그녀가 법도의 위반을 무릅쓰고 죽으면 죽으리라는 결의로 왕에게 나아간 것이 아니었다. 그녀의 미학적 정치는 오히려 조국을 잃은 동족의 처지를 제 아픔으로 공명하고 자기를 키워준 모르드개의 위기를 자신의 것으로 받아들인 전위적 용기의 산물이었다. 그렇다고 에스더가 제 몸의 미학적 가치에 눈뜨고 나름대로 예술적 감각을 살려 제 몸을 정치적 전위의 기제로 삼을 만큼 그 의식의 내면에서 자율적인 주체로 우뚝 섰다고 봐주기 어렵다. 심리묘사의 증거가 빈약하긴 하나 아무라 잘 봐주어도 그녀가 그렇게 강인하지는 않았던 것 같다. 그녀에게는 법도를 어기면서까지 왕에게 나아가는 것에 대한 본능적인 두려움과 인간적인 연약함이 분명히 있었다. 그래서 자신이 궁 안에서 시녀들과 금식할 동안 모르드개로 하여금 동족과 함께 밖에서 금식하며 사흘 간 하나님께 부르짖으며 협력해달라고 요청했을 것이다.

에스더의 에로틱 분장술과 미학적 정치기술은 결코 위대하거나 웅장한 기세를 동반하지 않는다. 그것은 오히려 식물적 수동성에 의거한 연약한 자의 비장한 조신스러움에 가깝다. 그것은 오랫동안 남의 나라 땅에서 눈치 보며 사는 동안 터득한 '정치적 정적주의'(political quietism)의 처신 방식일 수 있다. 특히 그녀가 한 달간이나 왕과 동침하지 못한 공백 기간을 깨면서 그의 부름 없이 과감하게 나간 포즈와 일련의 과정이 그렇다. 그녀는 왕의 넉살좋은 호기에 호락호락 넘어가지 않고 더욱 절제된 긴장감 속에 자신의 아름다운 몸이 풍기는 전위적 의미를 견고하게 붙잡았다. 그처럼 살 떨리는 긴장감 속에 일렁이는 희망의 기미도 놓치지 않았다. 마침내 그 미학적 정치의 공정은 하만 일당의 모략을 폐하고 에스더와 모르드개, 모든 유다 동족들에게 극적인 반전의 사건을 선사했다. 예상과 정반대의 최후를 맞이하는 하만 일당에 대한 코믹한 인물 묘사와 극적인 반전의 요소가 양념처럼 에스더 이야기의 군데군데서 탐지된다. 이와 같은 다채로운 문학적 복선들은 그 카타르시스의 감각을 단지 일회적 사건으로 끝내지 않고 미학적 형상화 속에 거듭 재현시키는 효과적 장치로 보인다.

"네가 왕후의 자리를 얻은 것이 이 때를 위함이 아닌지 누가 알겠느냐"라는 모르드개의 말이 시사하듯, 에스더의 자리는 단순히 그녀의 에로틱한 용모와 아름다운 몸의 자율적 미학에 종속된 것이 아니었다. 그것은 위기에 처한 공동체의 구원의 '때'를 위한 전위적 몸부림이 그 자리의 통속적 영광을 넘어서 빛을 발하는 아름다움의 정치적 보루였다. 이로써 포로 생활에 눌린 모든 디아스포라 생명들은 희망을 얻고 공동체 구성원들의 꿈이 분할과 소멸을 넘어 감각적으로 체현되는 사건의 정점을 맛볼 수 있었던 것이다.

1 이러한 사상적 기조를 담아낸 랑시에르의 대표적 저서로 다음을 참조할 것. 자크 랑시에르/오윤성 옮김, 『감성의 분할-미학과 정치』(서울: 도서출판 비, 2008); 자크 랑시에르/주형일 옮김, 『미학안의 불편함』(서울: 인간사랑, 2008).
2 아하수에로의 역사적 정체에 대한 학계의 합의된 의견은 그가 메디아까지 통치한 페르시아의 크세르크세스(Xerxes) 왕이었으리라는 것이다. 그는 페르시아 전성기에 인디아로부터 에티오피아에 이르는 영토를 지배했는데 127개의 지방장관 관할구(satrapy)를 총괄할 정도로 방대하였다. 이와 같이 시대적 배경을 설정하면 모르드개의 정체에 심각한 의문이 생긴다. 그가 주전 596년 여호야긴 때 포로로 잡혀가 그로부터 122년 후 주전 474년 크세르크세스 왕의 치세기에 페르시아의 수상이 된 것은 연대기적으로 설득력이 떨어지기 때문이다. 다수 학자들이 에스더를 페르시아 시대보다 훨씬 후대인 그리스 또는 로마 시대에 생산된 고대소설 장르로 보려는 이유가 여기에 있다. Lewis Bayles Paton, *A Critical and Exegetical Commentary on the Book of Esther* (Edinburgh: T. & T. Clark, 1976), 54 참조.
3 역사가 헤로도투스에 의하면 왕이 타인의 접근을 허락하는 표로 금규(golden scepter)를 내미는 법도는 메데(Mede)의 디오케스(Dioces)가 처음 시작했다고 하는데, 이러한 관행을 페르시아 왕들도 강제로 시행했던 것이다. 앞의 책, 220 참조.
4 부림절의 역사적 기원은 통상적으로 수리아 왕 안티오쿠스 에피파네스의 군대장관 니카노르(Nicanor)를 유다 마카베오스가 무찌르고 승리한 기념일에 맞춰 주전 161년경으로 소급된다. 여기서 에스더의 악역으로 등장한 하만의 원형적 인물이 니카노르라는 주장이 제기된다. 또 다른 학설은 바벨론 시대 기원설로 에스더의 저자가 바벨론의 대표적인 신 마르둑(Marduk)을 모르드개로, 여신 이쉬타르(Ishtar)를 에스더로 각기 형상화한 것이라는 주장이 제기된 바 있다. 앞의 책, 77-94 참조.

12장

관능의 춤과 좌절된 에로스

살로메의 춤에 대한 발칙한 상상

팜므 파탈의 원형?

다른 모든 것이 부족해도 예쁘기만 하면 용납된다고? 이는 항간의 풍설이지만 실제로 그렇게 믿고 그런 기준으로 여자를 판단하는 사람들이 꽤 있을지 모를 일이다. 여기서 '부족함'을 악행과 사특함, 불의함 따위로 바꿔도 비슷한 논리가 통할까? 빼어난 아름다움을 갖춘 여인의 용모가 치명적인 악행의 도구로 사용되면서 끔찍한 불의의 결과를 초래하는 경우 말이다. 곰곰이 살펴보면 이런 유의 풍설은 오래된 선례와 전통이 있는 것 같다. 그 한 원형을 '팜므 파탈'(femme fatale)이라는 불어로 표현하는데, 애증이 교차하는 그 치명적인 여인의 대명사이다. 행실과 심성으로 봐서는 죽도록 못된 여자인데, 그 용모가 풍기는 아름다운 빛의 관능적 아우라는 보는 이들을 눈부시게 하고 마침내 눈멀게 하여 사람들은 그 힘에 온전히 압도당한다. 그 아름다움의 힘에 이끌려 결국 사악함조차 사랑하지 않을 수 없는 인간의 에로스적 욕망이 왜, 어떻게 죽음을 향해 뻗어 있는지 서늘한 암시를 던진다. 그런데 그 욕망이 파괴적으로 발동하여 자신의 죽음을 넘어 타인의 죽임을 초래한다면, 그 처참한 살육의 풍경도 팜므 파탈이 내뿜는 치명적 아름다움의 광휘로 가려질 수 있는 것일까?

여기 한 여인이 있다. 그녀는 당대의 의인 세례 요한을 사모했다. 요한은 그때 광야의 예언자로 자신의 어미와 의붓아비 사이의 불의한 혼인을 질타하였고 그 죄과로 감옥에 갇혀 있는 상태였다. 그러나 그 부자유의 몸이 그녀의 관능적 열정을 가로막을 수 없었다. 감옥의 세례 요한을 찾아가 간절하게 구애했지만 그녀는 그의 단호한 공박 속에 물러서야 했다. 자신의 모든 걸 다 주고 싶은 사내가 코앞에 있건만 그녀는 목석같은 그의 몸과 마음 그 어느 하나도 얻을 수 없었다. 자신의 멋진 춤사위로 그를 즐겁게 해주고 싶었건만 그녀의 치명적인 몸매와 용모조차 요한의 가슴에 불을 붙이지 못했다. 메뚜기와 석청을 먹으면서 단련된 그의 몸속에 불타는 토라의 의로운 법이 본능이 갈구하는 욕정을 이긴 탓이었다. 그 여인은 자신의 뜨거운 사랑을 알아주지 않는 세례 요한이 한없이 야속했지만, 양손이 만나지 않으면 손뼉소리를 내지 못하는 걸 어쩌랴!

마침내 기회가 찾아왔다. 의붓아비이자 갈릴리의 분봉왕 헤롯 안티파스의 생신에 춤 출 기회가 생긴 것이다. 의붓딸의 관능미에 매혹된 헤롯은 일곱 차례 옷을 벗으면서 자신의 나신을 거의 전부 노출한 이 팔팔한 신체의 현란한 몸짓에 이끌려 모든 것을 다 들어줄 것 같은 호기를 부렸다. 그녀는 어미 헤로디아의 사전 주문을 마음에 담아두고 있던 터라 세례 요한을 요구했다. 내면에 갈등이 없지 않았을 것이다. 그는 죽은 몸이 아니라 살아 온기 있는 그 사내의 뜨거운 몸을 품고 싶어 했기 때문이다. 그러나 그것이 불가능하다는 직감이 든 어느 순간, 그녀는 자기도 모르게 어미의 주문을 복창했다. 세례 요한의 머리를 달라고. 잠시 고민 끝에 헤롯은 군주의 체통을 지키기 위해 소원대로 그 머리를 잘라 주어야 했다. 피 냄새가 진동하는 사내의 시커먼 머리를 소반에 받았을 때 그녀는 사내의 식어가는 입술에 자신의 입을 맞췄다. 살아서 갖지 못한 사랑하는 사내의 몸을 흉측한 수급으로 받아 마침내 제 가슴에 품었던 것이다. 그렇게 죽은 몸으로 사내를 소유한 그녀는 혼자 중얼거린다. "당신의 입술에서 쓴맛이 나는군. 피맛이었나? 아니야, 아마 사랑의 맛이겠지. 사랑은 쓴맛이라고 하니까." 에로스의 열정은 증오의 회한과 함께 그렇게 막을 내렸다. 죽은 자는 말이 없었고, 다만 그 부릅뜬 눈으로 토라의 진리를 증언하며 욕정의 포로로 갇힌 젊은 여인의 눈길을 질책이라도 하듯 뚫어져라 응시할 뿐이었다. 권력과 체통에 경박해진 헤롯과 복수로 불타던 헤로디아의 증오심도 숯불처럼 다 타들어가 재로 변한 채 시퍼런 아켈라우스 요새 주변에 메아리치고 있었다.

성서의 대표적 팜므 파탈로 변신한 이 여인은 살로메다. 그녀를 그러한 캐릭터로 변모시켜준 대표적 작가는 오스카 와일드이다. 이 위트 넘치는 불세출의 작가는 자신이 쓴 희곡『살로메』에서 그녀를 팜므 파탈의 원형으로 재구성해 보여주었다.[1] 이것을 다시 리하르트 슈트라우스가 동 제목의 오페라로 만들어 상연함에 따라 살로메는 완전히 새로운 근대적 캐릭터로 거듭날 수 있었다. 중세기까지 살로메를 주목한 예술가는 별로 없었다. 더러 그녀를 그린 작품 속에서 그녀는 흉악한 이미지로 살벌하게 묘사되었을 뿐이다. 그러나 19세기 들어 살로메 그리기 붐이라도 생긴 듯 많은 화가들이 그녀를 화폭 안에 색다른 모습으로 재현해냈다. 그 중에는 청순한 소녀 같은 살로메도 있고 화려한 장식의 관능적인 옷을 입은 요부의 이미지가 생동하는 초상도 있다. 귀스타브 모로(Gustave Moreau)가 1876쯤에 그린 살로메 연작 그림에서는 연꽃을 든 그녀의 늘씬한 자태에서 신비감마저 풍길 정도이다. 그러나 그 신비적 에로스의 이미지는 이내 요부의 마성으로 돌변하여 공중에 떠 있는 세례 요한의 머리와 정면 대결하며 기 싸움을 벌이는 장면을 연출하기도 한다.

한편 칼릴 지브란의 『사람의 아들 예수』라는 작품에서 살로메는 모친의 일관된 악행과 달리 세례 요한의 죽음에 관여한 자신의 잘못을 회개하며 용서를 구하는 신실한 신앙고백자로 둔갑하여 등장한다.[2] 작가의 예술적 상상력 속에 팜므 파탈의 이미지가 정반대의 순정한 여인으로 거듭난 셈이다. 그녀는 예수에게 드러내고 싶었던 내면을 이렇게 고백한다. "나는 한때의 열정에 못 견뎌 당신의 친구를 죽였습니다. 내 죄를 용서해주지 않으시렵니까? 나를 불쌍히 여겨 내 젊음을 그 눈 어둔 짓에서 놔주지 않으시렵니까? 그리하여 당신 빛 속에서 걸을 수 있게." 여기서 살로메는 세례 요한의 죽음에 관여한 일이 '한때의 열정'에 이끌려 '눈 어둔' 상태에서 저질러진 것이라고 참회한다. 그녀는 이 죄의 족쇄에서 벗어나려 간절하게 용서를 구하는 경건한 모습까지 선보이고 있다.

이 모든 후대의 재구성 작업이 얼마나 사실일지는 상상의 영역에 속할 뿐이다. 아마 역사적 사실과 전혀 무관할 공산이 크다. 문학적 영감과 예술적 상상력이 그녀를 근대 이후 그렇게 다채롭게 변모시킨 게 틀림없다. 여기서 떠오르는 최종 질문은 무엇이 그녀를 그렇게 색다른 모습으로 다양하게 변용시켰느냐는 것이다. 무엇이 그 숱한 화가와 작가, 시인들에게 영감을 주어 성서 에피소드의 한 조연에게 그처럼 화려한 의상을 입히게 했느냐는 것이다. 에로티시즘의 한 파동이 금기의 해체를 겨냥한다면 우리는 독자로서 살로메의 어느 구석에서 그러한 해체적 상상력을 이끌어낼 수 있을까? 그녀는 어미의 말을 옮겨 세례 요한의 목을 달라고 한 마디 복창했을 뿐, 구구절절 자신의 내면을 드러낸 바가 없다. 다만 춤이라는 몸동작으로 말했을 뿐이다. 혹 이 특이한 그녀의 동선에 해석의 묘처가 머물러 있는 건 아닐까?

춤과 관능과 복수의 삼각관계

역사적 사실의 복원을 위해 먼저 살로메의 족보부터 살펴보자. 역사가 요세푸스의 기록에 의하면 살로메는 헤로디아와 헤롯 빌립 사이에서 태어난 딸이었다. 세례 요한의 비판에 빌미를 제공한 요인은 헤로디아가 자신의 남편을 버리고 그의 이복형 헤롯 안티파스와 결혼했다는 것이었다. 이 결혼이 헤롯 안티파스가 헤로디아에 반해 동생의 아내를 빼앗아버린 것인지, 헤로디아가 헤롯 안티파스를 유혹하여 남편을 저버리고 더 권세 높은 안티파스를 탐한 것인지 딱 부러지게 확인하기 어렵다. 더욱 혼란스러운 것은 요세푸스가 살로메에 대해 다른 곳에서 기록해놓은 내용 때문이다. 거기서 살로메는 헤롯의 아들인 또 다른 빌립과 혼인한 것으로 나온다. 이 헤롯이 헤롯 안티파스가 아니라 헤롯 대왕을 지칭한 것이라면 살로메는 자기 모친과 항렬이 같은 작은아버지뻘 사내와 결혼한 셈이 된다. 만약에 저 헤롯이 헤롯 안티파스라면 살로메는 자신의 배다른 이복형제의 부인이 된 격이다. 그러나 그녀의 첫 혼인은 순탄치 않았고 이후 그녀는 또 다른 헤롯 가문의 친척 아리스토불루스와 재혼한 것으로 드러난다. 결혼생활이 복잡하게 꼬인 것 하나만 봐도 살로메는 제 어미 헤로디아를 닮았다. 한마디로 모전여전이다. 고대국가 통치자의 혼인이 대부분 정략결혼의 측면이 강한 것이 사실이다. 이들 모녀의 결혼 사정도 이와 무관치 않은 상황에 휘둘린 점이 없지 않았을 것이다.

어쨌든 이들 셋은 한 가족이 되었다. 각기 이해관계는 달랐지만 일단 한 배를 탄 것이다. 그런데 그들의 그 결합을 못마땅하게 보는 인물이 있었으니 그가 바로 세례 요한이다. 그것은 개인의 일시적인 감정 문제가 아니라 명백히 토라의 교훈에 위배되는 점이 있었기 때문이다. 이러한 반응은 또한 토라의 가르침을 신실하게 존중하던 당시 경건한 다수 유대인들 가운데 형성된 보편적 정서였을 것이다. 세례 요한은 민심에 담긴 그런 의사를 대변하고자 했다. 마침내 지배층의 위신이 더 깎이길 꺼려한 나머지 헤롯 안티파스는 세례 요한을 붙잡아 아켈라우스 요새의 감옥에 넣어버렸다. 헤롯 안티파스의 목적은 그가 더 이상 민심에 불을 지펴 자기 일가를 비방하고 더 나아가 그들을 선동하여 치안을 불안하게 하는 동인을 미리 차단하려는 데 있었던 것 같다. 이를 위해 그의 입을 막는 것만으로 충분하다고 판단했을 듯싶다. 그러나 헤로디아는 그를 원수처럼 여겼다고 한다. 이 사건을 최초로 보도한 마가복음 6:14-29의 자료에 따르면 헤로디아는 세례 요한의 비판에 다분히 감정적으로 반응한 것으로 보인다. 그녀는 세례 요한이 자신의 위상을 깎아내리고 체통을 훼손하는 것을 견디지 못했다. 거기서 쌓인 독한 감정이 세례 요한을 죽이고자 하는 살의로 나타난 것이다.

그에 비해 헤롯은 정치적인 동시에 종교적인 차원에서 대응했다. 세례 요한에 대한 이러한 그의 입장을 요약해놓은 다음 구절이 그 증거이다. "헤롯이 요한을 의롭고 거룩한 사람으로 알고 두려워하여 보호하며 또 그의 말을 들을 때에 크게 번민을 하면서도 달갑게 들음이러라"(마가복음 6:20). 그는 정치적인 차원에서 세례 요한이 단순한 개인이 아니라 민심을 등에 업고 여론에 영향을 끼치는 문제적 개인이라는 사실을 잘 알고 있었다. 그가 그런 위상 가운데 나름의 대중적 리더십을 행사할 수 있었던 것은 그의 금욕주의 생활에 터한 의롭고 거룩한 행실에 기인한 바 컸을 것이다. 요컨대, 토라의 전통을 수호하고 그 시대의 혁신을 주창한 그의 종교적 절제의 삶이 대중의 호응을 유발하는 권위를 낳은 셈이었다. 헤롯은 그것을 두려워할 줄 아는 정치적 감각을 가지고 있었기에 심지어 그를 '보호'하기까지 했다.

더구나 그 종교적 권위에 뭔가 신통한 것이 있다고 생각했음인지 그는 세례 요한의 메시지를 고통스럽게 여기면서도 달갑게 들었다고 한다. 옳은 말이 송곳처럼 가슴을 찌르는 듯한 통증을 야기하지만 그것이 옳다는 것을 알기에 다른 한편으로 내심 즐겼으리라는 것이다. 이는 자기 스스로 고통을 자초했으면서도 그런 고통에 대한 고통스런 처방을 즐기는 가학증과 피학증의 뒤엉킨 심리를 대변한다. 그만큼 그는 대중적 종교성에 대한 나름의 인지적 감응력을 가지고 있었다고 볼 수 있다. 그런 그가 세례 요한을 수감하여 입만 봉쇄하는 선에서 감옥 속에 보호한 데에는 복잡한 변수를 따지면서 모호하게 처신한 그의 이중적 욕망이 작용했을 법하다. 이러한 모호한 헤롯의 처지가 세례 요한을 원수로 여겨 죽이고자 하는 헤로디아의 감정적 욕구를 제어하고 있었던 것만은 분명해 보인다.

이 두 사람에 비해 살로메의 정체는 매우 기묘한 감이 있다. 그녀는 복음서에서 헤로디아의 딸인 동시에 '코라시온'(korasion)이라 불리고 있다. 이 호칭은 혼인하지 않은 여성을 가리키는 말인데 우리말 개역성경에는 '소녀'라고 번역되어 나온다. 그렇지만 혼인하지 않은 여성은 소녀 외에 처녀라고도 불릴 수 있기에 이 어휘로 연령대를 특정하여 말하기가 곤란하다. 실제로 영어번역에서 사용된 'maid' 'damsel'이라는 어휘도 '소녀'와 '처녀/아가씨' 등의 함의를 두루 포괄한다. 대략 10대 초반에서 후반까지의 연령대가 연상되지만, 이 희랍어 자체가 특정 연령대를 가리키는 것은 아니다. 복음서에 이 용어가 쓰인 곳은 여기 말고 야이로의 딸을 언급한 대목 한 군데가 더 있다(마태복음 9:24, 25). 거기서도 10대 어간의 딸이 연상되지만 그녀가 소녀에 가까운지 성적으로 한창 무르익은 처녀에 가까운지 확정해 말하기 어렵다. 한 가지 분명한 것은 살로메가 이 당시 아주 어린아이는 아니었으리라는 것이다. 그녀는 명색이 왕인 의붓아비의 생일잔치라는 공식석상에 초청받아 춤을 추기로 예약된 상태였다. 더구나 그 자리는 지역의 유지라 할 만한 그럴듯한 손님들을 모셔놓은 자리로 철부지 몸짓으로 장난 칠 상황이 아니었다. 그녀에게 이런 분위기를 파악할 만한 분별력과 자신의 춤을 포상하려는 의붓아비의 제안에 모친의 뜻을 살필 만한 감각의 여유가 있었다는 얘기다. 이런 범주의 '코라시온'이라면 어느 정도 인심과 물정에 눈을 뜬 10대 중반 이후의 무르익어 가는 싱싱한 육체가 연상된다.

살로메의 춤은 과연 좌중을 즐겁게 할 만한 매력을 동반했다. 오스카 와일드의 희곡에서 묘사된 것처럼 그가 일곱 겹의 베일로 선정적인 옷차림을 하였는지, 그의 춤동작이 얼마나 어떻게 관능적이었는지 복음서는 전혀 기록하지 않는다. 그 자리에 참석하지 않은 화자가 그 세세한 내용을 잘 몰랐겠지만 무엇보다 거기에 전혀 관심이 없었기 때문이다. 다만 그녀가 비교적 단정한 옷차림새로 나라의 절반까지 떼어줄 만큼 거창한 의붓아비의 포상 약속을 이끌어내었다면, 이는 헤롯에게 '롤리타 콤플렉스'(Lolita complex)를 자극했으리라고 추측해볼 수 있다. 러시아계 미국작가 블라디미르 나보코프(1899-1977)가 1954년 발표한 소설 『롤리타』³ 에 연원을 둔 이 용어는 성적으로 완전히 자라지 않은 여성에게 성적 흥분을 느끼는 심리적 특이성향을 가리킨다. 일반적으로 소아성애증상을 포함하여 어린애를 대상으로 하는 성적 욕구의 표출을 포괄하여 사용되기도 한다. 반면 이 여인이 성적인 관능을 농염하게 드러낼 만한 차림새로 의붓아비와 좌중의 지체 높은 자들의 성적 판타지를 높이는 데 일조했다면, 우리는 살로메의 춤사위에 담긴 관능의 정치적 의도를 짐작해볼 수 있다. 그러한 농염한 끼의 발산을 통해 좌중의 시선을 홀린 뒤에 모종의 거래를 도모하거나 기대를 품었을 법하다는 것이다.

물론 복음서의 본문은 어느 곳에서도 살로메와 헤로디아 사이에 사전에 짠 각본의 흔적을 보여주지 않는다. 헤롯이 "무엇이든지 네가 원하는 것을 내게 구하라 내가 주리라"고 약속한 것은 살로메가 춤을 춘 이후의 정황이었다. 또 이에 대한 답변을 어미 헤로디아에게 가서 구한 것도 그 제안을 받은 뒤의 시점이었다. 어미가 세례 요한의 머리를 언질로 주고 나서 살로메는 그게 뭔지도 모르면서, 적어도 진중하게 그 의미를 숙고해보지도 않은 채, 그대로 헤롯 앞에서 복창했을 듯싶다. 추측컨대, 그녀는 그 답변을 재미있게 왕 앞에 내놓으면서 천진하게 웃었을지도 모르겠다. 그녀에게는 자기 어미와 헤롯 안티파스의 결혼을 두고 쑥덕거리는 항간의 거친 소문이 귀에 들렸을 리 만무하다. 설사 그런 비슷한 얘기를 들었다손 치더라도 그것이 그녀에게 심각하고 대수로운 화제로 심사숙고의 대상이 되었을 개연성은 낮아 보인다. 그녀는 그저 발랄한 몸으로 춤추며 끼를 발하는 소녀/처녀였다. 살로메는 자기 춤의 진가를 인정해준 의붓아비와 손님들 앞에 보다 화끈한 재롱을 부리고 싶었을 것이다. 마치 박범신의 소설 『은교』에서 자신의 신체적 매력과 성적 관능성에 대해 전혀 눈뜨지 못한 '은교'가 그녀의 신체를 진지하게 읽어주고 멋지게 표현해주며 아름답게 발견해준 이적요의 시선과 문장에 감읍했던 것과 마찬가지 이치다.[4] 이렇듯 세례 요한의 목은 헤로디아에게 원수의 복수였고 헤롯에게 모호한 양가적 심리의 장본인이었지만, 살로메에게는 자신의 춤을 통해 극대화한 환상의 기표였다.

    그렇게 냉큼 내뱉고 교환된 말 한 마디로 세례 요한은 참수라는 극형을 받고 핏덩어리 머리로 소반에 올려졌다. 이로써 살로메는 자신의 의도와 무관하게 에로스의 기능을 수행한 매체가 되었다. 그녀는 자신의 소녀스런 몸짓을 통한 관능의 힘으로 모친의 원수를 갚아 부당한 살인을 살인인지도 모른 채 저지르는 데 가담했다. 사회적 명성이 자자한 인물을 여론에 눈 감은 채 목 잘라 죽이는 처사는 왕비로서의 체통과 명예를 결국 밑바닥으로 패대기치는 극단적 스캔들에 불과했다. 그것은 그녀의 앞길을 거칠게 만들고 그녀의 행보를 가로막아 넘어뜨리는 결과가 되었을 것이다. 확실히 그것은 '살인하지 말라'는 계명에서 규정된 바 인간으로서 인간에 대한 최후의 금기를 위반하는 부정적 파괴행위였다.

나아가 살로메의 춤이 유발한 파동은 헤롯 안티파스의 모호한 이중성을 단박에 해체하여 한 쪽으로 무너지게 만드는 효과를 수반했다. 그는 막판까지 자신이 무심코 살로메에게 내뱉은 호기로운 약속을 지켜야 할지, 거룩하고 의로운 사회적 리더에 대한 최소한의 금도를 지켜야 할지 그 틈새에서 고민한다. 앞서 그가 처한 내면의 이중성과 다른 구도에서 그는 또 다른 양자택일의 기로에 놓였던 것이다. 살로메의 청을 거절하면 공석에서 발설한 자신의 말을 지키지 못한 용렬한 소인배가 되겠고, 그렇다고 그 청을 수락해버리면 정치적 요주의 인물을 아무런 정치적 실익 없이 제거함으로써 그 부담을 온전히 떠맡아야 하는 권력의 미래가 우려되었던 것이다. 살로메의 춤과 한 마디 답변은 그 모든 주저함을 확실한 방향으로 밀어붙였다. 그것은 권력의 금도를 허물면서 헤롯을 종교적으로 무지하고 정치적으로 포악한 인물로 각인시키는 선택이었다. 그것을 빤히 예견하면서도 자기 말을 지키지 않을 수 없었던 헤롯의 마지막 곤혹스러움은 아이러니 그 자체다.

소반 위의 잘린 머리로 남은 사나이

세례 요한은 살로메를 알았을까? 그가 갇혔을 때 살로메가 그를 연모하여 찾아와 구애했을까? 오스카 와일드 식의 각본이나 이를 형상화한 미술작품은 감옥에 갇힌 세례 요한을 진정한 자유인으로 부각시키고 창살 밖에서 애욕에 굶주린 살로메를 욕망의 포로로 대조시키려 했을 것이다. 그러나 이런 상상의 창 밖에서 냉엄하게 역사자료를 훑어보면 세례 요한은 살로메의 춤사위를 보지 못했고, 왜 자신이 목이 잘리는지 잘 알지도 못했을 확률이 크다. 세례 요한이 공격한 건 헤롯 안티파스와 헤로디아의 부정한 결합이었지 헤로디아가 데려온 딸 살로메와는 전혀 무관했다. 그는 그러니까 자신이 무지했고 전혀 무관심한 살로메의 춤사위로 목이 잘려 죽은 것이다. 그렇다면 살로메의 춤에서 발원하는 에로틱한 에너지는 세례 요한의 운명과 어긋나는 우발성의 소모품에 불과한 것이었을까?

주지하듯 세례 요한은 광야의 사람이었다. 그는 메뚜기와 석청을 먹고 털가죽으로 옷을 삼아 구약시대 예언자 엘리야의 풍모를 체현했다. 그는 그렇게 금욕주의의 삶으로 자신의 스타일을 가꾸어 이스라엘을 언약공동체로 쇄신하고자 하는 의욕으로 '하나님 나라'의 메시지를 선포했다. 그런 그를 붙잡아 가둔 것은 헤롯의 물리적인 공권력이었지만, 그의 목이 잘려 죽게 된 매개적 동인을 제공한 것은 살로메의 춤이었다. 몸의 욕망을 최대한 억제하는 금욕주의의 실천자 세례 요한의 세례 사역과 비교할 때 살로메의 춤은 죄의 숙주인 그 육체 가운데 아름다움을 표현한 행위로 상극의 대조를 이룬다. 더러운 마음을 그 몸과 함께 씻어 회개의 열매를 맺으라고 선포한 세례 요한의 메시지를 조롱하듯, 그녀는 자신의 몸동작을 최대한 아름답고 자극적으로 꾸며 권력자들 앞에 일대 퍼포먼스를 선보였을 테니 말이다. 구약성서에서 유명한 춤으로 거론할 만한 다윗의 춤은 언약궤의 입성을 하나님 앞에서 하나님과 더불어 기뻐하는 춤이었다. 자신의 속옷이 다 비칠 정도로 격하고 흥겹게 춘 다윗의 이 춤은 그 천진한 동작으로 인간의 조롱거리가 될 만한 포즈였다. 이에 비해 살로메의 춤은 순전히 사람을, 그것도 권력 깨나 있다는 남자들을 기쁘게 하는 춤이었다. 더구나 그 권력의 정점에 그의 춤을 예뻐하는 의붓아비 헤롯이 있었다. 의붓아비도 아비는 아비일 텐데 그 아비를 남자로 여기고 춘 춤이었다면 이는 꽤 외설적인 해프닝이 아닐까. 세례 요한은 감옥에서 이 사실을 전혀 모른 채 자신의 속내를 헤매고 있을 뿐이었다.

마태복음의 이야기가 들려주는 대로 세례 요한은 감옥에 갇혀 있을 때 메시아의 존재에 대해 회의적인 마음을 품고 예수가 오시기로 약정된 그분인지 확인해보고자 제자들을 보낸 적이 있었다. 세례 요한은 감옥에 갇혀 온갖 잡념이 만발하던 차에 예수의 정체가 갑자기 궁금해졌다. 예수가 자신이 기대해온 메시아가 맞는지, 아니면 다른 누군가를 또다시 기다려야 하는 건지 의문이 생겼던 것이다. 예수의 관점에서 하나님의 나라는 폭력에 의해 침탈을 당해 심지어 세례 요한처럼 위대한 의인조차 그 폭력으로 인해 피해를 볼 수 있었다. 반면 세례 요한은 하나님의 나라가 그처럼 구불구불한 파행을 보이기보다 즉각적으로 임하여 이 땅을 평탄케 하리라고 전망했을 가능성이 크다. 그럴 경우 그는 의로운 일로 갇힌 자신을 감옥에서 당장 구출해줄 만큼 의로운 하나님의 권능이 조속히 나타나리라고 확신했을 것이다. 그런데 자신은 여전히 컴컴한 감옥에 갇혀 시간만 죽이고 있고 기대해온 대로 예수를 통한 하나님 나라의 도래가 즉각 이루어질 조짐은 뚜렷하지 않았다. 예수는 이에 대해 자신으로 인해 실족하지 않는 자가 복이 있다(마태복음 11:6)는 말로써 끝끝내 견뎌야 할 인고의 자세를 주문했을 뿐이다. 하지만 그러한 기다림의 끝이 언제까지일지는 아무도 몰랐고 하나님의 나라도 결국 타이밍이 문제였다. 세례 요한은 이런 정황 가운데 자기의 미래 운명을 도무지 예측하기 쉽지 않았을 것이다.

이러한 불확정의 상태에서 매듭을 지어준 동인은 세례 요한과 전혀 다른 스타일로 파국의 빌미를 제공한 살로메의 춤사위였다. 그녀의 춤을 치장해준 의상에 대한 자세한 묘사가 생략되어 있지만 그것은 상상컨대 세례 요한의 차림새와 정반대의 취향이었을 것이다. 그녀의 화사한 의상과 자극적인 몸동작이 세례 요한의 약대털옷과 거친 양식을 무색케 하고 그의 금욕적인 동선을 지워버리는 순간이 불현듯 닥쳤다. 이 우발성의 순간을 예측하지 못한 채, 왜 죽는지 구체적인 사유를 듣지도 못한 채 그는 죽은 머리로 소반 위에 담겨 잔치자리를 찾았다. 그 기형적인 몸, 일그러진 머리의 얼굴 표정을 상상해보라! 그것은 음식을 담아야 제격일 소반에 담겨 온갖 진귀한 음식으로 성찬을 차렸을 잔치 마당에 또 다른 음식처럼 운반되어 나왔다. 그의 머리는 헤로디아에게 씹어 먹어도 시원찮을 원수의 종말을 시위하는 통쾌한 전리품이었을 테고, 헤롯에게는 모호한 심리적 갈등을 유발해온 께름칙한 죄책감의 출처였을 것이다. 그러나 정작 그 수급의 직접적인 수혜자인 살로메에게 그 핏덩어리 머리통은 아무런 정략적인 의미도 없는, 그저 자신의 천진한 춤사위에 얹힌 하나의 붉은 장식품이 아니었을까.

　춤의 열기가 채 가시지 않은 살로메의 관능적인 몸 앞에서 세례 요한의 죽은 몸은 메시아 예수에 대한 정리되지 않은 일말의 회의적 의문을 말끔하게 해소시켜주었다. 이러한 맥락에서 살로메의 춤은 세례 요한으로 하여금 하나님의 나라를 죽어서 보게 해준 우발적인 운명의 결절점이라 할 만하다. 이처럼 소반 위에 잘린 머리로 살로메를 만난 사나이 요한은 살로메의 춤을 보지 못한 채 그의 품에 안겨 있었다. 그 둘 사이의 감정이 섬뜩함이었을지, 연민이었을지, 포만감이었을지, 아니면 문학적 상상력이 창작해놓은 대로 둘 사이에 오갔던 모종의 연정이었을지 아무도 모른다. 다만 그 소반에 담긴 망자의 머리는 헤롯의 잔칫상에 차려진 하객들을 위한 음식과 전혀 다른 차원에서 춤을 추느라 에너지를 소모한 살로메의 음식처럼 바쳐졌다. 그토록 치열하게 금욕적 방식의 식사를 철칙으로 지켜낸 광야의 사람, 그의 육체가 보드라운 옷으로 관능의 몸을 감싼 쾌락적 육체의 품에 안겨졌던 것이다.

관능과 파괴적 에로티시즘

　살로메는 영문도 모른 채 춘 자신의 춤으로 긴장관계를 해체하였고 그 철저한 파괴로써 뒤엉킨 관계를 해소했다. 자신의 춤사위에 담긴 관능의 위력이나 의미도 모른 채 실현된 그 퍼포먼스의 후과는 누구도 예감하기 어려웠던 우발적인 해프닝의 성격이 짙다. 그녀는 자신의 춤이 내장한 에로틱 에너지로 자신의 형식적 아비를 매혹시켰다. 자신의 권력을 나눠 절반의 지분을 할애해도 좋을 만큼 왕의 본능적 감각은 대만족이었다. 이 외설적인 마력의 실속은 어미 헤로디아의 욕망을 채운 결과로 나타났지만, 그것이 전통적 규범을 어기고 무고하게 의인의 생명을 해쳤다는 점에서는 또 다른 일탈적 해프닝에 불과했다.

그 파국의 끝자리에 세례 요한의 잘린 머리가 하나의 기묘한 상징적 의미로 존재한다. 그 수급의 물질성은 그것이 위치한 소반에 음식처럼 담겨 그것을 탐하는 자에게 제공된다. 그 의로운 생명을 죽게 한 살로메는 그 죽음의 의미를 전혀 모르는 듯하다. 다만 그녀의 춤이 이끌어낸 대성공에 축하의 장식처럼 그 머리통은 덧없이 소모될 뿐이다. 그녀의 에로틱 에너지는 파괴적 카타르시스를 통해 선악의 경계를 허물며 일거에 의인을 비참한 사지의 그늘로 처박는다. '예수=메시아'의 등식에 의문을 품었던 세례 요한은 영문도 모른 채 그 의문의 의미조차 미해결의 난제로 남기고 이승의 문을 닫아버린다. 그래서 이들 관계의 성급한 결절은 등장인물들의 미래를 더욱 미궁으로 몰아넣는다. 살로메의 춤으로 비롯된 헤롯의 경솔한 언행이든, 자신의 분노와 원한을 살육으로 해소하고자 했던 헤로디아의 집요한 욕망이든, 그 출구는 파괴적 비극이다.

에로스는 본디 합일을 꿈꾼다. 그것은 합일을 방해하는 모든 장애물을 파괴하면서 태초의 원형적 생명을 갈구한다. 그렇다면 살로메의 춤이 뿜어낸 에로스의 동력이 이러한 기대에 순전히 부응하는가? 헤롯과 헤로디아, 세례 요한 사이에 뒤엉킨 관계는 세례 요한이 꿈꾼 대로 '회개의 열매'를 통해 순탄하게 해소되지 않았다. 그러한 해피엔딩이 배반당한 자리에 오로지 헤로디아의 구태스런 원리, 곧 '눈에는 눈, 이에는 이'의 보복률이 승리를 거두었다. 그러나 그 승리가 얼마나 값어치 있을까? 그 대가로 그녀는 의인의 죽음이 신원을 호소하며 아우성치는 소리에 시달리지 않았을까? 그렇게 그녀는 자신을 살인자로 낙인찍는 항간의 원성과 함께 내면의 두려움 속에 오래도록 신음할 것이었다. 헤롯의 모호한 이중성도 해체되었다. 이제 거룩한 자의 의로운 메시지를 고통스럽게 들어온 그의 착종된 심리도, 그 저변의 복합적 욕망도 말끔하게 정리되었다. 그러나 그러한 갈등의 해소는 그의 정치를 뒷받침하는 긴장의 끈을 풀어 없애고 제동장치 없는 경거망동과 폭압의 시절을 예고한다.

    살로메의 후일담은 어떠했을까? 자신의 춤으로 분봉 왕인 의붓아비와 유력한 남성들을 매혹시킨 살로메는 어쩌면 그 관능의 파괴적 힘과 그로 인해 애꿎은 생명에게 닥친 우발적 재난의 비극을 뒤로 돌린 채 소녀 고유의 천진함으로 상당 기간 태평했을지 모르겠다. 혹여 한 줌이라도 그녀의 성찰적 자의식이 고였더라면 그녀는 찜찜한 불편함을 달래며 계속 그런 춤으로 자기 몸의 미학적 표현에 열기와 광기를 더해나갔을 것이다. 그런데 그게 행복이었을까? 그녀가 혼인대상으로 이 남자 저 남자를 거쳐 갔다는 요세푸스의 간략한 정보에 기대지 않더라도, 그녀는 어지러운 남성편력을 통해 순간의 관능적 쾌락에 굶주린 뭇 남성들에게 충분히 성적 매혹의 대상이 되었을 것이다. 그러나 그녀가 삶의 반성적 주체로 성장하여 존재 자체의 매력이 될 만큼 그 내면의 의식이 풍성하게 심화되어갔을 것 같지는 않다. 더구나 나이 들수록 그 춤사위에 담긴 에로틱 에너지의 효능도 예전 같지 않았을 것이다. 그녀는 제 어미 헤로디아의 습성대로 에로스의 원력이 희미해진 늙은 신체 속에 도리어 원한과 복수의 불꽃을 키워갔을

지 모를 일이다. 그처럼 망가지고 추해지기 전에 모든 춤의 추억을 망각 속에 묻어버린 채 일찍 죽었다면 그나마 행복이었을 것이다.

---

1 오스카 와일드/한명남 역,『도리안 그레이의 초상/살로메』(서울: 동서문화사, 2012).
2 칼릴 지브란/박영만 역,『사람의 아들 예수』(서울: 프리월, 2011).
3 Vladimir Nabokov, *Lolita* (Penguin Books, 2006).
4 박범신,『은교』(서울: 문학동네, 2010).

13장

향유(香油)와
향유(享有)의 신학적 미학

예수와 한 여인의 거룩한 사치

은폐된 전승의 곡절

에로스의 핵심은 무엇보다 합일의 정념을 지향한다. 에로티시즘은 그 합일을 훼방하고 진리를 사랑하는 데 이르는 모든 부정적 스캔들을 혁파하는 해체의 에너지다. 그 매개는 대체로 몸이다. 무엇보다 치열하게 불타오르는 욕망의 몸이 탐욕의 허방을 제어하고 투명한 의욕으로 발산될 때 에로스의 창조적 생산성은 극대화된다. 인류 역사는 특히 여성의 몸을 아름다움의 표상으로 곧잘 추앙해왔는데, 그것은 인간의 영혼과 종종 대조되면서 하등한 가치로 폄하되곤 했다.

신약성서의 언어로 사용된 희랍어에 담긴 그 문화적 태반 역시 영혼/육체의 간편한 이분법에 익숙한 사상을 그 밑바탕에 깔고 있었다. 그것이 금욕주의에 일부 감염되었을 때 여성의 신체, 특히 발가벗겨진 몸과 특정한 부위의 노출은 영혼의 구원을 좀먹는 부정적인 금기로 아로새겨졌다. 중세시대의 '마녀사냥' 스캔들에서 최고조에 달한 이 위선적 풍조는[1] 기실 신약성서로까지 소급되는 측면이 있다. 그러나 적어도 복음서에서는 그 풍조와 갈등하면서 싸우는 현장을 가끔 보여준다. 복음서의 저자들이 인간의 몸, 먹을거리, 정욕, 가족, 이 세대의 부정성을 부각시켜 영혼, 영생, 썩지 않을 것을 내세울 때, 그들은 몸의 연단과 몸의 향유 사이에 모종의 긴장감을 노출한 것이라고 볼 수 있다.

복음서가 전승의 집합체라고 하지만 그 전승의 곡절은 간단하지 않다. 아무리 분석하고 해체하여 끼워 맞춘다고 해도 우리가 온전히 재구성하기 어려운 복잡다단한 사연들이 그 가운데 숨어 있기 때문이다. 그 중에 한 이야기가 관통한 전승을 여기 소개해보려 한다. 그 전승의 주인공은 때로 실명으로, 때로 익명으로 등장한다. 예수와 연관되어 서사의 흐름을 타는 이 여인의 전승은 기묘한 뉘앙스를 머금고 네 군데 산재되어 있다.

가장 오래된 전승으로 알려진 마가복음(14:3-9)의 이야기를 따라가면 대강 다음의 항목으로 그 이야기의 얼개가 간추려진다.

1. 배경: 베다니 나병 환자 시몬의 집
2. 주요 사건: 한 익명의 여자가 값비싼 나드 향유 옥합을 깨트려 예수의 머리에 부음
3. 반응: 향유를 허비한다고 어떤 사람들이 분노함. 300데나리온 값어치의 향유를 팔아 가난한 자들에게 나눠주는 게 좋았을 거라며 여자를 향해 질책함
4. 예수의 개입: 그녀를 괴롭게 하지 말라고, 좋은 일을 했다고 두둔함. 자신의 장례를 온 힘을 다해 미리 준비한 것이라고 정당화함. 복음이 전파되

는 곳에 이 여자의 행위도 그와 함께 기억되리라고 전망함

마태복음(26:6-13)의 평행문도 마가복음의 이야기를 거의 유사하게 따라간다. 간단한 차이점은 여인의 행동에 분개하여 꾸짖은 '어떤 사람들'이 '제자들'로 바뀌어 그 정체가 명확하게 드러나고 있다는 정도이다.

요한복음(12:1-8)의 평행문은 좀 더 많은 차이점을 드러낸다.

1. 배경: 예수가 주검에서 일으킨 베다니 나사로의 집
2. 주요 사건: 나사로의 여동생 마리아가 값비싼 나드 향유 한 근을 예수의 발에 붓고 머리털로 닦음
3. 반응: 향유를 허비한다고 비난한 제자는 가룟 유다로 단일화 +그에 대한 비난 논평 첨가
4. 예수의 개입: 장례를 예비한 것이라고 그녀의 행동을 두둔함. 그러나 앞으로 기억되리라는 말씀은 생략함

이 세 복음서의 이야기 버전들은 대체로 예수가 죽음에 임박하여 예루살렘으로 내려가 머물던 기간에 베다니라는 곳에서 발생한 에피소드로 소개되어 있다. 향유를 부은 사람이 여자라는 점도 공통되고 그녀의 행위에 대한 주변의 비난에 예수가 덕담하며 두둔해주는 것도 공통 요소이다. 다만 그 여자의 정체와 그녀의 행동을 비난한 부류의 정체에 대해서는 다소 혼선이 있을 따름이다.

이에 비하여 누가복음(7:36-50)이 설정한 이 이야기의 배경과 등장인

물은 매우 상이하게 드러난다.

1. 배경: 갈릴리 사역 기간 내 한 바리새인의 집에 식사 초대받은 자리
2. 주요 사건: 그 동네의 죄 지은 한 여자가 울며 예수의 발을 눈물로 적시고 자기의 머리털로 닦아준 뒤 그 발에 입 맞추고 향유를 부어줌
3. 반응: 초청한 바리새인이 이 사태를 방치한 예수를 공박함
4. 예수의 개입: 시몬에게 빚진 자의 비유를 들려주고, 예수를 맞이한 그의 행태와 이 여인의 행실을 비교 평가함. 여인의 죄를 용서해주고 평안히 보냄

이 네 가지 전승에서 요한복음의 버전은 아무래도 '돈'에 대한 관심을 부각시키면서 가룟 유다를 비방하는 데 초점을 맞추고 있는 것으로 보인다. 누가복음의 버전은 기존의 전승을 모두 끌어들여 복합적으로 이야기를 재구성하되, 이 여인이 죄인이었다는 사실을 주목한다. 특히 저자는 예수에 대한 그녀의 극진한 사랑과 정성으로 그녀가 예수로부터 죄 사함을 받았다는 사실을 강조한다. 아울러, 이 죄 지은 여인의 이야기는 '더 많이 용서받은 자가 더 많이 사랑한다'는 메시지를 정당화하는 서사적 틀로 작용하고 있다. 이처럼 이야기의 잔가지들이 다채롭게 분기하는 걸 보면 이 에피소드의 전승 경로에 은폐된 곡절이 있었으리라는 심증을 갖게 된다. 그것은 이야기를 구전시킨 익명의 청중들이 한 여인을 향해 투사한 왜곡된 욕망과 무관치 않아 보인다.

이러한 은폐된 서사적 굴절 가운데 저자/편집자의 특이한 관점으로 이

야기의 해석적 초점이 역동적으로 변용되었을 가능성이 크다.[2] 분명히 확인할 수 있는 사실 하나는 이 여인의 행동이 당대의 일상적 관행에 비추어 매우 파격적이었고 예수가 그 여인의 몸과 접촉하며 교제하는 상황이 즐길 만하면서도 감추고 싶은 파열된 욕망의 기로였으리라는 것이다. 더구나 여기에 등장하는 눈물, 발, 향유, 머리털 등의 감각적인 이미지들은 다분히 에로스적 상징장치로서 그 해석의 자장이 넓고 깊은 울림을 동반한다. 게다가 기념비적 사건으로 승화된 이 이야기의 신학적 미학은 인습적 금기를 파괴하는 에로티시즘의 창조적 에너지를 뿜어냄으로써 텍스트의 행간에 극적인 역동성을 살려내고 있다.

사무침을 담아내는 매개들

이야기의 확산 경로를 점검해보면 흥미로운 서사적 증폭 과정이 탐지된다. 먼저 마가복음의 첫 이야기에서는 여인이 나드 향유를 예수의 '머리'에 붓는 게 사건의 발단이었다. 이는 거룩한 하나님의 종들을 임명할 때의 풍경을 떠올려준다. 예언자, 왕, 제사장이 임명될 때 이러한 도유식을 하는데, 예수는 메시아로 그 사역의 정점인 십자가 죽음을 향해 치닫는 한 지점에서 기름부음의 행사를 치른 셈이다. 이것은 공식적인 행사장에서 벌어진 일이 아니었다. 이 행사가 예수의 죽음을 앞둔 상황에서 친애하는 이들과의 식사자리 가운데 일상적 해프닝처럼 일어났다는 사실이 아이러니하다. 예수의 복음이 전파되는 경로와 현장이 그랬듯, 그는 길 위의 공생애 사역을 추진하면서 회당이나 성전이 아닌 일상의 살림이 펼쳐지는 이런 장소를 선호했던 것 같다. 그는 전혀 아닌 것처럼 은근히, 이 기름부음을 통한 돌발적인 섬김의 행위를 하나의 기념비적 사건으로 자리매김한 것이다.

요한복음에 오면 향유를 붓는 대상이 예수의 머리에서 '발'로 이동한다. 마가복음에서 불투명했던 그 도유의 직접적 계기도 여기서 예수의 장례를 미리 준비하는 것이라는 명분과 동떨어져 있다. 그것은 자신의 오라버니를 부패해가는 시신에서 다시 살려준 은덕에 마리아가 감사하는 보답의 차원으로 암시된다. 더구나 마리아는 그냥 향유를 붓는 데 그친 게 아니라 예수의 발을 자신의 머리털로 닦아주는 데까지 나아가는 극진한 정성을 담대하게 표현하고 있다. 이러한 장면 전환은 메시아로서의 정점을 예비하는 마가의 도유식 분위기를 종으로서 예수를 섬기는 극진한 보은과 사랑의 맥락으로 둔갑시켜준다.

머리와 발의 차이는 현격하다. 머리는 숭고한 인체의 최고점이다. 이는 인간을 조종하는 가장 중요한 기관인 뇌가 머릿속에 있다는 의학적인 사실과 별도로 여러 문학적 상징과 신학적 의의를 부추기는 인체의 핵심 부위이다. 예수 그리스도 자신이 후대에 교회공동체를 표상하는 몸의 머리로 등치되었을 정도이다. 그런데 발은 인체의 가장 밑바닥에 위치하여 조금 걷기라도 하면 금세 퀴퀴한 냄새를 풍기는 부끄러운 지체이다. 당시 먼지 폴폴 날리는 팔레스타인의 흙길을 다녔을 발들은 쉬 더러워지고 냄새 또한 고약했을 것이다. 따라서 예수 당시 유대인 사회에서 남의 집에 초대받거나 하루 일과를 마치고 귀가했을 때 실내로 들어가기 전에 발을 닦는 것은 필수적인 수순이었다. 조금 여유 있는 집안에서 주인이나 손님의 발을 닦아주는 봉사 임무는 그 집의 종들에게 맡겨졌다. 근래 고고학적 발견은 실제로 손님들이 발을 닦도록 만들어놓은 디딤돌이 실재한 정황을 보여준다. 거기 틀지어진 돌판 위에 발을 올려놓고 물로 발을 씻은 뒤 실내로 들어가기 전 발에 향유까지 바른 사례가 발견되기도 하였다.

요한복음의 이야기에서 예수의 발에 향유를 부어 씻어준 마리아는 또 자신의 머리털로 그 발을 닦아준다. 향유가 매개한 예수의 발과 이 여인의 머리털이라 … 그 향내가 풍기는 안온한 분위기에 발과 머리털이 만나 만들어낸 촉감은 상상만으로도 에로틱한 에너지를 뿜어낸다. 상식적인 판단에 의하면 여성에게 머리털은 아름다움의 표상이다. 그만큼 소중하여 당시 그것을 베일로 덮어주는 것이 정숙한 여성의 처신이라고 여겼을 정도였다. 아울러 긴 머리털을 베일로 덮어주지 않을 경우 천사들마저 유혹할 빌미를 주는 것으로 일각에서 생각했을 정도다(고린도전서 11:10). 이는 여성의 머리털이 지닌 성적인 매혹의 위상을 암시한다. 이즈음도 그렇지만 옛적에도 여성들이 머리털에 쏟는 관심과 정성은 자신의 여성적 정체성과 긴밀한 상관관계를 이루고 있었다.

마리아가 예수의 발을 자신의 머리털로 닦아주고자 했다면 그는 낮은 자세로 머리를 숙여야 했을 것이다. 물론 긴 머리털을 가지고 있어야 그러한 행동이 가능했을 테다. 이는 동작상으로 보면 발과 머리의 만남, 곧 얼굴과 발의 만남을 연상시켜준다. 발이라는 가장 낮은 지체를 향해 여성으로서 가장 민감하고 소중한 지체를 내미는 자세는 극진한 공경과 애정의 몸짓 아니고서는 불가능한 선택이다. 정신분석학적으로 보면 남자의 발은 성기를 상징한다. 그것은 남성성의 굳건한 발현이다. 이에 비해 여성의 머리털은 이 세상의 다친 상처를 덮어주고 싸매는 보호기제로 해석될 수 있다. 그것은 정갈하기에 늘 깊숙하게 감추어져 있다. 그러나 베일을 벗고 감싸둔 머리털을 풀어 내리면 그것은 이내 감미롭고 향기롭게 이 세상살이의 오염물질을 정화하는 매개체가 된다.

예수의 발에는 이미 값비싼 나드 향유가 부어진 상태였다. 가장 천하게 보이는 발 위로 가장 값비싼 향유의 보드라운 감촉이 느껴졌을 것이다. 거기에 풍기는 은은한 향기는 지친 심신을 달래주는 후각적 위안물로 다가왔을 법하다. 그런데 여인의 향기가 그 치렁치렁한 머리털을 통해 감촉되니 이는 남녀가 가장 농밀한 정서적 교감 속에 소통할 만한 예비 장치가 두루 갖추어진 셈이다. 그러나 이러한 에로틱한 항목들은 요한복음의 서사적 문맥에서 마리아와 예수를 이드거니 연인스러운 분위기 속에 엮어주지 않는다. 이 두 사람 사이의 온정은 극진한 감사인사에 가깝다. 마리아는 얼마 전 예수가 시신으로 썩어가는 오라버니를 활기찬 청년으로 다시 살려준 은택에 대해 사무치는 감사의 마음을 이렇게라도 표현하지 않으면 안 되었던 것이다.

인간적인 감사에서 에로틱한 공명으로 전이되는 관계의 심화가 가능할까. 감사의 극진한 성의가 쌓이고 쌓여 자신의 가장 소중한 여성성을 선물로 드리는 헌신적 열정으로 발화될 수 있을까. 거기에 이음줄이 있다면 그것은 '사무침'의 정서 같은 게 아닐까. 도저히 일어나기 불가능한 일이 일어났을 때 감격에 벅찬 나머지 그 주인공에게 자신의 모든 것을 헌납하고 싶은 열정의 비등점이란 게 있다. 더구나 마리아가 누군가. 그녀는 예수 일행이 자신의 집에 찾았을 때 주를 대접하려는 마르다 언니의 부산스런 동선과 달리 예수 앞에서 조용히 말씀을 청종하는 조신한 자세로 그와 함께 하길 즐겨했던 여인이다. 그런 그녀가 수동적으로 예수의 말씀을 듣는 식물성의 포즈를 바꿔 과감하게 자신의 머리까지 풀어헤치면서 섬김의 행동에 나섰던 것이다. 값비싼 향유까지 쏟아 부으면서 그녀는 내부에 들끓어온 사무치는 정념을 그렇게 폭발시키지 않을 수 없었던 모양이다. 더구나 그 향유가 혼인예물로 준비해둔 것이었다면 그녀의 그 행동은 마치 예수를 신랑으로 받들어 섬기고자 한 적극적 의사 표현과 다를 바 없을 것이다.

눈물의 형이상학과 향유의 신학

누가복음의 버전으로 옮겨가면 여인의 몸짓은 한층 더 과감해진다. 이 편집자는 요한복음의 이야기에 나오지 않는 '눈물'을 등장시킨다. 이 여인은 앞서 짚어본 대로 모종의 죄를 범한 상태에서 무심코 예수가 함께한 식사자리에 참석하게 되었다. 그때 그녀가 흘린 눈물은 예수가 전한 즉석설교에 대한 감흥의 차원에서 우러난 반응 같지 않다. 그만큼 뜬금없지만 다소 의아스런 점이 눈에 띈다. 그녀가 죄인이라는 걸 예수를 초청한 바리새인이 알았다면 그녀가 범한 죄를 알면서도 그 자리에 동참하는 것을 용인했다는 말이다. 그렇다면 그녀의 합석은 시험용 미끼였을까. 그녀가 지은 죄는 무엇이었을까. 여인을 죄인이라고 칭하는 것은 무슨 도적질 같은 것이라기보다 정숙한 품행을 뭉개고 간음 따위의 죄를 저질렀으리라는 암시를 던져준다. 예수와 함께하게 된 그 자리에서 그녀는 예수의 존재 자체를 온 몸으로 느끼는 듯한 포즈로 다가선다. 그녀의 눈물에는 사무치는 회한을 담아 그렇게 구차한 죄를 짓지 않을 수 없었던 고단한 삶의 피로를 호소하는 듯하다.

예수는 그녀가 죄인이라는 걸 인정하면서도 그녀의 그 눈물에 담긴 순정한 의미를 애써 무시하지 않았다. 그것이 매우 큰 죄였다고 할지라도 그는 더 큰 죄, 더 많은 죄를 용서받은 자가 더 크게, 더 많이 감사하는 심리적 이치를 간파했다. 김현승의 시구에 의하면 '눈물'은 인간의 인체 분비물 중에 매우 심오한 형이상학적 가치를 지니는 순수의 대명사이다.

더러는
옥토에 떨어지는 작은 생명이고저……

흠도 티도,
금가지 않은
나의 전체(全體)는 오직 이뿐!

더욱 값진 것으로
드리라 하올 제,
나의 가장 나중 지니인 것도 오직 이뿐!
아름다운 나무의 꽃이 시듦을 보시고
열매를 맺게 하신 당신은,

나의 웃음을 만드신 후에

새로이 나의 눈물을 지어 주시다.³

이즈음 워낙 다중적 자아의 극장식 연기 연출에 능한 세태인지라 눈물조차 그 진정성을 자주 의심받고 이른바 '악어의 눈물' 운운하는 의심이 만연한다. 그래도 저 여인의 눈물은 눈물로 끝나기에는 뭔가 사무치는 정한을 품은 것처럼 보인다. 그도 그럴 것이 그녀는 자신의 눈물로 예수의 발을 적셨을 뿐 아니라 그 젖은 발을 자신의 머리털로 닦아준 다음 거기에 입 맞춤까지 선사했다. 그런 연후에 향유가 부어지는 순서가 잇따른다. 마가복음의 버전에서 향유만 부은 행위가 요한복음의 버전에서는 향유를 붓고 머리털로 닦아주는 2단계의 행동으로 번졌다면, 이곳 누가복음의 서사구도 속에서는 먼저 눈물로 발을 씻겨주고 머리털로 닦은 연후 입을 맞추고 향유를 붓는 4단계의 행동으로 확대되었다. 이러한 기하급수적인 행동의 증폭 현상은 이야기 전승의 과정 속에 상당한 굴절이 스며들었을 가능성을 높여준다. 예수 앞에서 향유 옥합을 깨트려 붓는 도발적인 여인! 그 여인은 그럴 만한 합리적인 사유를 가지고 극진한 감사와 예수의 존재에 대한 사무치는 정념을 그렇게 표현했을 것만 같다. 이러한 구도 아래 그 정체불명의 여인은 요한복음의 저자/편집자에 의해 나사로의 누이 마리아로 실명을 얻고 구체화되었을 것이다.

그런데 누가복음의 저자는 이 정도의 각색으로 만족하지 못했다. 그는 머리털을 풀어 향유로 얼룩진 남자의 발을 닦을 정도였다면 제 정숙한 여성성을 포기하면서까지 속내를 드러낸 여인이라고 상상했을 것이다. 이는 한술 더 떠 그녀가 심히 불결한 죄인이라는 불온한 상상을 부추기지 않았을까. 그렇게 등장인물의 성격을 규격화한 뒤 그녀의 행동을 묘사하는 장면에서도 그 파격은 배가된다. 한 남자의 발에 여인의 눈물과 머리털, 입술까지 동원되고 마침내 그 시각과 청각, 촉각의 합류 지점에 최종적인 피날레인 양 후각의 진한 향내까지 보태진 형국이다. 그녀는 이 모든 감각을 동원해서 예수의 가장 낮은 몸의 자리를 빛내고 있다. 그것이 죽음이라면 그녀는 그 죽음의 자리에서 예수를 높이며 향기롭게 한다. 그것이 가난이라면 그녀는 그 가난의 자리에서 예수의 부요함을 시위한다. 어떻게? 바로 그녀의 눈물과 머리털과 입맞춤과 향유가 합작한 역설적 낭비와 사치를 통해!

이처럼 끈끈한 인연을 맺은 여인이 예수와 특별한 관계로 정립되는 것은 지극히 당연해 보인다. 후대의 외경문헌에서 이 여인의 정체가 다시 막달라 마리아로 변모된 것은 이런 맥락에서 이해된다. 막달라 마리아는 앞의 요한복음 버전에 나오는 '마리아'라는 이름을 공유하면서 그녀 특유의 출신 배경에 비추어 이 파격적인 여인상을 페르소나로 뒤집어쓸 만한 적격의 후보였을 것이다. 주지하듯, 그녀는 일곱 귀신에 들렸다가 예수의 치유기적을 통해 고침 받고 갱생한 전력이 있었다. 뿐 아니라 그녀는 이후 예수의 십자가 죽음과 부활의 중요한 증인으로 등장함으로써 자연스레 이러한 극적인 역할의 주인공과 동일시될 만했다. 그렇다면 복음서의 전승과 초기교회사의 전승을 통해 예수에게 향유를 부은 이 여인의 이미지는 도유식을 통해 예수의 장례를 예비한 예언자 내지 복음 전파자의 이미지에서 회개한 죄인의 이미지로 은연중 굴절되어왔다고 볼 수 있다. 다시 말해 위대한 성녀에서 회개한 창녀처럼 변신한 것이다. 따라서 이 여인의 팔자가 모질다고 한다면 그것은 그녀의 잘못에 기인한 실상이 아니라 여성에 대한 편견에 찌든 가부장체제 내의 집단무의식이 추동한 허상이 아니었을까 싶다.

시각을 바꾸어 예수의 입장에 서보면 놀랍게도 일관성이 엿보인다. 그 일관된 주제를 한마디로 농축시키면 또 다른 의미의 향유(享有)이다. 예수는 이 여인의 충실한 헌신을 통해 섬김을 받았고 낭비나 사치로 비난받을 만한 물질적 매개로써 호사스런 감각적 순간을 누렸다. 복음서와 교회사의 전통에 비추어보면 예수는 독신이었다. 십자가에서 운명을 달리했을 때 그의 연세는 고작 30세쯤이었다. 한참 활동할 나이에 목숨을 내놓는다는 것은 쉽지 않은 선택이었다. 예수의 정상적인 인간 욕망을 고려할 때 그 선택을 하나님의 뜻에 합치된 섭리로 정당화하지 않으면 매우 견디기 어려웠을 것이다. 그가 팔팔한 청년의 신체적 열망과 욕구를 지니고 살면서 하나님 나라의 공생애 사역에 매진했음을 복음서는 사방팔면으로 증언한다.

그는 출가 이후 제자들과 길 위의 유랑 사역으로 일관했다. 그들에게 넉넉한 물질적 재원이 갖추어져 풍족한 생활을 할 수 있는 여건이 아니었을 것이다. 반대로 가난한 삶이 그들의 일상이었다. 고난과 신산한 역경이 특정 권력에 뒷배를 대지 않고 하늘 아버지의 인도하심을 신뢰한 그들이 지불해야 할 현실 생활의 비용이었다. 그런 예수였기에 이 자리에서 여인의 피부와 머리털의 감촉을 통해 받은 서비스는 매우 예외적인 파격이었다. 일용할 양식을 구하는 것으로 족한 자세를 하나님 신앙의 기본으로 가르친 그였기에 향유라는 고가의 물질을 양식 이외의 용도로 낭비한다는 것은 합리적인 분별심과 거리가 멀었다. 그런데도 예수가 그것을 허용하였고 그 거룩한 사치와 낭비의 역설은 많은 성찰의 여백을 제공한다.

먼저 예수는 향유에 담긴 여인의 마음을 읽었다. 그것은 사무침의 메시지를 품고 예수에게 돌발적으로 던져진 불가피한 타인의 호소였다. 그 투박한 제자들의 봉쇄선을 뚫고 그녀는 자신의 모든 것을 호소하고자 했다. 청중의 곱지 않는 시선을 능치고 그녀는 자신의 진정성을 토로하고 싶었다. 바리새인의 종교적 정죄를 무릅쓰고서라도 그녀는 자신의 치열한 몸짓으로 예수 앞에 전하고 싶은 간절한 메시지가 있었다. 자신이 가진 모든 재산, 가장 값비싼 혼례용품을 단숨에 던져서라도 그녀는 사무치는 심정을 토해내고 싶었던 것이다. 이처럼 아무도 감당치 못하는 기세로 자신의 모든 것을 던진 심정으로 말미암아 예수는 그녀의 간절한 외마디 절규를 미리 들었을지 모른다. 이 세상의 가난한 자들을 구제해야 한다는 공중의 정의로운 명분은 그 뒤에 항존하는 사명이었다. 낭비와 사치가 악덕이라는 편리한 도덕적 인습은 이 면전에서 하나마나한 모범생의 기계적인 자동반응 같았다. 방정맞은 포즈로 자신의 머리털까지 풀어헤치며 입술까지 동원하여 남정네의 발을 애무하는 경천동지할 공개적 퍼포먼스라는 현대적 평가조차 그녀의 개념 속에 무의미했다. 다만 그녀는 가장 치열한 자신의 신체 언어로써 예수를 속속들이 만나고 싶었고 자신의 극진한 사랑을 그렇게 표현하고 싶었을 것이다. 예수는 그 표현의 진정성을 옹호하면서 그 몸짓 언어를 수락했다. 한 영혼의 가식 없는 서비스를 남세스레 여기지 않고 최대한 즐김으로써 예의를 표했다.

동시에 예수는 자신의 죽음에 근접하면서 제 생명의 인간적 욕구에 최대한 배려했다. 그것은 살아 있는 동안 아우성치는 육신의 욕망에 따스한 위안을 돌려주는 방식으로 가능했다. 죽기 전에 단 한 번 호사스럽게 누리는 삶의 양식은 동서고금의 문화사적 양식으로 면면한 전승의 층을 쌓아 온 것이지만, 예수의 경우는 낯선 여인과의 우발적인 신체 접촉이라는 방식으로 하나의 희귀한 선례를 남겼다. 예수에겐 이 시점에 화려한 옷이 필요하지 않았다. 그동안 맛보지 못한 산해진미도 그의 섬세한 감각을 자극하지 못했다. 그렇다고 그가 애당초 포기한 세상의 권세와 명예를 구하며 자신의 세속적 결핍을 충당하고자 한 것도 아니다. 그는 그저 인간이 고팠고 사람이 중요했다. 특히 깊고 한 서린 사연을 지닌 생명 앞에 그는 연약했다. 상처받은 약한 생명을 향한 애끓는 연민의 감응력! 그것이 그가 하나님 나라의 메시지를 선포하면서 견지한 변함없는 저변의 에너지였다.

그런데 이제 부드러운 여성의 살갗이 다가와 그의 지친 발을 애무한다. 섬세한 머리털의 간질이는 감촉도 난생 처음이자 마지막으로 받는 온정어린 감각의 서비스다. 더구나 눈물까지, 입술까지 제공된 마당에 예수의 가난한 발은 이 세상에서 가장 풍요한 기관이 되는 환상적인 변화를 경험했을 법하다. 은은한 나드 향유가 그 어색할 남녀 사이에 가로놓인 긴장을 풀어주고 적대적인 시선들을 부드럽게 누그러뜨릴 때 그 가운데 퍼지는 향기는 곧 예수의 신체가 인간적으로 누릴 수 있는 최대치 향유(享有)의 경지였을 것이다. 예수는 가난한 사람들을 변명 삼아 위선을 떨지 않고 그 신체적 공궤를 기탄없이 수락했다. 그만큼 그는 하루 한 시간의 감각적 '주이상스'(jouissance) 가운데 행복하고 자족했던 것이다.[4]

향기로운 기억을 전파하는 몸

누가복음의 버전은 용서의 과다를 사랑의 과다에 비례시켜 메시지를 뽑아낸다. 요한복음은 가난한 자의 구제 사역이 남아 있는 제자들의 섬김을 통해 지속되리라는 전망을 제시한다. 이에 비해 마가복음과 마태복음의 핵심 메시지는 그녀의 향유 섬김을 통해 표상된 기억/기념의 의미이다. 그녀는 온 힘을 다하여 예수의 몸을 섬겼다. 그녀의 그 섬김 덕분에 예수의 몸은 죽기 전에 향기로운 몸이 되었고 그 향기를 누릴 수 있는 복된 순간을 맞이했다. 그것은 얼핏 절제와 금욕의 자세로 무장하여 오로지 복음을 전파하는 선교의 일선에서 감당해야 할 사역의 정반대편에 위치하는 풍경처럼 보인다. 복음서의 평가는 그녀의 그 행위가 일차적으로 예수의 죽음에 앞서 그의 장례를 준비했다는 데 초점을 둔다. 여기서 의문은 그 장례를 준비하는 방식의 특이성에 대한 것이다. 대체로 장례는 시체의 부패를 방지하기 위해 그 위에 기름을 바르는 방식으로 준비된다.

그런데 이 여인은 살아 있는 건장한 남자의 몸에 기름을 부었다. 그것은 예언의 행위란 견지에서 보면 예수가 겪을 죽음의 미래를 미리 연출한 일종의 퍼포먼스 형식이다. 동시에 이 행위는 예수의 몸을 죽음에 앞서 위무하는 일종의 마사지라고 볼 수도 있다. 죽은 몸은 향기로운 냄새도 맡을 수 없고 부드러운 기름의 감촉도 느낄 수 없다. 죽은 시신에 대고 아무리 공력을 쏟아 좋은 서비스를 베푼다 한들 그것을 느껴 인정할 감각의 주체가 없이는 아무런 소용이 없다. 따라서 이 여인의 행위는 예수의 살아 있는 몸을 통해 자신의 섬김에 담긴 향기를 전파해주길 기대하는 소망을 품고 있다.

예수가 그 의도를 알아챘을까. 그는 이 여인의 행위를 종합적으로 평가하면서 다음과 같은 유언을 남긴다. "온 천하에 어디서든지 복음이 전파되는 곳에는 이 여자가 행한 일도 말하여 그를 기억하리라"(마가복음 14:9). 여기서 우리는 놀라운 반전을 찾아볼 수 있다. 예수는 복음이 전파되는 자리에 이 여자가 행한 일이 마치 기념비적 사건으로 기억되리라고 선언한다. 복음이 전해지는 자리는 때로 금욕과 절제는 물론 순교까지 각오해야 하는 고난의 자리이다. 그 극단적인 거친 삶의 자리에 이 여인이 섬김을 통해 제공한 향유의 메시지가 그 몸을 타고 등가적인 비중으로 전파되어야 한다는 것이다. 그것은 복음 전파의 사명이 사명을 위한 사명이 아니라 즐거움의 대상으로 우리의 몸을 통해 구현되지 않으면 아무리 좋은 복음도 그 본연의 목적에 부응할 수 없다는 우려의 전언이다.

주지하듯, 예수는 하나님 나라라는 복음 전파의 주역이었고 마침내 복음의 내용 자체가 되었다. 그것은 어설픈 교리강령의 얼개로 겉돌지 말아야 한다. 복음을 전하는 현장에는 그 선구자 예수의 몸에 새겨진 기억의 흔적을 아로새겨야 할 역사적 사명이 있다. 그 기억은 곧 예수의 복음과 함께 그 복음의 여정에 동참한 사람들의 헌신적 삶의 흔적에 대한 것이기도 하다. 특히 본문에 등장하는 익명의 여인, 이후 무참하게 굴절되고 이상스레 왜곡된 사연 많은 한 여인의 행위가 기억되고 기념되어야 한다는 선언은 각별한 함의를 지닌다. 예수의 거룩한 성체와 함께 그녀의 몸 역시 그 전적인 헌신의 자세만으로도 향유(香油)의 향기를 풍기면서 향유(享有)의 메시지를 전파한 공로를 충분히 평가받아야 한다. 따라서 그 여인의 눈물과 머리털과 입술이라는 에로틱한 신체적 매개는 예수의 몸을 향기롭게 만든 에너지이면서 향기로운 기억을 전파하는 몸으로서도 그 위상이 가히 파격적이다.

이렇듯 이 여인의 신체적 감관은 가난한 자의 구제를 위한 사회정의의 구현이나 과분한 낭비와 사치의 피상적 현상만으로도 들뜬 반응을 쏟아내는 성급한 인습적 통념을 전복시키는 스캔들의 파괴력을 동반한다.[5] 그것은 여성의 신체미학에 연동된 상투적 에로틱 시스템과 구별된 자리에서 진정한 에로티시즘의 동력을 견인한다. 그 초월적 엄숙주의에 대한 메타적 초월의 힘으로 이 여인의 향기는 하나님의 아들 예수라는 명칭의 엄숙한 금욕적 기호를 가볍게 가로지르는 향유(享有)의 전파 매체로 퍼져나간다. 그리하여 예수의 몸에 그녀의 몸이 매개한 향유의 기억은 오늘도 복음의 위상과 대등한 추억의 이름으로 천지사방에 진동한다. 응당 그렇게 되어야 마땅하리라. 흐느끼는 눈물의 신체미학이, 감싸 맨 것을 과감하게 풀어헤치는 산발한 머리털의 율동이, 떨리며 입 맞추는 입술의 감촉이, 향유를 매개로 두 육체가 만난 은은한 향연의 자리에서 그 희한한 사건을 선사했다.

1 마녀사냥에 대한 개괄적 소개로는 브라이언 P. 르박/김동순 역, 『유럽의 마녀사냥』(서울: 소나무, 2003); 오성근, 『마녀사냥의 역사』(서울: 미크로, 2000) 참조.
2 이 이야기의 후대 전승 과정에서 굴절된 편집의 경로를 분석적으로 파헤친 대표적인 연구로 채승희, "초대교회의 막달라 마리아의 표상(表象) 변화에 대한 역사적 고찰," 「한국기독교신학논총」 56(2008), 87-111 참조.
3 김인섭 엮음·해설, 『김현승 시전집』(서울: 민음사, 2009), 25.
4 향유(香油) 부음의 사건을 이러한 향유(享有)라는 신학적 미학적 관점에서 조명한 글로는 차정식, "향유(香油), 그리고 향유(享有)," 『묵시의 하늘과 지혜의 땅-예수신학 비평』(서울: 대한기독교서회, 2001), 287-298 참조.
5 관점을 바꾸면 이런 경우 '낭비'와 '사치'는 대안적 존재론의 초석이 될 수도 있다. 가령, 바타이유의 경우가 그렇다. 그에 의하면 "낭비는 모든 활동들 중에서 가장 영광스러운 활동이며 절대 권위의 기호이다." 그는 문명사의 전환점을 이루는 계기는 생산에너지가 아니라 그 잉여에너지의 비생산적이고 파국적인 소모에 있다고 보았다. 그것은 현실 생활의 효용성이란 점에서 아무짝에도 쓸모없는 소비적인 가치이지만 새로운 창조의 극적인 계기로 작용한다. 그는 '순수한 비생산적 소비형태'로 '소모' 개념을 정의하는데 이 범주의 사례로 생식 목적과 상관없는 사치, 장례, 전쟁, 종교 예식, 기념물, 도박, 공연, 시, 예술 등을 꼽는다. 이런 잉여적 소모의 사례들이 기존 체제를 뒤집어엎는 동력이 된다는 점에서 '저주의 몫'에 해당되지만 그것이 동시에 새로운 시대를 선취하는 예언적 기세로 출몰한다는 점에서 신적인 창조의 동력이라 할 만하다. 이러한 맥락에서 생식이나 생산 목적과 무관하게 후하게 베풀어지는 향유가 장례 준비의 소품으로서 지닌 의미라든가, 또는 그 향유적 교감의 가치를 감안한다면 본문의 이야기는 바타이유가 말하는 잉여의 소모로서 에로티즘의 개념에 어울리는 전형적인 사례라 할 만하다. 조르주 바타이유/조한경 옮김, 『저주의 몫』(서울: 문학동네, 2000) 참조.

14장

음녀의 계보,
성녀의 족적

에로틱 여성 이미지의 두 갈래 길

음탕함과 거룩함의 대극적 여성성

사람의 외모에 유전인자가 작용한다는 말은 어느 정도 사실 같다. 자식이 부모를 닮는 것은 비단 외모만이 아니겠으나 외모에 특히 민감한 시대에 살고 있는 만큼 이 닮음의 사연을 외면하기란 쉽지 않다. 외모에 관한 한 남성에 대한 여성의 관심보다 여성에 대한 남성의 기대 항목으로 더 뜨겁게 달구어지는 것은 예나 지금이나 별반 차이가 없다. 단정하고 아담한 용모가 전통적인 아름다움의 기준이었다면 이즈음 상품화된 여성상의 기준에서는 섹시한 이미지와 그 이름도 선정적인 '쭉쭉빵빵'의 굴곡진 몸매가 각광을 받는 추세다. 물론 쳐다보기에 좋은 아름다움과 더불어 살기에 적절한 아름다움의 차원이 다르다는 이야기도 종종 들린다. 어떤 아름다움은 그것과 관계 맺는 당사자에게 파괴적인 결과를 돌려주는데 거기에는 늘 복잡한 내막이 도사리고 있다.

첫째는, 그 아름다운 용모의 소유자가 그 아름다움을 미끼로 성적 파트너를 유혹하여 그 아름다운 육체를 소모하고 결국 소진하는 사례이다. 그 과정에서 그 아름다운 관능미로 미혹된 상대방은 자신의 모든 것을 탕진하기 일쑤이다. 재물은 물론 자신의 육체적 건강과 정신의 합리적 판단력을 두루 말아먹을 뿐 아니라 그의 가족관계마저도 대개 파탄에 이르게 되는 것이다. 둘째는, 그 아름다운 여성의 몸이 기존의 경직된 남녀관계를 구조적으로 뒤흔듦으로써 금기의 규율에 균열을 내는 사례가 있다. 이러한 방면의 아름다움과 그 용모에 관한 한 인류 역사를 주도해온 가부장체제의 고정관념에 따라 대개 여성들이 그 주인공으로 설정된다. 그렇게 설정된 음탕한 여인, 곧 음녀의 이미지는 단순히 먹고살기 위해 남자를 유혹하는 직업창녀가 아니라 가부장체제를 위협하는 시대의 표상으로 고양되고 자주 경계의 대상이 된다. 여느 평범한 남자로서 그와 같이 치명적인 매혹의 그물망을 벗어나기 어려운 터라 여기에 최대한의 악의를 퍼부어대면서 '팜므 파탈'이란 명패를 가져다 붙이곤 한다.

 이러한 여성적 이미지는 에누리 없는 담대함과 서슴없는 당당함을 특징으로 한다. 이미 그 아름다움에 운명을 걸었기 때문에, 치명적인 순간의 스릴이 그 존재 이유로 굳어졌기 때문에, 무서울 것 없이 용감하게 자신의 사랑을 추구하고 그 사랑 자체를 눈치 없이 즐길 줄 안다. 그 결과가 죽음을 초래할지라도 두려움을 잊어버린 채로 지상의 체제가 구축해온 도덕이나 윤리적 강상의 장벽을 가뿐히 넘어서버린다. 가부장체제에 이런 수준의 상징적 기표로 자리매김된 음녀의 상당수는 자신의 아름다움을 희생적 제물로 삼아 시대와의 창의적 불화를 무릅쓴 자유의 선구자들로 대변된다. 그들 중 일부는 자신의 생계를 위해 구차하게 뭇 남성들의 싸구려 사랑을 구걸하기보다 자신이 원하는 남성들을 공략하여 사랑의 포로로 삼음으로써 적극적이고 적나라하게 사랑을 추구한 여성들이다.

반면, 자신의 아름다움, 특히 아직 범접하지 못한 처녀성의 순결함을 욕망 초월의 지경으로 승화시켜 성녀로 만들어가는 사례가 있다. 주지하듯 거룩함이란 이 세상의 범속한 것들과 구별되는 가치를 지칭한다. 음녀가 아름다움을 방자하게 드러냄으로써 자신의 사랑을 쟁취하고 이 세상의 금기체제에 균열을 내는 부류라면, 성녀는 그 아름다움을 깊숙이 감춤으로써 그 아름다움의 신비감을 증폭시키는 범주이다. 이는 종종 신의 성품을 모사하려는 의욕과 연루되기도 한다. 신의 속성은 인간의 범속한 욕망과 동떨어진 초연한 상태에서 세속적 욕망을 모방하려는 어떤 시도로부터도 자유로운 것이다. 따라서 이 초월적인 성녀의 모델은 여성이 자신의 아름다움을 통해 추구하려는 부와 권력, 명예, 심지어 가장 고상한 사랑마저도 내려놓음으로써 그 훼손되지 않은 아름다움을 영구적으로 보존하는 길을 선택한다. 이러한 여성과 연루된 각종 신화적인 이미지와 고상한 신성의 아우라가 파생되는 것도 자연스러운 성녀 만들기의 단골수순이다.

성녀의 또 다른 기능론적 의의는 음녀와의 대극적 자리에서 이 세상의 헛된 욕망에 쉽사리 휘둘리는 뭇 여성들과 남성들에게 계도적인 미션을 수행하는 데 있다. 그 미션은 자신의 영혼을 순결하게 관리하고 보존케 함으로써 자신의 육체를 욕정에서 최대한 멀찌감치 격리시켜 하나님의 신성에 도달하는 여정을 독려하는 것이다. 이러한 여성은 하나님의 거룩함을 모사하기에 세속의 남성들이 범접하기 어려운 위치에서 그 남성적 욕망을 반성케 하는 역할도 동시에 수행할 수 있다. 이런 계통의 남성들은 제 욕망의 하수구에서 그것이 소진된 이후 제 영혼을 구제해줄 안전판으로 그 성녀를 희구하는 역설을 경험한다. 이에 따라 제 목숨을 바쳐서라도 그 여성을 보호해주기 위해 갖은 애를 쓰는 기사도 정신이 칭송받는 문화도 생겨난다. 이 세상이 모두 그녀에게 등을 돌릴 때는 오염되지 않은 자연 속의 피조물이나 해와 달 같은 저 하늘의 신화적 물상들이 그녀의 수호자로 등장하여 광채를 더한다. 그녀는 결국 신성을 잉태하여 하나님의 어머니처럼 신적인 위상으로 승격되기도 하는데, 그 끝자리에서 결국 인간적 여성성은 투명한 신성에 사로잡혀버리고 만다.

성서는 성과 속이 만나 휘몰아치는 격랑 속에 음녀와 성녀를 골고루 보여준다. 음녀는 개인이면서 민족이고 또한 국가로 표상되어 등장한다. 그녀는 상징이면서 실체이다. 실체의 울타리를 벗어나 하나의 시대적 기표로 고착될 때 음녀는 그 아름다움을 추악함으로 바꾸어버린다. 거기에 남성가부장주의 이념이 작용함은 물론이다. 음녀의 계보에는 이처럼 자기의 혈통 보존과 체제 안정을 위해 여성을 특정한 이미지로 고착시켜 경계의 대상으로 삼는 전략이 횡행하였다. 그러나 이로써는 뭇 남성들의 욕망을 달래고 뭇 아름다운 여성들의 끼를 잠재우기에 역부족이었다. 이에 음녀의 맞수이자 적수로 등장한 성녀는 그 금욕의 이상을 몸속에 체화하여 하나의 대안적 스타일을 창출해냈다. 그 족적의 시원은 구약성서의 지혜문헌이 조탁한 정숙하고 유능한 아내로서 가부장체제의 기틀을 밑에서 뒷받침해준 모범적 여성이었다. 그러나 자식을 낳고 키우며 집안 살림을 꾸리는 부엌때기의 이미지로써는 그녀 홀로 음녀의 도도한 물결을 잠재우기에 불충분했다. 이에 따라 더욱 세련된 미모와 자식까지 포기한 처녀의 몸으로 거룩한 과부의 길을 제 운명으로 삼거나 남성의 정자를 거부한 채 성령이라는 신적인 에너지로 생명을 잉태하는 성녀의 대안이 그 자리에서 움트게 된 것이다.

팽창하는 음녀의 계보

음녀의 전형적인 초상은 구약성서 잠언에 무성한 특징들과 함께 제시되어 있다.

> 지혜가 또 너를 음녀에게서, 말로 호리는 이방 계집에게서 구원하리니 그는 젊은 시절의 짝을 버리며 그의 하나님의 언약을 잊어버린 자라 (잠언 2:16-17).

> 대저 음녀의 입술은 꿀을 떨어뜨리며 그의 입은 기름보다 미끄러우나 나중은 쑥 같이 쓰고 두 날 가진 칼같이 날카로우며 그의 발은 사지로 내려가며 그의 걸음은 스올로 나아가나니(잠언 5:3-5).

> 음녀로 말미암아 사람이 한 조각 떡만 남게 됨이며 음란한 여인은 귀한 생명을 사냥함이니라(잠언 6:26).

> 지혜에게 너는 내 누이라 하며 명철에게 너는 내 친족이라 하라. 그리하면 이것이 너를 지켜서 음녀에게, 말로 호리는 이방 여인에게 빠지지 않게 하

리라(잠언 7:4-5).

음녀의 입은 깊은 함정이라. 여호와의 노를 당한 자는 거기 빠지리라 (잠언 22:14).

대저 음녀는 깊은 구덩이요 이방 여인은 좁은 함정이라(잠언 23:27).

내가 심히 기이히 여기고도 깨닫지 못하는 것 서넛이 있나니 곧 공중에 날아다니는 독수리의 자취와 반석 위로 기어 다니는 뱀의 자취와 바다로 지나다니는 배의 자취와 남자가 여자와 함께 한 자취며 음녀의 자취도 그러하니라. 그가 먹고 그의 입을 씻음 같이 말하기를 내가 악을 행하지 아니하였다 하느니라(잠언 18:20).

규범적인 지혜의 교훈을 설파하는 잠언의 세계에서 음녀에 대한 평가는 시종일관 부정적이다. 그도 그럴 것이 체제의 기틀을 이루는 가정의 화평한 질서에 그녀의 존재가 파괴적인 요소로 작용하기 때문이다. 잠언의 저자는 음녀가 사회체제의 전반적 구조에서 어떤 위상을 차지하고 있는지, 왜 그녀가 음녀가 되었는지에 대해 일언반구 언급이 없다. 다만 그녀는 이스라엘의 순결함을 위협하는 적대적인 요소로 대체로 '이방 여인'과 동격의 자리에 위치해 있다.[1] 음녀의 신체 기관 중 대표적인 묘사의 대상이 되는 것은 입과 입술이다. 그것은 남자의 욕정을 달구는 키스의 부위로 그 형상과 색상이 숱한 관능적 상상을 불러일으킨다. 가령, 기름보다 미끄러운 입과 꿀을 떨어트리는 입술은 성애의 관능적 행위를 연상시켜주지만 동시에 보드랍고 달콤한 말로써 정부를 유혹하는 역할을 표상하기도 한다. 그녀의 파괴적 행위는 '젊은 시절의 짝'과의 관계를 파탄에 이르게 하고 동시에 하나님과의 언약도 파기해버리는 결과를 초래한다. 이런 결과를 예상이라도 하듯 달콤한 입술이 나중에 쑥과 같이 쓴 맛을 보게 하고 양날의 칼같이 날카로운 위협의 대상이 되어버린다는 교훈이 이어진다. 그것은 결국 제 목숨을 다 살아 누리지 못한 채 죽음의 늪, 곧 '스올'에 이르게 하는 죽음의 사자와 같다.

또한 음녀는 사냥꾼에 비유된다. 구덩이처럼 함정을 파놓고 남정네를 유혹하여 그로 하여금 가산을 탕진케 만든다는 것이다. 결국 그의 신세가 떡 한 조각만 남은 가난한 상태로 전락해버리기 때문이다. 이와 같은 음녀의 유혹에서 자신을 지킬 수 있는 길은 지혜와 명철인데 그것은 젊었을 때 얻은 아내를 소중히 여기며 자신의 분수를 지켜 절제하는 삶이다. 이러한 지혜와 명철에 터하여 온당한 판단을 하지 못하는 자는 어리석다. 그러나 '여호와의 노를 당한 자'는 이러한 판단력과 상관없이 부득불 음녀의 구덩이에 빠지게 된다. 이를테면 음녀에게 빠지는 자는 (다른 죄로 인해?) 하나님을 진노케 하여 징벌을 받은 결과로 그렇게 되었다는 것이다. 그러나 음녀는 자신의 죄악을 죄악으로 인정하지 않는 뻔뻔스런 당당함을 과시한다. 자신이 외간남자와 정사를 벌인 자취를 지우고 자신의 부도덕한 행실에 대해 발뺌하기 때문이다. 그리하여 그녀의 음행이 남긴 흔적은 공중에 비상하는 독수리나 반석 위로 기어간 뱀의 자취, 또는 바다 위로 지나간 배의 자취처럼 묘연할 뿐이다. 이처럼 은밀한 방식으로 남자를 호리는 유혹과 성애의 전 과정에 대하여 잠언의 기자는 다음과 같이 세밀하게 묘사한다.

> 어리석은 자 중에, 젊은이 가운데에 한 지혜 없는 자를 보았노라. 그가 거리를 지나 음녀의 골목 모퉁이로 가까이 하여 그의 집 쪽으로 가는데 저물 때, 황혼 때, 깊은 밤 흑암 중에라. 그 때에 기생의 옷을 입은 간교한 여인이 그를 맞으니 이 여인은 떠들며 완악하며 그의 발이 집에 머물지 아니하여 어떤 때에는 거리, 어떤 때에는 광장 또 모퉁이마다 서서 사람을 기다리는 자라. 그 여인이 그를 붙잡고 그에게 입 맞추며 부끄러움을 모르는 얼굴로 그에게 말하되 내가 화목제를 드려 서원한 것을 오늘 갚았노라. 이러므로 내가 너를 맞으려고 나와 네 얼굴을 찾다가 너를 만났도다. 내 침상에는 요와 애굽의 무늬 있는 이불을 폈고 몰약과 침향과 계피를 뿌렸노라. 오라 우리가 아침까지 흡족하게 서로 사랑하며 사랑함으로 희락하자. 남편은 집을 떠나 먼 길을 갔는데 은 주머니를 가졌은즉 보름날에나 집에 돌아오리라 하여 여러 가지 고운 말로 유혹하며 입술의 호리는 말로 꾀므로 젊은이가 곧 그를 따랐으니 소가 도수장으로 가는 것 같고 미련한 자가 벌을 받으려고 쇠사슬에 매이러 가는 것과 같도다. 필경은 화살이 그 간을 뚫게 되리라. 새가 빨리 그물로 들어가되 그의 생명을 잃어버릴 줄을 알지 못함과 같으니라(잠언 7:7-23).

음녀의 유혹은 요란한 차림새에 달콤한 말로 시작되어 과감한 입맞춤과 함께 깊이 전개된다. 그녀의 외양과 언행은 두루 장식적이다. 그것은 자연스런 말이 아닌 꾸며진 것들로 사전 기획된 각본에 따라 설정된 수순들이다. 그녀는 음침한 밤거리나 광장, 길모퉁이에 서서 남자를 기다리다 지나는 행인을 낚아채는 방식으로 볼 때 직업 매춘부처럼 보이기도 한다. 그러나 그녀가 행인을 붙들어 입맞춤으로 유혹하며 남편이 보름 걸리는 여정에 나선 것처럼 말한 대목을 받아들이면 그녀를 남편이 있는 바람 난 자유부인으로 간주할 수도 있다. 물론 이 말은 상대방을 꾀기 위한 미혹의 말이기 때문에 그 진정한 정체를 분명하게 확인할 길이 없다. 분명한 것은 그녀가 그를 유혹하여 이루고자 하는 욕망이 희락을 유발하는 사랑으로 표현되고 있으며, 아침까지 이르는 질펀한 사랑의 행위를 위해 '애굽의 무늬 있는 이불' '몰약과 침향과 계피' 등과 같은 쾌락 증진의 부대 장치를 주도면밀하게 연출해놓았다는 사실이다. 그렇지만 쾌락의 대가는 매우 크다. 그 미련한 자의 즉흥적 판단과 미혹의 결과는 사망과 다를 바 없기 때문이다.

잠언의 음녀 이미지에서 흥미로운 특징은 그 여자가 이방 여인과 동일시되고 있다는 것이다. 이는 왕국의 전성기 때 솔로몬이 처첩비빈으로 둔 수많은 이방여인들과의 쓴 맛에 대한 사후 승인적 성찰의 유산이거나 훗날 아합의 이방인 악처 이세벨의 이미지에서 연유한 부정적 평가의 영향일 수도 있다. 또는 이 모든 역사적 배경 아래 토라의 규범적 전통을 강조한 저자가 자신의 아들을 경계 삼기 위해 평소의 경험을 토대로 조형한 어록일 가능성도 없지 않다. 그 어떤 경우든, 이러한 음녀의 초상은 이방인들의 적대적 위협에 대항하여 자기 민족의 순결한 혈통을 보존하고 자기 종교의 신앙 전통에 대한 외부적 오염원을 사전에 차단하려는 생존 지향적 방어기제가 도덕적 외피를 쓰고 재구성된 것으로 보인다. 이방여인은 익숙해진 제 민족의 처자들과 비교하여 다분히 이국적인 매력의 대상으로 비쳤을 것이다. 그리하여 기존규범의 울타리를 벗어나 일탈하고자 하는 자국민 남정네의 충동적 욕구가 이방여인들을 침실로 끌어들이거나, 아니면 삼손을 유혹한 들릴라의 경우처럼 이웃의 적국이 이른바 미인계를 써서 아국의 남정네들을 무기력하게 만들어 공동체의 기강을 해칠 소지가 다분했다. 그것은 결국 공동체의 멸절을 초래하는 하극상의 상황을 유발했을 터이니 음녀라는 반면교사의 이미지가 절박하지 않을 수 없었다.

실제로 이방국가가 음녀와 동일시되어 제시된 사례가 이사야서에 탐지된다. 두로에 대한 심판의 경고 가운데 이사야는 다음과 같이 말한다. "그 날부터 두로가 한 왕의 연한 같이 칠십 년 동안 잊어버린 바 되었다가 칠십 년이 찬 후에 두로는 기생의 노래 같이 될 것이라. 잊어버린 바 되었던 너 음녀여, 수금을 가지고 성읍에 두루 다니며 기묘한 곡조로 많은 노래를 불러서 너를 다시 기억하게 하라 하였느니라"(이사야 23:15-16). 두로가 하나님의 심판을 받아 칠십 년간 황폐해지리라는 이 예언은 그 나라의 잘못된 꼴을, 음녀처럼 수금을 가지고 성읍을 다니면서 사람들의 이목을 끌고 자신의 존재를 힘들게 시위해야 하는 처지에 비유한다. 마찬가지로 나훔은 '마술에 능한 미모의 음녀'에 비유된 니느웨가 직면하게 될 파멸의 상황을 경고하기도 하였다(나훔 3:1-4). 이방의 적대국을 음녀 이미지와 등치시키는 이런 비유는 신약성서 요한계시록의 바벨론 이미지에서 더욱 강력하게 현시된다. 음녀 바벨론에 대한 종말 심판의 예고는 당연히 초기기독교회를 핍박하며 황제숭배를 강요한 당시 로마제국에 대한 우회적 은유였다. 요한계시록 17-18장에 묘사된 바벨론의 타락상과 그 종국적 파멸의 미래는 의식주 사치와 음행으로 얼룩진 로마제국의 적나라한 현실을 고발하는 내용으로 가득 차 있다. 그들은 사탄의 하수인처럼 사업으로 치부하여 부귀한 삶을 살았지만 온갖 불의와 교만하고 흉측한 짓을 도모하였는데, 성도의 피를 흘리는 핍박의 사건이 그 중 가장 중대한 문제였다. 이에 대한 하나님의 심판은 가차 없이 방탕한 음녀를 징벌하는 방식으로 그들의 치부를 드러내고 있다.

뿐 아니라 음녀의 이미지는 적국이 아닌 이스라엘에게도 적용되어 그들의 타락상을 공격하는 매개수단으로 활용되기도 하였다. 가장 대표적인 예가 호세아에게 음녀 고멜을 아내 삼으라고 하나님이 명령한 이야기와, 그녀의 반복적인 음행에도 불구하고 하나님이 그녀를 되찾아 아내로 받아들이라고 명령함으로써 자신의 변함없는 긍휼을 드러낸 그 후일담이다. 에스겔 16장과 23장 역시 사마리아(북이스라엘 왕국)와 예루살렘(남유다 왕국)을 싸잡아 음녀에 비유하며 그들의 타락상을 심판의 맥락에서 호되게 추궁하고 있다. 특히 오홀리바로 의인화된 예루살렘의 음행은 여호와의 언약을 통해 받아 누리게 된 복락을 애굽, 앗수르, 바벨론 등과의 관계에서 성적 향응의 비용으로 낭비하는 등 담대한 탈선 행각으로 점철되었다. 공동체 내부의 적으로 음녀 이미지를 활용한 또 다른 사례는 요한계시록에서 두아디라교회를 책망할 때 거론한 이세벨의 사례이다. 그녀는 이방여인으로 이스라엘 왕후가 된 대표적인 인물인데 전통 신앙을 타락케 하고 풍속을 어지럽히며 악행을 주도한 악녀 이미지로 굳혀졌다. 그런 그녀가 두아디라교회의 특정 여선지자와 동일시되어 예수의 종들을 꾀어내어 행음케 하고 우상의 제물을 먹게 하여 탈선을 조장하는 음녀로 묘사된 것이다.

요컨대, 개인이든, 신앙공동체든, 국가나 민족이든, 음녀는 체제의 생존 질서를 위협하는 안팎의 적들을 공포스런 괴물로 환치시키는 주요한 피사체이다. 그 이미지는 매혹적인 자신의 아름다움을 치명적인 독소로 사용하는 특징을 수반한다. 아름다움의 과잉 표출이 뭇 사람들의 영혼을 심란하게 하여 쾌락의 욕구를 부추기도록 유혹하며 즉흥적이고 충동적인 행동을 유발시킴으로써 안정된 체제의 질서를 어지럽힌다는 것이 그 아름다움의 과잉에 매겨진 부정적인 평가이다. 아울러, 다채롭게 변용된 음녀의 계보에는 그런 음녀를 꾸준히 요구했던 남성가부장체제의 남근주의는 물론 그로 인한 여성 착취와 생명 파괴적인 권력 행사를 은폐하려는 욕구가 잠재되어 있다. 이러한 고착된 인습은 못된 남성들에 대한 책임이 그것을 부추기는 아름답지만 못된 여성들에게 있다는 신념을 반복적으로 강화하는 해석적 관점을 낳았다. 또한 음녀 이미지의 양산은 여성의 아름다움을 독점하여 자신의 관리 체계 아래 두고자 하는 정치적 통제 기술의 실현 결과이기도 하다. 그것은 한 체제의 오류와 문제를 희생양에게 전가하여 속죄의 효과를 창출하고 나머지 구성원들의 정화를 기획하는 희생양 제도의 연장선상에 위치한다. 그것이 중세 시대의 마녀사냥 스캔들까지 확산되는 추이를 역사를 통해 살펴볼 수 있거니와, 그 단초적 선례가 바로 저러한 음녀의 성서적 계보에 잇닿아 있는 셈이다.

진화하는 성녀의 족적

음녀의 부정적인 모델만으로는 아무렴 성에 차지 않았을 것이다. 아무리 못난 것을 내치고 못된 것을 훈도하려 해도 대안이 뭐냐고 묻는 아우성까지 나 몰라라 할 수는 없기 때문이다. 물론 그 대안적 모델이란 가부장체제 내에서 그 체제를 튼튼하게 보존하고 최대한 장구하게 유지하려는 의도의 산물에 불과하다. 거기에 인간으로서 건강하게 생존하려는 선량한 의도가 없다고 하기 어렵다. 특히 한 가족을 지탱하기 위한 가부장으로서의 충실한 책임감이 적잖이 작용했을 것이다. 집단무의식이 그 가부장체제의 건강한 생존에 작용했다면 그 결과는 고래로 동일한 구조를 띠고 유사한 풍경으로 순환되는 성향을 보여온 것으로 파악된다. 요컨대 여성을 최대한 거룩하고 초월적인 존재로 신성화하는 전략이 그것이다. 물론 처음부터 그렇게 되지 않았겠지만 그러한 무모한 과장을 대중이 믿어줄 리도 없었을 터이다. 일단 생활 속의 모범적 아내 상을 만들어내는 작업이 필요했을 것이다. 그 모범은 신학적 세탁을 거쳐 마침내 뭇 잠재적 음녀들을 계몽하고 뭇 남성들이 추앙할 만한 거룩한 신성의 아우라를 확보하는 데 성공한 것으로 보인다.

이러한 성녀의 족적에서 최초의 아내 하와는 실패한 기원에 속한다. 그녀는 아담을 돕는 짝으로 피조되었지만 또 다른 전승에 의하면 아담과 대등하게 '하나님의 형상' 대로 지음을 입은 신의 자녀 군에 해당된다. 그러나 선악과의 유혹에서 먼저 그것을 먹고 아담에게도 준 원죄의 업보는 그녀의 여성 후손들에게 잔인한 후유증을 남겼다. 남편을 섬기고 아이를 잉태하여 낳는 산고의 부담은 차라리 평이한 생물학적인 질서와 가부장체제의 과업이라고 봐줄 만하다. 그러나 그녀의 그 불순종이 인간세계에 죄와 악을 도입한 최초의 결정적인 계기였다고 몰아붙이는 시도에는 과도한 뒤집어씌우기의 흔적이 역력하다. 가령, 신약시대에 사도 바울이 남자와 여자의 창조론적 위계에 대하여 다음과 같이 언급한 것은 비록 창조의 순서와 방식에 대한 특정 전승의 영향에 압도된 것이긴 해도 뭔가 수상한 가부장주의적 경계심의 낌새를 풍기는 대목이다. "남자는 하나님의 형상과 영광이니 그 머리를 마땅히 가리지 않거니와 여자는 남자의 영광이니라. 남자가 여자에게서 난 것이 아니요 여자가 남자에게서 났으며 또 남자가 여자를 위하여 지음을 받지 아니하고 여자가 남자를 위하여 지음을 받은 것이니…"(고린도전서 11:7-9). 바울의 이 언사는 연이어 "그러나 주 안에는 남자 없이 여자만 있지 않고 여자 없이 남자만 있지 아니하니라. 이는 여자가 남자에게서 난 것 같이 남자도 여자에게서 났음이라"(고린도전서 11:11-12)는 역접의 보완설명이 없었더라면 그의 신학적 균형감각에 심각한 타격을 가했을 것이다.

하지만 바울서신에서 페이지를 조금 더 넘겨보면 사정이 확연히 달라진다. 비록 바울 저작의 진정성에 대한 학자들의 회의가 제기되어왔지만 다음과 같은 디모데전서의 한 구절은 당시 가부장체제가 여성들의 교회 리더십을 하와의 후유증이란 족쇄에 가두어 억제하려고 한 의도를 빤히 드러낸다. "여자는 일체 순종함으로 조용히 배우라. 여자가 가르치는 것과 남자를 주관하는 것을 허락하지 아니하노니 오직 조용할지니라. 이는 아담이 먼저 지음을 받고 하와가 그 후며 아담이 속은 것이 아니고 여자가 속아 죄에 빠졌음이라. 그러나 여자들이 만일 정숙함으로써 믿음과 사랑과 거룩함에 거하며 그의 해산함으로 구원을 얻으리라"(디모데전서 2:11-15). 여기에 바울의 신학을 옹호하고 변명하는 입장에서 제출되는 온갖 해석적 관점과 해명의 각주는 백해무익이다. 실제로, 문자 그대로, 이 저자를 포함하여 당대의 가부장주의적 그리스도인 남성들은 모두 이 사실을 진리로 확신하고 그렇게 실천해야 한다고 주장했을 게 분명하다.

실패한 최초의 여성 모델 하와를 대체할 만한 인물은 사라라고 할 수 있다. 그녀는 비록 하나님의 약속에 웃음을 남발하여 경망스러운 인상을 조금 남겼지만, 아브라함을 주인처럼 따르고 충직하게 섬김으로써 아들 하나 낳고 '만민의 어미'로 등극한 준(準) 신화적 여성이다. 그녀의 그러한 사소한 실수는 아브라함이 이방나라의 왕들 앞에서 아내를 누이로 속이면서 범한 거짓과 가식의 문제에 비하면 가볍게 넘어갈 만하다. 그녀가 어떻게 아브라함을 섬겼으며 가정 살림을 윤택하게 했는지 창세기의 관련 기록은 자세한 내용을 전해주지 않는다. 오히려 어린 이삭에 대한 지극한 편애로 말미암아 자신의 요청으로 아브라함의 첩이 된 하갈과 그녀의 소생인 이스마엘을 향해 그녀가 보인 가혹한 처사가 눈살 찌푸리게 할 정도로 심해 보일 뿐이다.

만민의 어미로서 이미지를 선점한 사라의 계보에서 남편을 잘 섬기는 '현숙한 아내'의 모범적 내용은 잠언 30:10-31에 자세하게 묘사되어 나온다. 그녀는 무엇보다 남편에게 선을 행하고 악을 삼가는 여인으로 가히 모든 방면에 유능한 팔방미인처럼 활약한다. 그녀는 양털과 삼을 통해 부지런히 자가 노동을 할 뿐 아니라 집안 여종들에게 일감을 효율적으로 분배하여 노동력을 극대화할 줄 아는, 경제적으로 유능한 여인이다. 그녀는 또

한 열심히 일한 수익금으로 포도원 등 부동산을 구입하는 수완을 발휘한다. 게다가 베옷을 짓고 띠를 만들어 상인들에게 맡겨 파는 등 가내수공업과 상업을 겸하는데, 그녀는 이처럼 열심히 장사하며 밤늦도록 사업에 몰두할 정도로 대단한 '슈퍼우먼'이다. 집안의 살림을 풍족하게 부풀리고 윤택하게 관리하는 경영능력이 뛰어나다고 해서 그녀는 결코 재물의 노예가 될 만큼 물신적이거나 이기적이지 않다. 자신의 재물을 궁핍한 자들에게 나눠주는 구제의 여유도 발휘할 줄 알기 때문이다.

한편 그녀의 성공적인 경영과 풍족한 재물은 자긍심을 심어주어 게으르게 얻은 양식을 거부할 명분도 생길 뿐더러, 남들에게 자신의 혀로 '지혜'와 '인애의 법'을 선포하며 가르치는 권위까지도 부여받는다. 그 결과 이 슈퍼우먼의 유능함은 남편의 칭찬과 자식들의 감사를 이끌어내기에 이른다. 그렇게 다부지게 일하고 열심히 집안을 일으켜 세우는 여인이 보드라운 살결에 신경 쓰고 매혹적인 여성미를 에로틱하게 가꾸어나갈 리 만무하다. 현숙한 여인의 이미지에 그러한 에로틱한 아름다움은 어울려 보이지 않는다. 이 대안적 모델에 근거하여 남성 저자는 "고운 것도 거짓되고 아름다운 것도 헛되나 오직 여호와를 경외하는 여자는 칭찬을 받을 것이라"(잠언 31:30)고 말한다. 이로써 그는 그러한 유능한 살림꾼 여성의 행사를 여호와를 경외하는 신앙적 미덕으로 승화시킨 것이다. 이러한 훈계 이면에는 권선징악의 규범이라는 고대 지혜신학의 의도가 그 배경으로 깔려 있다.

그렇지만 이러한 슈퍼우먼의 모델이 현실적으로 희소하다는 게 문제다. 더구나 다부지게 집안의 물질적인 윤택함을 위해 땀 흘려 일하는 여성상이 남편의 안이한 풍류적 삶을 도모하는 차원에서 과장된 남성 중심적 로망이라는 것도 목에 가시처럼 걸린다. 더구나 이러한 능력이 부재하는 연약한 다수의 여성들에게는 혹여 그런 모델이 선망의 대상이 될망정 감히 현실 속에서 이루어내기란 불가능에 가깝지 않았을까. 이런 저런 가업을 위한 노동 끝에 젊고 아름다운 몸이 시들어버리고 고운 피부가 심히 거칠어져버릴 때, 거기에 여호와를 경외해온 신실함은 발견할 수 있을지언정 이 땅의 평범한 장삼이사들과 구별되는 거룩함의 경지까지는 미치지 못하는 듯하다. 이러한 미진한 느낌을 극복하고 나선 인물이 신약성서의 초입에서 '미천한 계집종'이라 자칭하는 마리아다. 그녀는 하나님의 아들 예수를 제 몸에 잉태하되 남성의 씨가 아니라 성령의 감화로 그런 은총을 입은 여인이다. 신의 아들을 잉태하고 분만하였기에, 나아가 그 아들이 하나님 자신으로 승격되었기에, 그녀는 놀랍게도 신을 잉태한 '신의 어머니' (*theotokos*)처럼 그 이미지가 천상적 존재로 전이되었다. 명실공히 성녀다운 성녀의 탄생을 목도하기에 이른 것이다.

'마리아의 찬가'(Magnificat, 누가복음 1:46-55)를 보면 그녀의 목소리에는 자식을 낳지 못해 구박을 당하다가 성소에서 기도한 끝에 사무엘을 얻은 한나의 잔상이 어른거린다. 그녀는 비천한 계집종의 신분에서 신의 간택을 받은 여인이다. 이미 정혼한 남자가 있었지만 요셉은 그 아들의 잉태와 출산, 양육의 과정에서 그 어떤 적극적인 역할로부터 철저히 차단당한다. 그녀의 용모에 대해서, 그 아름다움의 세세한 사항과 관련하여 복음서 저자는 철저히 침묵한다. 성녀의 조건은 그 아름다운 외양과 무관하다는 식으로 그녀의 초상을 철저히 초월적인 신성의 경지로 소급시켜 온전한 신적인 은총의 씨받이로 갈무리한 셈이다. 그런 그녀가 요한계시록의 묵시문학적 스타일에 휘감겨 재등장하는 대목이 있는데, 이 지점에서 마리아는 그 여성적 이름마저 지워버리고 해와 달과 별의 후광 속에 빛을 발하는 신화적인 여성성을 획득하게 된다. 보라! "하늘에 큰 이적이 보이니 해를 옷 입은 한 여자가 있는데 그 발아래에는 달이 있고 그 머리에는 열두 별의 관을 썼더라. 이 여자가 아이를 배어 해산하게 되매 아파서 애를 쓰며 부르짖더라"(요한계시록 12:1-2).

여기서 독자는 이 여인의 정체가 메시아 예수를 잉태하여 해산 직전에 이른 마리아의 인상과 겹치는 점을 어렵지 않게 확인할 수 있다. 그녀가 광야로 내몰리고 기괴한 붉은 용의 위협을 받으면서 어린 생명을 지키고자 분투하는 과정은, 마리아가 헤롯 대왕의 추적을 피해 시내광야를 지나 애굽에 이르는 여정을 변용한 플롯으로 보인다. 그런 그녀는 이제 더 이상 마리아와 같은 '비천한 계집종'의 지상적 신분에 매여 있지 않다. 그녀는 초월적 신성의 휘장에 둘러싸여 매우 신화적인 인물로 조형되고 있다. 해를 옷으로 입고 달을 발로 디디며 열두 별이 박힌 관을 쓰고 있으니 왕후도 이런 왕후가 없다. 왕 중의 왕이신 하나님의 배필로 손색이 없을 정도의 위엄어린 이미지 아닌가. 해와 달의 이미지와 함께 채색되는 여성상은 대체로 신화적인 아우라를 걸치고 등장하는데, 예컨대 시인 이성복이 〈남해금산〉이란 빼어난 작품에서 조형한 신화적 여인상은 이 계시록의 여인상을 빼다 꽂은 형색이다.

한 여자 돌 속에 묻혀 있었네
그 여자 사랑에 나도 돌 속에 들어갔네

어느 여름 비 많이 오고

그 여자 울면서 돌 속에서 떠나갔네

떠나가는 그 여자 해와 달이 끌어 주었네

남해 금산 푸른 하늘가에 나 혼자 있네

남해 금산 푸른 바닷물 속에 나 혼자 잠기네[2]

마침내 성녀의 족적은 이와 같이 신화적으로 채색된 산모의 초상 속에 완성된다. 그 뱃속의 태아는 "장차 철장으로 만국을 다스릴 남자"이다. 이 여인은 제 아기를 잘 지켜 분만하고 하나님의 보좌 앞으로 올려 보여드린 뒤, 광야로 도피한 다음 그 가운데 양육을 위해 하나님이 특별히 예비하신 곳으로 들어간다. 이 모든 여정을 통틀어 여성이 해산함으로써 구원을 받으리라는 애당초의 가부장적 목표는 성녀의 완성된 이미지 속에 초과 달성된다. 이 천상의 여인은 단순히 구원을 받는 수동적 객체가 아니라 그 구원을 제 뱃속의 아이를 통해 선도하고 매개하는 적극적 주체로 등극한 상태이다.

물론 모든 여인이 이렇게 하나님의 간택을 받아 성령으로 아들을 잉태할 수 있는 것은 아니다. 오히려 신화적인 후광 속에 탄생하고 재구성된 마리아 상이 예외적인 여성상이라고 봐야 현실적으로 옳다. 그렇다면 현실 속에서 이러한 성녀의 모델을 추구하고 그것을 적극 권장하는 실현 가능한 대안은 무엇이었을까. 나는 후대에 기독교 신앙을 지닌 여인들이 이 성녀의 처녀 잉태라는 사건 속에서 그 암시적 단서를 찾아냈으리라 추측한다. 그것은 자신의 처녀성을 하나님 또는 예수 그리스도라는 신랑 앞에 희생 제물로 바치는 서원과 결단 속에 현실적인 활로를 찾아갔으리라는 것이다. 그 신적인 권위자 이외에 자신의 처녀성을 허락할 수 없다는 신념이 그 가운데 자리하고 있었다. 그 신념의 체계화 과정에서 금욕주의와 종말신앙이 나름의 이념적 지표로 상당한 영향을 끼쳤음을 부인하기 어렵다.

그리하여 오늘날 수녀회로 제도화되기 이전에 초대교회는 처녀의 몸으로 과부를 자처하며 남장과 단발로 하나님 사업에 제 생애를 바친 맹렬한 전도자들을 양산했다. 중세기에 접어들면 그들은 고착된 성녀의 모델에 따라 가부장체제의 변방에서 가끔 투쟁적으로, 그러나 대체로 순응하면서 고독한 신체로 영적 탐구에 집중했다.[3] 자신의 영혼뿐 아니라 자신의 몸 또한 거룩하게 보존함으로써 종말의 때에 더 후한 보상이 따르리라는 신앙적 염결주의의 교훈이 그 결단 속에 녹아들었다. 그 중에서 특히 정상적 혼인과 재혼보다 독처하는 것을 더 나은 선택으로 추천한 바울 사도의 교훈(고린도전서 7장)이 상당한 영향을 끼쳤으리라 추론된다.

균열된 여성성의 신학적 의미

앞서 전제한 대로 음녀와 성녀의 이분법적 진로는 성서의 역사를 통해 동일한 목표의식을 품고 있었다. 그것은 남성 주도의 가부장 체제가 약화될 조짐을 보이거나 붕괴의 위기상황에 처할 때, 그 이유를 그 공동체가 범한 죄악에서 찾고자 하는 인과론적 응보의 논리였다. 그 상황에서 삐뚤어지거나 연약해진 남성의 원인이 여성의 문제로 소급되었던 것 같다. 특히 음녀라고 각인한 특정 부류의 여성들이 주된 과녁으로 타도의 대상이 되곤 했다. 그들이 왜 음녀로 전락되었는지 그 사회 심리적 배경이나 정치 경제적 정황은 중요한 것이 아니었다. 한 가지 분명한 사실은 그들이 아름다웠고, 특히 그 용모의 특이한 예외성이 뭇 남성들의 에로틱한 환상을 달래주기에 수적으로 턱없이 부족했다는 것이다. 그 외양의 매혹적인 아름다움이 하나님의 창조의 선물이고 은총의 결과였다는 신학적 인식은 뭇 남성들의 성욕을 골고루 달래주기에 너무 둔하거나 몽롱하였다.

그리하여 규격화된 음녀는 공동체를 좀먹는 별종 인간처럼 사회적 낙인이 되어버렸다. 그들을 정죄하여 처단하거나 애꿎은 희생 제물로 삼음으로써 중세시대에 잔혹한 마녀사냥의 사상적 태반을 형성하게 된 것이다. 그녀들에게는 종교적 마술이나 신적인 언약의 파괴, 음란한 우상숭배의 원흉과 같은 명패들이 붙여졌다. 이처럼 그녀들의 이미지가 타락한 자기 나라와 민족을 징치하고 자국 민족을 괴롭힌 이방 적대국에 대한 심판의 단골 상징처럼 유통된 배경에는 그러한 가부장주의적 상징정치의 유산이 깔려 있음을 배제하기 어렵다. 그 결과 다수 음녀의 운명적 현실은 망가지고 돌팔매에 맞아 죽는 것이었지만, 개중에는 당당히 자신의 아름다움을 과시하고 뭇 남성들에게 자신의 실력을 발휘한 예외적 소수도 있었다. 게걸스런 남성들에게 성적인 봉사를 받고 비용을 지불할 정도로 담대한 타락의 길을 자처한 경우도 없지 않았을 것이다. 자신의 아름다움이 이 세상에서 사회적으로 보상받지 못할 바에는 차라리 그 에로티시즘의 미학을 극대화하여 남성 위주의 가부장체제에 파괴적 균열을 내면서 장렬하게 전사하는 길을 선택한 것이다. 그러나 그동안 다채롭게 심화되고 팽창한 음녀의 이미지가 워낙 잔혹하여 그들이 잔혹하게 전사하는 것조차 그대로 내버려두지 않았을 법하다. 그저 죄를 범한 남자들을 징계하고 벌하는 하나님의 심판 도구로 그들이 사용된 저간의 흔적조차 엿보인다. 시쳇말로 밑씻개 수준으로 그 오명을 극대화한 것이다.

한편, 이러한 음녀의 부정적 낙인과 함께 긍정적 대안으로 제시된 것이 성녀의 모델이다. 성녀 또한 인류 역사를 통틀어, 특히 성서의 역사 속에, 나름의 자생적 진화의 과정을 거쳐왔다. 그것은 먼저 실패한 태초의 여성 하와의 후유증과 씨름하면서 그 유산을 극복하는 여정과 접맥될 수밖에 없었다. 그 이후 사라와 같은 '만민의 어미'가 등장하고 그녀는 적잖은 인간적 흠결에도 불구하고 한 가부장 체제의 여주인 행세를 하면서 제 언약의 아들 이삭을 통해 안방 정치의 패주가 될 수 있었다. 사라의 이미지는 잠언에 이르러 '현숙한 아내'라는 유형 속에 유능한 슈퍼우먼의 성공 스토리를 낳는다. 남성 가부장의 환상적 로망이 개입된 이 굉장한 여성은 그 실력이 물질적 부의 증식과 윤택한 집안 살림 및 대외적 사업의 경영 수완에 머물지 않고 도덕적 훈계를 할 만한 사회적 명성까지 획득한다. 그러나 그녀의 이러한 성공은 자녀의 감사와 남편의 칭송에도 불구하고 자신의 여성성을 포기한 채 남성화하는 길을 선택한 결과로 비친다. 비록 '현숙'의 휘장을 걸치고 있지만 거기에는 고운 모습의 아름다운 인간이길 포기한 상태에서 다부지고 거친 노동, 맹렬한 경쟁과 이로 인한 상처의 속내가 숨겨져 있는 듯하다.

잠언의 '현숙한 아내' 모델은 남성 가부장의 손길이 미치지 못하는 신성의 아우라를 향해 진화해나가는데, 복음서에서 동정녀로 성령의 감화를 입어 메시아를 잉태한 마리아야말로 그 으뜸의 사례이다. 그녀가 신성의 감화로 아들을 잉태한 것은 그녀의 위상이 '비천한 계집종'의 신분에서 뭇 가부장이 범접 못할 천상적 존재, 신화적 인물로 대단한 승격을 보게 되는 징조였다. 마침내 요한계시록이 재구성한 그녀의 성녀 이미지는 해를 옷 입고 달을 발등상 삼아 열두 별로 장식된 관을 쓴 천상적 인물로 조형된다. 광야의 거친 들판에서 어린 생명을 숨겨 양육하다가 붉은 용과 대적하여 최후의 승리를 가져올 심판주 메시아의 어머니이자 하나님의 어머니로서 그 위상이 대폭 승격된 것이다. 그러나 신화화된 인물로서 그녀에게는 아들을 잉태한 기계적 모성만 남아 있을 뿐, 여성성의 자취도 인간성의 훈기도 요원해 보인다. 그 아름다움은 에로스의 효력이 거세된 탈인간화와 탈속의 차원으로 승화된 것이다. 아니, 어쩌면 성녀의 이 극점은 남녀합일체로서의 원초적 인간을 꿈 꾼 에로스 신화의 목표를 천상적 공간에서 달성한 사례일지 모른다. 그 지고한 자리에서 그녀는 초월적 권능을 입고 신격화된 여성으로 거듭난 궤적을 보여주고 있다.

음녀의 궤적이든, 성녀의 자취이든, 이 두 극단으로 변용된 아름다운 여성성의 역사적 전개 양상은 그리 현실적이지도 합리적이지도 않아 보인다. 그것은 남성의 가부장적 판타지가 빚어낸 극단의 모형이기 때문이다. 그 판타지가 가부장주의의 편리한 로망으로 전개될 때 슈퍼우먼의 현숙한 아내 상도 빚어질 수 있었을 것이다. 그러나 이는 실현 불가능한 여성의 아름다움이었거나 그 최소한의 여성적 아름다움마저 희생시킨 불측한 음모의 산물이었음도 사실이다. 그 희생을 거부한 이들은 음녀라는 정죄의 아이콘 속에 정도 이상의 핍박과 질시의 대상이 되어야 했다. 아름다움의 신체적 발산은 곧 죄와 동일시되었고 악의 전형처럼 굳어졌다. 하나님의 창조의 선함이나 아름다움이란 신학적 기준은 그 강고한 가부장주의 신학의 암혈 속에 끼어들 계제를 얻지 못했다.

반면 그 아름다움을 감추고 천상적 성녀의 세계로 도피하고자 했던 금욕적 처녀들은 자신의 욕망에 따라 아름다움을 즐기고 누리며 그 사랑의 열매로 생명을 잉태하는 자연스러운 삶의 여정을 포기한 대가로 더 나은 내세의 보상을 기대하면서, 이른바 '영혼의 아름다움'이란 세계로 망명했다. 그것은 여성성의 균열이 육체와 영혼이라는 양극적 가치로 소외되어 간 궤적을 대변하거니와, 달리 보면 가부장체제의 이념이 빚어낸 쌍생아에 불과했던 게 아니었을까. 여성성의 심미적 가치가 가부장주의의 이념적 잣대로 난도질당한 결과로 불거진 상처의 흔적 같은 게 아니었을까 싶은 것이다. 이러한 관점에서 음녀와 성녀는 멀리 역사의 순환궤도를 역으로 되돌아왔지만 이제 다시 만나야 할 불우한 인간의 유산 이상도 이하도 아니다.

---

1 잠언에 자주 등장하는 음녀의 정체에 대해서는 다음의 연구논문이 다각도로 조명하였다. 천사무엘, "잠언에 나타난 음녀의 정체성 연구," 「한국기독교신학논총」 83(2012), 5-27 참조.
2 이성복, 『남해금산』(서울: 문학과지성사, 2001), 88.
3 차용구, 『중세유럽 여성의 발견: 이브의 딸 성녀가 되다』(서울: 한길사, 2011) 참조.

15장

처녀 남장과 단발, 또는 그리움의 승화

바울과 테클라의 인력과 척력

아버지의 대안을 찾는 방식

가부장주의 사회에서 아버지의 존재는 권위의 상징이다. 자신의 존재를 가능케 하는 권위의 궁극적 출처가 바로 아버지다. 그 아버지의 아버지로 우리는 하나님 '아버지'를 흔히 상정하여 그 아버지를 줄곧 부르며 기도하길 좋아한다. 혈통 아버지의 부재는 하늘의 보이지 않는 초월적인 전능자로서, 하나님 아버지에 대한 의존을 더욱 심화시키는 경향이 있다. 그 초월적 전능자가 눈에 보이지 않으므로 그 전능자의 권위를 대행하는 종교적 권위자들이 그 자리에 위치하는 경우가 실제로 자주 있다. 가톨릭교의 신부와 개신교에서 목사의 역할이 그렇다. 가톨릭교에서 신부를 '아버지'(father)로 부르는 전통의 정점에는 하나님 아버지를 향한 갈망이 자리하고 있다.

특히 어려서 부친을 잃고 홀어머니 밑에서 자란 딸의 경우는 부재하는 아버지의 자리를 채우고자 하는 갈망이 더욱 강렬해지는 경향이 있다. 이러한 환경에서 대체로 나타나는 선택은 일찌감치 듬직한 남자친구를 두고 또 일찍 혼인하여 아버지의 가부장적 남성성을 그 이성의 짝을 통해 대리시키거나, 자기 스스로 강인한 남성적 캐릭터를 갖추어 스스로 아버지의 상을 구현하는 것이다. 일반화시킬 수는 없지만 아버지의 부재나 난폭한 아버지의 경험이 초래하는 여성들의 곤경은 복잡다단한 후유증을 남긴다. 그것이 굳이 여성들만의 경우가 아니겠지만 가부장주의 체제의 역사적 흔적이 뿌리 깊은 인간관계에서 '아버지'는 여러모로 애증의 환상을 불러일으키는 존재가 아닐 수 없다.

따라서 육체의 아버지에 대한 피로와 싫증이 아버지의 육체성을 제거하거나 축소한 대안적 아버지를 찾는 방향으로 추구되는 것은 일견 당연한 현상이다. 특히 신비의 아우라를 풍기는 아버지가 종교적 권위를 동반한 성직자일 경우, 나아가 그 성직자의 남성성으로부터 강렬한 인상을 받고 심오하게 감화되는 경우, 그 초월적 아버지의 권위는 여느 남성들을 시답잖은 존재로 보게 만드는 요인이 된다. 여기서 한 술 더 떠 그 여성이 아리따운 외모를 갖춘 미인이라 할 때 그녀는 자신을 독점하려는 뭇 남성들의 각축전 속에 시달리고 투쟁을 벌여야 한다. 그 모든 남성적 억압과 폭력에 맞서 분투하면서 자신의 유일한 아버지 상을 획득하기 위해 여성성의 전부를 걸어야 하는 경우가 있는 것이다.

물론 이 모든 싸움의 여정은 결국 한 여성이 제 삶의 주체로 거듭나기 위한 과도기적 과정이다. 아버지라는 남성에 의존하는 삶의 수동성이 스스로 삶의 주체적 입지를 확보한 존재로 적극적이고 당당한 길을 개척할 수 있을 때 그 모든 여정은 종료된다. 그러나 그 여정이 파국으로 치달을 때 여성은 종교적 권위자로서 특정 남성을 대리 주체로 내면화하여 나르시시즘의 포로가 된다. 그것은 아버지와 남편의 사랑을 제대로 받지 못한 여성이 자식의 공경도 받지 못한 황무한 마음의 밭을 달래기 위한 심리적 조율의 방식이다. 이러한 내면적 방어기제는 결국 가부장주의체제가 조장해놓은 울타리 안에서 스스로 인간적 주체가 되지 못한 채 아버지의 영향 아래 자신을 가두는 퇴행의 일종이다. 따라서 그 여성성은 제 아무리 황홀한 아름다움을 풍긴다 할지라도 남성이라는 대타자 앞에서 그 욕망의 충족을 위해 봉사하는 수동적 변수로 전락할 뿐이다. 그 장벽을 뚫고 전통적 여성성의 한계를 깨기 위해서는 의존과 모방 대상인 아버지의 권위에 대한 갈망을 승화시키고 성숙한 이별을 통해 홀로 서고자 하는 의지가 필요하다. 이는 자신에게 부재하는 아버지의 권위를 밖에서 찾지 않고 제 여성성의 내면에서 남성성을 발견하려는 노력과 결부되어 있다. 물론 그럴 수 있기까지 적잖은 시련과 고난이 뒤따르게 마련이다. 이러한 자기 모험적 여정을 통한 맹렬한 도전 없이 가부장체제에서 길들여진 여성이 주체적 인간으로 거듭나기란 매우 어렵다. 이러한 여성의 주체화 과정에서 에로티시즘은 남성적 대리 주체를 향한 그리움과 이별의 아픔을 승화시키는 소통의 매개변수로 작용한다. 여성의 에로틱한 흡인력이 그 여성을 향한 뭇 남성들의 소유 지향적 사랑과 관련해서 투쟁과 자기극복의 에너지로 발현될 수 있다면, 그것이 여성의 주체적 사랑이라는 맥락에서는 새로운 모험과 자아실현을 추동하는 창조적 동력으로 견인될 수 있다는 것이다.

회피하는 바울, 추종하는 테클라

바울은 초기 기독교의 대표적인 전도자였다. 특히 이방인의 사도로 부름받은 그는 예수 그리스도의 복음을 유대교와 유대인의 경계를 넘어 이방 세계에 전파함으로써 기독교의 세계화에 크게 기여한 일등공신으로 평가받아왔다. 더구나 그는 예수의 직계제자들과 달리 영특한 지적인 수련을 거친 인물로, 자신의 종교 체험과 선교활동을 신학적으로 성찰하고 담론화할 만한 역량을 지니고 있었다. 그가 써서 신약성서의 상당 부분을 점유하게 된 서신들이 바로 그 증거이다. 예수의 경우 공생애 이전 기록이 침묵 속에 잠겨 있듯이, 바울 사도의 경우도 그가 부활한 그리스도를 만나 이방인의 사도로 부름받기까지 어떻게 살았는지 공백이 넓다. 우리가 확보한 정보의 단위는 그가 터키 남부의 헬레니즘 도시 다소에서 디아스포라 유대인의 아들로 태어나 자랐다는 사실과 예루살렘에 유학 가서 가말리엘의 문하에서 율법을 배웠다는 사실, 그리고 바리새파의 열성으로 예수 믿는 자들을 박해했다는 사실 정도이다. 그가 그동안 어떻게 살았는지 구체적인 내용은 알려진 바 없다. 특히 그의 가족과 결혼 여부가 초미의 관심사로 많은 연구자들의 호사 취미를 부추겨왔다. 빈약한 증거를 취합해보면, 분명한 것은 그가 복음 전도자로 활약하던 당시 그에게 아내가 없었다는 사실이다. 그가 혼인했다가 사별했는지, 혼인 없이 평생 독신으로 살았는지 딱 부러지게 확인할 길이 없다. 꼭 혼인하지 않았더라도 바울에게 혹 사랑하는 여인이 없었을까, 또는 바울을 연모한 여인이 있지 않았을까, 이러한 궁금증은 바울의 공생애 이면에 가려진 사생활의 영역 속에 다양한 의문을 낳는다.

아마 이러한 배경에서 '바울과 테클라 행전'이라는 외경문헌이 생산되었을 것이다. 대략 2-3세기에 산출된 것으로 추측되는 이 문서를 교회사의 정통주류 계열에서는 전설상의 자료 정도로 치부하는 경향이 있지만 테클라라는 인물만은 동방교회 전승에서 꽤 비중 있게 다루어져왔다.[1] 일종의 신앙적 영웅으로, 치켜세울 만한 여성 지도자의 귀감으로 이와 같은 인물에 대한 교회 내적인 수요가 없지 않았을 것이다. 이 문헌에서 테클라는 테오클레이아라는 가난한 과부의 딸이지만 아름다운 미모를 지닌 처녀로 등장한다. 이 과부어미는 정략결혼 차원에 딸 테클라를 그 도시의 유력한 남자 타미리스와 약혼시켰는데, 사태가 불거진 것은 바울이 그 도시로 전도하러 왔을 때였다. 바울의 전도설교는 고린도전서 7장에 상당 부분 기댄 것으로 주로 종말론적 급진성과 금욕주의의 메시지를 포갠 내용이었다. 이에 감읍하여 거미처럼 바울의 설교에 찰싹 달라붙은 테클라의 삶은 이후 180도 달라졌다. 타미리스와의 약혼은 숱한 핍박의 위험에도 불구하고 파혼되었고, 그녀는 어미와의 불화를 감수하면서 독신으로 살기로 하고 바울을 따라 나선다. 약혼녀를 뺏긴 타미리스는 독기를 품고 음모를 꾸미는데, 그것은 테클라를 미혹시킨 바울을 체포하여 감금하는 것이었다. 그녀는 감옥에 갇힌 바울을 찾아가 그의 몸을 채운 발의 족쇄에 입을 맞춘다. 이 키스 동작과 함께 그녀의 믿음이 강해진 것으로 묘사된다.

    이후에도 세 번 정도 바울과 테클라는 헤어졌다 만나기를 반복한다. 테클라는 바울을 향해 집요한 그리움을 드러내고 바울은 테클라를 위해 중보하며 기도한다. 테클라의 미모로 인해 그녀를 향해 쏟아지는 구애와 좌절, 이로 인한 독기와 원한의 복수도 되풀이된다. 그러나 그때마다 그녀는 기적적으로 구원을 받는다. 첫 번째 화형을 당한 시점에서 그녀는 비와 싸락눈이 내려 위기를 모면한다. 안디옥에서 알렉산더의 음모로 인해 테클라가 맹수들이 우글거리는 원형경기장에 던져지자 암사자가 수사자를 비롯하여 다른 맹수를 물어 죽임으로써 범생물적 페미니즘의 연대를 과시한다. 그렇게 위험한 사태를 종결지은 뒤 이 암사자는 테클라의 발을 핥아준다. 이는 일찍이 감옥에 갇힌 바울의 발에 차여진 족쇄에 입맞춤한 테클라의 행동을 모방적으로 재현한 것인데, 그 원형은 예수의 발에 향유를 붓고 머리털로 닦아주며 입을 맞춘 복음서의 여인으로 소급된다. 이러한 입맞춤은 가장 순결한 처녀의 입술이 가장 더러운 인체의 가장 고통스런 일부를 가장 험악한 환경에서 터치함으로써 위무와 함께 정화 효과를 유발한다. '고통의 코이노니아'가 입술과 발 사이의 구체적인 신체 교감을 통해 이루어지는 것도 흥미롭지만, 이러한 키스 행위가 테클라의 믿음을 강화시켜준다는 설명도 이채롭다. 이는 신체 접촉을 통한 영적인 감염효과라는 점에서 고대 대중종교의 주술적인 특징을 드러낸다.

바울과 테클라가 네 차례의 반복적인 만남을 통해 보여준 또 한 가지 주목할 만한 요소는 그녀의 외양 스타일과 차림새의 변화이다. 두 번째 만났을 때 바울이 그녀와의 동행을 꺼려하자 그녀는 자신의 단호한 결단을 증명이라도 하듯 단발을 하여 남장을 자처했다. 이는 당시 선교적 열정으로 불타는 '처녀-과부들'이 취한 공통적인 스타일 변화였다는 점에서 주목을 요한다. '처녀-과부'는 실제로는 과부가 아니었지만 복음 전도의 목표를 앞세워 자신의 처녀성을 희생함으로써 과부로 자처한 사람들이었다. 실제로 금욕주의 신앙 스타일과 종말론적 열정에 휘둘려 독신을 서원함으로써 혼인을 포기하고 과부로 자원한 그들은 초대 교회에서 애물단지처럼 여겨졌다. 목회서신의 예로써 반추해보건대, 그들의 수적 팽창은 혼인 거부의 풍조를 증폭시켜 제도권 교회의 부실을 초래할 위험이 있었다. 그래서 목회서신의 명목상 저자 바울은 젊은 과부를 그 명부에 받아들이지 말 것과 60세 이상 한 남편의 정숙한 아내로 살았던 실제 과부들에 한정하여 그들을 수용할 것을 요체로 하는 과부성직단의 구조조정을 제안한 것이다(디모데전서 5:1-16).[2]

한 인간되기의 오래된 꿈

남성으로서 바울의 인상은 현대적인 관점으로 그리 매력적이었던 것 같지 않다. 가장 오래되고 유일한 바울 사도의 외모 묘사가 '바울과 테클라 행전'에 나온다. 바울의 신체적 특징에 대한 해당 자료의 묘사에 의하면, 그는 작은 키에 대머리였고 굽은 안짱다리에 다부지고 튼튼한 신체를 지녔다고 한다. 그의 양 눈썹은 서로 붙어 있었고 코는 매부리코였다. 이러한 신체와 관상은 고대 로마의 기준에 따르면 군대 장군의 상에 가까웠다. 굳센 믿음과 용맹스러움을 겸비한 인상이었다는 것이다. 여기에 덧붙여 저자는 바울이 선한 인간성을 지니고 있었고 친근함이 가득한 천사의 얼굴 같았다고 설명한다. 이런 바울을 향해 아리따운 처녀 테클라는 일관된 충실성으로 그리움을 표한다. 그의 부재는 그리움을 아쉬움으로 드러내고, 바울은 그런 도전적인 의욕이 그녀의 아리따운 미모와 더불어 부담스러웠는지 소극적인 자세로 회피하는 모습을 보인다. 그의 관상과 인간성에 대한 저자의 특징적 묘사와 어긋나는 행동이 아닐 수 없다.

테클라는 주지하듯 아버지 없이 과부의 손에 양육받아 자라난 처녀였다. 그에게 바울은 그 부재하는 아버지의 자리를 채워주면서 동물적인 탐욕에 물든 세속의 남정네들과 차별되는 매혹적인 가부장으로 다가왔을 가능성이 농후하다. 바울은 자신의 연약함을 충족시켜줄 만한 복합적인 매력의 사나이였고, 자신이 닮고자 하는 이상적인 목표를 지닌 지도자였다. 그의 가르침에 의하면, 테클라에게는 자신의 가장 큰 매력인 싱싱한 육체의 아름다움을 향락의 도구로 전락시키기보다 절대자를 위해 헌신함으로써 그 가치를 극대화하고 초월적 공간에서 보상받을 수 있는 길이 있었다. 바울은 그 점에서 그리스도의 현신이었다. 바울이 그리스도의 남은 고난을 제 몸에 채우고자 애씀으로써 그리스도를 닮고자 했다면, 테클라는 이제 바울의 제자로 그의 고난을 자기 몸에 체현함으로써 그 몸의 에로틱한 매력을 초월적 신앙으로 승화할 수 있게 된 것이다.

그런데 바울의 입장에서 테클라의 처녀성과 싱싱한 미모는 부담스런 장애물로 여겨진다. 당시 사회적 관행이 남녀동행의 여정을 곱게 봐주지 않았기 때문이다. 더구나 이 두 사람은 정상적인 부부도 아니었기에 그 부담은 더 심했을 것이다. 무엇보다 오해받기 쉬웠고 사도로서 자신의 복음 전도 사역에 유혹의 빌미가 될 수도 있었기 때문이다. 더 깊이 탐침해보면 바울의 남성성은 테클라의 여성성을 포용할 만한 온전한 인간성의 그릇에 미달했다고도 할 수 있다. 테클라의 여성성 역시 전통적인 가부장체제에 머물러 있었기에 바울을 향해 성숙한 동반자 관계를 추구하는 데 현명한 공적 판단보다는 감각적 열정이 앞서 있지 않았을까 추리된다. 그래서 테클라는 끊임없이 제 결핍을 달래며 그 충족조건으로 바울을 그리워하고, 바울은 제 사명감의 훼방 요소를 의식하면서 테클라의 도전을 버거워한다.

그 어긋난 긴장관계를 깨는 주도적 역할이 테클라에 의해 수행된다. 바울과의 관계 조율에서 분기점이 된 것은 그녀의 단발과 남장을 통해 보여준 상징적인 도발행위이다. 이 단발과 남장에는 예의 '처녀-과부' 스타일의 시대적인 풍속과 별도로 신화적 또는 신학적 배경이 깔려 있다. 바울은 세례신학의 의미를 갈파하면서 그 중 하나로 그리스도 안에서 남자와 여자의 하나 됨을 선포한 적이 있다. 그의 말은 정확하게 이러하다. "누구든지 그리스도와 합하기 위하여 세례를 받은 자는 그리스도로 옷 입었느니라. 너희는 유대인이나 헬라인이나 종이나 자유인이나 남자나 여자나 다 그리스도 예수 안에서 하나이니라"(갈라디아서 3:27-28). 그리스도와 합한다는 것은 원문을 문자 그대로 풀면 그리스도 '속으로'(eis) 들어간다는 뜻이다. 다시 말해 한 몸이 된다는 의미이다. 누가 누구의 몸속으로 들어가는 표현으로 성교의 비유보다 더 적실한 게 없다. 한 몸이 다른 몸속으로 들어감으로써 따로 떨어진 몸이 한 몸이 되는 경험을 실감나게 할 수 있다.

그런데 그리스도와의 합일은 이 땅의 세례의식을 통해 구체적인 신념의 재구축을 전제로 한다. 그것은 이 땅에 인위적으로 구획된 차별을 철폐하고 구원받아야 할 존재로서 인간적인 평등을 확신하는 데서 비롯된다. 그 차별의 대표적인 조건이 헬라인과 유대인의 종족적인 차이, 노예와 자유인의 사회계급적인 차이 등이었다. 이와 함께 중요한 차이가 남자와 여자의 차이인데, 이 모든 것이 당대에서는 생래적인 차이였다. 태어나면서부터 사람들은 특정 종족의 일원으로 귀속되고 부모의 혈통에 따라 특정 계급으로 규정된다. 이런 것들이 후천적인 영향변수를 가지고 있는 데 비해, 남녀의 차이는 선천적인 것이다. 부모의 선택과도 무관한 결과로 아무개는 남자가 되거나 여자가 된다. 그런데 이런 차이들이 당대의 제도적인 맥락에서 차별을 만들고 인간의 범주를 구획화한다. 바울이 선포한 세례 신학은 이 모든 차별적 경계를 넘어 모든 사람들을 그리스도 안에서 구원받아야 할 권리를 지닌 평등한 존재로 간주한 것이다.

특히 남자와 여자의 하나 됨은 이후 영지주의 문헌의 변용과 재해석을 통해 창세기의 인간창조 이야기를 배경으로 그 의미가 독특하게 전유되는 궤적을 보여주었다. 남자와 여자의 하나 됨이 구원론적 맥락이 아닌 창조론적 맥락에서 전혀 다른 의미로 조명된 것이다. 요컨대, 최초의 인간 아담은 본래 남녀의 성적 구별이 존재하기 이전 상태로 빚어졌다. 그런 그가 독처하는 것이 좋지 않아 하나님이 그의 갈비뼈를 재료로 그의 짝인 하와를 지어주었다는 것이 창조 이야기의 한 버전이다. 물론 그 남녀의 성별이 생긴 뒤에 이 두 개체 인간은 서로를 자신의 소중한 지체로 받아들였고, 그 하나 됨의 차원에서 아담은 하와를 '살 중의 살' '뼈 중의 뼈'로 간주하는 것이 지당하게 보였다. 이 성별의 분리로 재구성된 개체 인간이 그렇게 분리되기 이전 상태의 온전한 태초 인간으로 회복되는 것을 '하나 됨'으로 본 것이 일부 기독교 종파에서 전유된 해석의 결과였다. 이는 여성을 연약한 지체로 자리매김하고 그 원형적 인간인 남성을 모방함으로써 용맹한 인간의 모습에 근접할 수 있다는 당대적 편견을 정당화하기에 적절한 신화적 배경이 될 만했다. 그런 자기 극복이 실현된다면 집 안에서 살림을 하며 아기를 낳아 양육하는 통상적인 부인네의 잡사에 몰두하지 않아도 될 것 같았다. 그 와중에 거창한 공공의 대의를 위한 사명에 헌신하기 위해 취한 자기 해방의 액션이 단발과 남장의 형태로 나타날 수 있었던 것이다. 이러한 자기 변신은 여성의 과감한 사회화 과정에서 결단의 용기를 드러내기 위해 취한 상징적인 행동이었던 셈이다.

그러므로 테클라의 단발과 남장은 그녀가 사회적 공인으로 바울과 대등한 동반 관계를 추구하는 시발점이 되었다고 볼 수 있다. 그것을 공적으로 인증하는 절차가 세례일 텐데, 테클라의 경우 세례는 그 이후 빗속에 제 몸을 던져 받는 '자기 세례'(self-baptism)의 형태로 치러진다. 그녀는 바울의 스타일을 모방함으로써 그에게 부담을 주지 않고자 했고, 동시에 그의 주도적 리더십을 자기의 것으로 승계받고자 하는 나름의 결단을 보인 것이다. 테클라의 단아함이 바울을 향한 동경과 그리움 가운데 표출되었다면, 그녀의 신앙적 열정은 이후 자신의 세례를 위해 모든 위험을 무릅쓰는 용기와 결단을 통해 가혹하게 단련되어간다. 그 와중에 그녀는 주어진 열악한 현실과 싸워나가는 전사의 이미지를 취하여 이제 남녀의 성적 구별을 넘어선다. 그녀는 그토록 엄격한 자기 훈련 아래 진리를 위해 싸우는 이상적 인간상을 구현해나간 것이다.

바울과의 마지막 네 번째 만남을 기점으로 테클라는 자기실현을 위해 독립적인 길을 걸으며 리더십을 확보한다. 그뿐 아니라 그녀는 트루패나라는 양모와의 만남을 통해 물질적인 후원을 얻어내고 과부공동체와의 호의적인 연대관계를 구축하기에 이른다.[3] 결국 테클라의 에로틱한 풍모는 바울과의 창의적인 만남과 모방적 상승작용을 거쳐 독립적인 주체로 진화하였고, 마침내 한 인간되기의 목표를 달성하게 된 것이다. 그 결과 그녀는 바울이 맨 처음 자기를 만나 가르치던 자리에 앉아 공동체의 구성원들을 가르치고 양육하는 선생으로서의 입지를 굳히고야 만다. 들뜬 초기증상으로 표출된 테클라의 종교적 열정은, 그 안에 매설된 숱한 에로티시즘의 변덕에도 불구하고, 바울과의 만남을 경유하여 그리움과 이별조차 창의적 에너지로 승화시키는 해피엔딩으로 귀결된 것이다.

에로틱한 아름다움의 영생불멸

에로틱한 아름다움의 관능성이 저주의 형벌이 아니라면 이에 대한 적극적인 의미 부여가 필요하다. 하나님이 제공한 창조의 아름다움이 연장된 자리에 인간의 아름다움이 깃든다. 거기에 균형과 조화의 아름다움을 특징으로 하는 제반 아름다움의 요소들이 자생하는 법이다. 특히 그 아름다움의 입자들이 여성의 신체에 스며들어 눈부신 광채를 발할 때 남녀의 구별을 초월하는 문제적 개인이 탄생한다. 그 미적 공력이 세월의 폭력에 마모되어 시들어가는 자연사의 경로를 역류하여 초월적인 불멸의 세계를 지향한다면 어떤 선택이 가능할까. 그 일단의 출구를 '바울과 테클라 행전'의 서사가 제공하고 있다. 바울과 테클라는 오늘날의 기준으로 보면 연인관계도 아니고 부부관계도 아니지만 그렇다고 친구관계는 더더욱 아니다. 가장 근접하는 것이 사제관계인데, 그들 두 사람이 남자와 여자라는 성별로 구획되어 있다는 점에서 당대의 평범한 사제관계로 일반화하기도 곤란하다. 서구지성사에서 피타고라스가 여성 제자를 두어 남녀평등의 이념을 최초로 구현한 선구적 지성인으로 상찬받고 있는 게 사실이지만, 이는 당대의 보편적인 관행과 거리가 멀었다. 그보다 조금 늦게 역사의 무대에 등장한 소크라테스는 시종일관 남성 제자들과 어울리며 앎을 매개로 우정 관계를 텄다. 예수 역시 여성들에게 한없이 관대한 진취적인 인물이었지만, 정작 공식적인 열두 제자는 모두 남성들로 선발하였다.

그러나 바울은 달랐다. 그에게는 테클라의 선배라 불릴 만한 여성 동역자들이 많은 편이었다. 겐그레아교회의 뵈뵈, 고린도교회의 글로에, 빌립보교회의 루디아, 유오디아와 순두게, 로마교회의 브리스길라 등등 바울의 선교 사역에 중요한 역할을 담당한 여성 동무들이 여러명 등장한다. 바울 자신은 게바가 그랬듯 자매로서 아내를 (또는 아내로서 자매를) 데리고 다닐 권리가 있었음에도 불구하고 이를 활용하지 않았다고 고백했다(고린도전서 9:5). 하지만 훗날의 독자들은 바울의 주변에 함께 직간접으로 어울려 동역했던 여성 동무들이나 여성 제자들과의 관계에서 모범적인 이상형으로 테클라라는 캐릭터를 고안해냈을 것이다. 당시 가부장체제의 내적인 욕망에 부응할 만한 여성의 가장 화려한 미덕은 당연히 아름다움이었다. 그런데 그 신체적 아름다움은 바울의 종말론적 신앙이나 결혼관에 비추어, 영혼과 함께 성결하게 보존될 때 훨씬 더 값진 보상이 있는 것으로 여겨졌다. 여기서 테클라의 도전적인 선택이 가능해졌다. 바울은 테클라가 결여한 용맹스런 남성성을 대리 보충해주면서 그녀의 여성성을 극복하여 온전한 태초의 한 인간성을 구현해나가는 매개자 역할을 조심스레 수행한 셈이었다.

테클라의 그 모든 변화는 어쩌면 한 여성이 자신의 처녀성과 젊고 싱싱한 아름다움을 영원히 유지하고자 하는 욕망의 또 다른 변용이었을지 모른다. 나아가 이 모든 이야기는 어쩌면 그 여성적 아름다움을 그렇게 붙들어놓고 영원히 감상하고픈 가부장주의 체질의 남성적 욕망이 투사된 결과물이었을 가능성이 크다. 그러나 지극히 속된 욕망이 우글거리는 타미리스와 알렉산더의 편집적 남성성, 또 이와 비슷한 어머니 테오클레이아의 속물근성과 견주어볼 때, 테클라의 고대적 여성상은 매우 진취적 이념형을 내장하고 있다. 그것은 여성의 사회적 성취를 격려하고 여성의 독립적인 자아실현에 고무적인 입장을 대변한다. 여성이 선생으로 입신하기 거의 불가능했던 당대의 사회정치적 현실 가운데, 테클라는 마치 바리데기 신화의 여주인공처럼 온갖 풍상을 다 겪어내면서 그 몸과 마음을 단련시켜 마침내 목표를 달성한다.

남자 주인공 바울은 그 훌륭한 풍채와 덕성에도 불구하고 늘 소극적이고 조심스러웠지만, 테클라는 늘 다급했고 도전적이었다. 그녀의 에로틱한 신체미학은 시련의 미끼이길 그치고 바울과의 접촉을 통해 믿음을 증폭시키는 역할을 했으며, 바울을 경유하여 그리스도의 신성에 도달하고자 하는 열정의 동력으로 승화되었다. 한 여성의 아름다운 용모가 특이한 결기와 결합하여 가부장주의 기독교의 사회 정치적 질곡을 뚫고 독립적인 여성 리더십의 한 모범을 구축하기에 이른 것이다.

그리움과 동경은 추상적인 정서이다. 그 대상이 확실한 경우에도 그 대상과 만나 이 정서적 에너지가 추구하며 이루어나갈 목표는 불투명하다.

더구나 많은 남성들이 선망하는 에로틱한 미모를 갖춘 처녀의 몸이 발산하는 그리움과 동경은 그 순정함을 더하기 위해서라도 일부러 가슴 깊이 감추는 경우가 많다. 테클라의 경우가 특이한 것은 그것을 바울 사도를 향해 도발적으로 표출함으로써 나이와 성별의 차이를 넘어 매우 희귀한 우의적 관계를 구축해나갔다는 사실이다. 그 관계가 마냥 순탄하지 않고 도리어 거기 자기투쟁의 긴장이 있었기에 더 희소하다. 이런 예외적인 맥락에서 테클라의 사랑 이야기는 그리움이 욕정의 에너지로 전락하지 않고 공적인 사명으로 승화될 수 있는 틈새를 확보하였다. 사랑하고 존경하는 바울과의 이별조차 감내하며 독립할 수 있는 의식의 각성과 영적인 성숙 과정이 그 가운데 펼쳐질 수 있었을 것이다. 그것은 테클라의 신체적 아름다움을 무효로 돌리는 선택이 아니라, 궁극적인 가치를 향해 초월함으로써 종말론적 보상 속에 불멸할 수 있는 길을 추구한 외곬의 선택이었다. 이런 사유로 테클라는 바울에게 연인이 아니면서, 친구나 부부도 못 되면서, 다만 스승을 지속적으로 부담스럽게 하는 유별난 '동무-제자'로 자라 우뚝 서 있다. 그녀는 비록 이야기를 통해서였을망정 저 홀로 자기도취의 아름다움에 빠져 허우적대는 여느 에로틱한 존재들의 함정을 피해 고진감래의 기쁨을 수확할 수 있었다.

1 이 문서에 대한 국내 거의 유일한 종합적 연구로 차정식, "테클라의 사랑," 『바울신학 탐구』 (서울: 대한기독교서회, 2005), 401-441 참조.
2 '바울과 테클라 행전'을 비롯한 외경행전의 세계를 목회서신의 배후 세계와 대립시키면서 바울신학의 상극적 전승 경로를 추적한 대표적인 연구서로 Dennis R. MacDonald, *The Legend and the Apostle* (Philadelphia: The Westminster Press, 1983) 참조.
3 과부공동체의 기원은 사도행전 당시로 소급된다. 거기서 묘사된 과부들은 다비다(도르가)의 경우처럼 적극적인 선행을 베푸는 모습도 있지만 대체로 교회의 구제를 받는 수동적인 모습으로 등장한다. 그러나 외경행전의 과부들은 사도들의 소극적인 모습과 대조적으로 맹렬하고도 전투적인 이미지로 충일하다. 이에 근거하여 외경행전의 배후 정황을 여성들의 혁명적인 해방 의욕이란 관점에서 조명한 연구가 나와 주목된다. Stevan L. Davies, *The Revolt of the Widows: The Social World of the Apocryphal Acts* (Carbondale & Edwardsville: Southern Illinois University Press, 1980) 참조.